行进在课改的路上

于漪 著

江蘇鳳凰教育出版社

图书在版编目（CIP）数据

行进在课改的路上 / 于漪著. — 南京：江苏凤凰教育出版社，2022.4

ISBN 978-7-5499-9692-6

Ⅰ.①行… Ⅱ.①于… Ⅲ.①语文教学－课程改革－教学研究 Ⅳ.①H19

中国版本图书馆CIP数据核字（2022）第003060号

书　　名	行进在课改的路上
作　　者	于　漪
责任编辑	刘晓梅　叶祥兵
装帧设计	夏晓烨
出版发行	江苏凤凰教育出版社（南京市湖南路 1 号 A 楼　邮编：210009）
苏教网址	http://www.1088.com.cn
照　　排	江苏凤凰制版有限公司
印　　刷	南京新世纪联盟印务有限公司
厂　　址	南京市江宁区诚信大道 88 号华瑞工业园 7 栋
开　　本	787 毫米 ×1 092 毫米　1/16
印　　张	20
插　　页	3
版　　次	2022 年 4 月第 1 版
印　　次	2022 年 4 月第 1 次印刷
书　　号	ISBN 978-7-5499-9692-6
定　　价	59.00 元
网店网址	http://jsfhjycbs.tmall.com
公 众 号	苏教服务（微信号：jsfhjyfw）
邮购电话	025-85406265，025-85400774，短信 02585420909
盗版举报	025-83658579

序言

巢宗祺

人民教育家于漪老师是名满天下的语文教育专家，是语文教育领域的一面旗帜，也是我所钦敬的一位长者。

于老师之名早已见闻于媒体，只是长期以来工作地点和工作领域不同，久久无缘得见。20 世纪 90 年代，教育部师范司负责同志来上海调研高校课程建设的问题，我在发言中谈到语文课程里的文化问题。会后有一位老师来找我，说起于漪老师的重要观点，觉得我的发言跟于老师有很多相近之处，希望能多多关注和支持。后来我和于老师都出席一次会议，她给了我一份《语文学习》杂志，里面有她一篇文章《弘扬人文　改革弊端》，阅后我深为赞同。此后曾遇到杂志的主编，说起这篇文章，该主编告诉我，语文教育界反响不一，有人打电话到杂志社问“人文的内涵到底是什么”，这时我才意识到要“多多关注和支持”的意思了。

我是作为一个热心的边缘人介入语文课程改革中去的，语文教育界表示不认同的专家大有人在。

其实在第八次课程改革初期议论“人文性”较多的，还是从“人类文化”这个意义来考虑的，强调社会、文化对人的化育作用，侧重于谈“文”，关于“人文性”之“人”没有明确地展开讨论。课程标准关于学生的个性、潜能的确有很多阐述，但是没有把“人”和“文”结合起来论述。于老师一直呼唤教育要“目中有人”，表达了“人文性”的另一层意思，指出学生这一个个鲜活的生命体，是各有特性，各有其需要和追求的成长中的人。在《义务教育语文课程标准（2011 年版）》的解读中，我曾对“人文性”有过进一步的阐释：“对于‘人文性’，需要同时关注‘文化性’和‘个人性’两个方面。人们高举‘人文性’大旗，一方面强调‘文化’，强调对人的教育、教化的必要性；一方面强调对‘人’的关注，强调对人的本能需要、个性、潜能等的正视和尊重。”于老师对教育状况的忧虑，就是把学生看成千篇一律的机器进行打磨、加工，或者用近些年报刊和一些文件里常出现的一个词儿——打造，例如，“打造一流学校”“打造高水平的师资队伍”“打造大师”等等。

“成功”是每一个学生以及家长、老师都热切盼望的事，可是我们对“成功”的理解和追求可能过于单一，对孩子个人的特性缺乏深入研究。有的人具有当一流医生的素质，但是他被裹挟进一时热门的经济、金融圈；有的人有出色的园艺学天分，可他跟随潮流进入计算机行业，成为这一行业的二流人才。这种还是算跨过了选拔之门的学生，还有大量在选拔中被淘汰的潜在人才，这笔账可能永远算不清楚。这是不是教育的浪费、人才的糟蹋？“成功”可能呈现为多种多样的形式，“成功”所能达成的“度”有可能千差万别。不同的孩子“质地”不同，但是我们把他们当成同一种材料，用同样的方式“打造”，用同样的标准度量。有的铁经过锤炼打磨，通过测试；有的达不到标准，好歹还是铁，还能凑合做个钉子之类。有的孩子不是“铁”，可能是“玉石”或“黄杨木”，本来可以雕刻成美好的艺术品，经过盲目的锤打，最后只能报废。于老师常常感叹现时的“阴盛阳衰”，这可能是近年来女学生的才华大幅增进，男学生跟不上趟的缘故。想起2000年高考之后，在录取现场，那时已经不必集中到一个地点看材料了，都通过电脑进行选拔。当年华东师大中文系在上海地区招生100多名，我看一下录取情况，达到录取分数线的，女生100名，男生6名，男女生比例100：6。我斗胆提出，能不能降低一点分数线，争取放几个男生进来。招办主任问我为什么，我说“生态不平衡”，招办主任警告我“小心人家妇联出来告你”，无可奈何，只能投降。分数面前人人平等嘛。20世纪90年代初，走进外语系教室，课堂里看不到几个男生。90年代末，这种情况也出现在中文系，连女学生也着急，排练节目，找不到男生。有一次，我问一所重点中学的老师，他们那里男女生的比例，他告诉我，女生占百分之六十五以上。现在不知如何了。原来男生在中考时已被淘汰一大批，这究竟是为什么？是现在的女孩子越来越优秀了，而男孩子智力跟不上？有的中学校长跟我说，希望将来能多进一点男教师，我说如今不少大学里男生已是“稀有动物”，以后恐怕只能是“娘子军”当家了。说到这里也许有点儿扯远了，因为读到于老师文中提到“阴盛阳衰”现象，难免跟着担忧起来，于是有感而发。但愿有专家能好好研究这个问题。

总之，我觉得，我们对“成功”一词的理解狭隘了。什么是“成功”？人人都要像爱因斯坦、贝多芬？现代社会也许有三千六百行，行行都要有成功的人，也都会有人成功。孩子出于某些天然的因素或许不能百分之百都获得人们所期望的成功，但是我们能不能帮他们调节设计，提供机会，鼓励和帮助孩子寻找到适合他们各自发展的方向和道路；能不能帮助每一个孩子找到他喜爱的出口，找到适合他的位置，充分发挥其才华，发展其潜能，使每个孩子各有各的成功，最终人人都获得成功？

于老师这本书里有不少是近二十年来，也就是从第八次课程改革开始发表的文章或演讲，谈教育，谈语文，谈改革，谈期盼，有对语文教育发展的自信和激情，也有对教育改革过程中一些现象的思考、批评和探索；有对自己教育教学经验的反思，还有对青年教师的殷切期望。也看得出来，这二十年中她在不断学习和研究新知识、新情况，努力跟上社会的发展，用发展的眼光看教育的发展。我们看到，她在跟随时代步伐前进的同时也有始终不变的东西，那就是专注于基础教育语文老师的初心和责任感，还有坚持用优秀文化培育孩子与教学过程中“目中有人”的恒心。

于老师文笔流畅，演讲时出口成章，写作时基本上一次成稿，这完全得益于幼年开始的诵读积累功夫。她初当语文教师时，教课前能把教案都背出来，对此，我望尘莫及，唯有钦佩赞叹。我自己年轻时，读书追求进度，急于扩大阅读，提升自己的思想，往往是“得意而忘言”，造成语言表达跟不上思考，如今悔之晚矣。所以现在与人谈到学语文，一直强调要“得意又得言”，于老师就是我们的榜样。

目　录

C O N T E N T S

第 1 章　肩负使命

第 2 章　现实诉求

第 3 章 改革探索

第 4 章　创新初试

第 5 章　躬行实践

第 6 章　热切期盼

第 1 章

肩负使命

○ 要使战略主题深入人心，自觉化为行动[①]

《国家中长期教育改革和发展规划纲要（2010—2020）》（公开征求意见稿）从教育角度绘就了强国富民的蓝图，内容厚实，语言铿锵，充满活力，洋溢希望，读来振奋人心。这标志着我国的教育改革和发展进入了历史发展的新阶段，向建设人力资源强国迈出了决定性的步伐。

《规划纲要》从总体战略、发展任务、体制改革到保障措施，无不显现当今时代中国特色社会主义教育的奋斗目标、发展方向、有效措施，针对教育现状中存在的种种矛盾，从教育理念、制度创新、队伍建设等诸多方面明确任务，集中智慧，寻求共识。既回应亿万群众对教育的热切盼望，又遵循和彰显教育自身发展的育人规律。《规划纲要》亮点聚集，是今后十年教育长足进步、创造辉煌的指针。

别的且不说，单是优先发展与战略主题的确立就令人感动不已。

《规划纲要》开宗明义，说明制定本纲要的依据和目的。它的依据是党的十七大关于“优先发展教育，建设人力资源强国”的战略部署，目的是

① 本文发表于《上海教育》2010 年第 6 期。

“为全面提高国民素质，促进教育事业科学发展，加快社会主义现代化进程”。把教育放在优先发展的战略地位，我们就会情不自禁地联想到邓小平同志的谆谆教导。1985年5月19日邓小平同志在全国教育工作会议上语重心长地说：“我们国家，国力的强弱，经济发展后劲的大小，越来越取决于劳动者的素质，取决于知识分子的数量和质量。一个十亿人口的大国，教育搞上去了，人才资源的巨大优势是任何国家比不了的。有了人才优势，再加上先进的社会主义制度，我们的目标就有把握达到。现在小学一年级的娃娃，经过十几年的学校教育，将成为开创21世纪大业的生力军。中央提出要以极大的努力抓教育，并且从中小学抓起，这是有战略眼光的一着。如果现在不向全党提出这样的任务，就会误大事，就要负历史的责任。”这段讲话既深入浅出，又尖锐深刻，把抓教育定位在“有战略眼光的一着”，这是前所未有的。战略不是具体的某些战术，它影响事业的全局，把教育和人才资源、建国大业紧密连在一起，扫除了许多人不重视教育的糊涂观念，增强了教育工作者的无比信心。

随着建设事业的推进，国民素质的提高，创新型、实用型、复合型人才的紧迫需要，人们对教育的战略地位认识越来越深刻。党和国家高度重视，一再提出要优先发展教育，并为此做了大量的工作，对经济发展、社会进步和民生改善作出了不可替代的重大贡献。但是，由于理念上的陈旧、落后，种种因素的制约，很多地方、很多方面，并未做到“优先”。有些还是跟着做一点，有些还要把有限的教育经费挪作他用。薄弱学校本可不薄弱，师资队伍本可更稳定提升，但由于“优先”不到位，而矛盾凸显。正如《规划纲要》中指出的：“教育投入不足，教育优先发展的战略地位尚未完全落实。”针对这种状况，《规划纲要》将“优先发展教育”的战略思想，贯串于整个文件之中，反复加以强调。序言部分指出：“在党和国家工作全局中，必须始终坚持把教育摆在优先发展的位置。”“始终坚持”，斩钉截铁，表达了巨大的决心和非凡的勇气。总体战略中的工作方针，第一句就是“把教育摆在优先发展的战略地位”，阐明这是党和国家提出并长期坚持的一项重大方针，为此，“各级党委和政府要把优先发展教育作为贯彻科学发展观的基本要求，切实保证经济社会发展规划优先安排教育发展，财政资金优先保障教育投入，公共资源优先满足教育和人力资源开发需要”。一句话中四个“优先”，而且提升到“贯彻科学发展观的基本要求”的高度。理念之先进，要求之具体，前所未有。只要认真遵照执行，必然大大造福莘莘学子。体制改革部分、保障措施部分中许多条款都关系到优先发展的问题，从理念到措施，这种战略思想一以贯之，是照耀教育发展今后十年征程的明灯。我国是一个人口众多的大国，在世界格局深刻变化、科技进步日新月异、人才竞争日趋激烈的情况下，从事社会主义现代化建设，其复杂性、艰巨性难以言表，要落实教育优先发展的战略地位确实难度极大。但在长期的革命和建设的实践中，我们有一条颠扑不破的真理和无往而不胜的经验，那就是只要加强党的领导，提高国家对政策的执行力，就能排除各种困难，创造奇迹。

优先发展教育，发展怎样的教育？战略主题作了十分明确的规定，表述得要言不烦，一语中的。《规划纲要》中是这样表述的：“坚持以人为本，推进素质教育是教育改革发展的战略主题，是贯彻党的教育方针的时代要求，核心是解决好培养什么人、怎样培养人的重大问题，重点是面向全体学生、促进学生全面发展，着力提高学生服务国家人民的社会责任感、勇于探索的创新精神和善于解决问题的实践能力。”教育发展的主题、核心、重点、着力点阐述得一清二楚，拨正了当前教育在许多方面的、相当程度的扭曲。是清醒剂，是指路标，教导与指引教育工作者往哪个方向走，追求怎样的目标。不仅是教育工作者，而且是全社会、全民都有责任。序言说得好：

“国家兴衰，系于教育；教育振兴，全民有责。”

“以人为本”“素质教育”已说了好多年，但推进起来，步履维艰，干扰很大。常见的情况是：高谈阔论素质教育，扎扎实实应试教育；教育行政部门三令五申减轻学生过重的课业负担，但令行不止，学校照样变着法子补课、应考；学生自主活动时间少得可怜，自主进行体育锻炼更是一种奢侈，整日在题海题库中浮沉，厌学情绪滋长，求知欲望不断消解。分数的枷锁不仅锁学生、锁教师，而且也锁校长、锁家长。分数本为监测教学情况的符号，着眼点在了解学情、教情，总结经验教训，切实改进教学，提高教学质量。而今，分数被提高到至尊的地位，有的几乎把它作为图腾，顶礼膜拜。在选拔考试面前，学生、家长、教师、学校几乎都成为“分奴”，不知不觉，又习以为常。教育究竟怎么啦？孩子求知的快乐、成长的快乐哪儿去了？许多有识之士为此忧心忡忡，寻觅解脱困境的良方，但往往局限于某个层面、某些问题，难收解套之效。此次《规划纲要》高屋建瓴地聚焦在“培养什么人，怎样培养人”这一点上，明确指出这是教育改革发展的最强音，振聋发聩，而且表现了实现战略主题的巨大决心和坚定不移的意志。教育要奉行两个“全面”——“面向全体”，不是面向一部分或小部分，这是提高全民素质的问题，所有学生都有权利受到良好的教育；“促进学生全面发展”，而不是由于教育思想的偏差、急功近利思想的作祟，人为地突出某一方面，削弱某些方面，忽视做人基本道理、基本准则的教导，忽略增强体质的重要性、必要性，在不经意中造成了被教育对象成长中的某些不足与缺陷，严重地出现精神上的残缺。每个学生都是活泼泼的生命体，都有全面发展的潜质，都是国家的宝贝、家庭的宝贝。如果由于目标偏离准星，做法错位，青少年学生在成长过程中付出了不应付的代价，成人是有责任的，学校、家庭、社会是有责任的。

而今战略主题的重点是两个“全面”，着力培养学生服务国家人民的社会责任感、勇于探索的创新精神和善于解决问题的实践能力。且不说创新精神和实践能力的培养，单是“社会责任感”的提出就值得学校、家庭反复思考、付诸实践。学校教育是要把年幼无知的自然人培养成为有理想、有道德、有文化、守纪律的社会合格公民。求学读书为了什么？为明做人之理，明报效国家之理。如果我们教出来的学生只以个人为中心，以追逐名利、享乐为目的，缺少服务国家、服务人民的社会责任感，那是教育的失败，有辱历史赋予的重要使命。

教育改革发展的蓝图已经绘就，战略主题清楚明确，如何使这些先进的理念深入人心，化为自觉的行动，是最为重要的，也是我们最为关心的。理念指导实践，教育改革发展是庞大的综合工程、系统工程、复杂工程，对教育的战略地位、战略主题、教育本质、育人规律等须有相当的共识。这种共识不仅在教育内部——当然，教育内部是重点，从事教育事业的人应具有高度共识——在教育外部，家庭、社会，同样需要广泛宣传教育，使其具有正确的育人观，尽量不做违背教育规律，乃至见利忘义之事。各项政策的执行难度较大，须深入了解实情，弄清问题的症结所在，一环扣一环地解决，方能取得实效。离开了针对性，简单从事，难以获得理想效果。比如减轻学生负担问题，只是做加减法，是不可能奏效的。哪些是合理负担？哪些是不合理负担？这些不合理负担是怎样形成的？学校、家庭、社会，各充当了什么角色？哪些是教育理念的问题？哪些是选拔考试的问题？哪些是功利政绩的问题？哪些是商业利益链的问题？哪些是体制问题？哪些是机制问题？凡此种种，均要综合考虑，开展综合治理，哪一环不到位，效果就难以收到，弄得不好，不是“我自岿然不动”，就是弄虚作假做表面文章。

百年大计，教育为本。本固则枝繁叶茂，生意盎然，期盼《规划纲要》在进一步完善的基础上狠抓落实，加强监督，为建设人才强国作出大贡献。

○ 奠基，“奠”怎样的“基”？[①]

众所周知，基础教育在人的成长、成人、成才中起至关重要的奠基作用。

从一个人的成长过程来看，基础教育从事的是人的基本建设，给人的思想道德、行为习惯、科学文化打基础。根子扎得正，扎得实，懂得做人的基本准则，日后在社会风雨中锻炼，就能枝繁叶茂，果实累累。个人有发展后劲，对社会就能多作贡献。基础教育面广量大，仅义务教育阶段，我国学生就以“亿”计算，学生数量之多在世界上首屈一指。基础教育不是着眼于少数学生、部分学生的提高，而是面向全体学生，着力于全体学生素质的提高。今日的学生素质，就是明日的国民素质。在进行社会主义现代化建设的过程中，人的素质越高，建设所取得的成就越显著越卓越。而全民族素质的提高，必须眼睛向下，从人的学生时代抓起，奠定良好的素质基础。

“面向全体学生，全面贯彻教育方针”，教育工作会议上提出的“两全”要求，可以说，教育工作者对此耳熟能详，但只要认真地考查实际，就

① 本文发表于《上海师范大学学报》（哲学社会科学基础教育版）2004 年第 1 期。

可发现偏离准星，距离相当远。

首先，是“术”和“人”的问题。教育，说到底是培养人。中国教育，不管是哪类学校，哪个学年段，都应聚焦在培养中国的合格公民，为合格公民打基础。这不是口头说说、纸上写写就能实现的，而是要身体力行，下大功夫，下苦功夫的。这些年来，学校教育对“术”的重视，远远超过对“人”的重视。对知识和解题技能技巧的追求笼罩师生，实际上成了学校工作的中心，被放在学校工作的首位。学校不是真空地带，学校的种种做法都离不开社会环境的影响。社会上急功近利、浮躁心理的浸染，学生家长浅层次教育价值观的期盼，选拔考试指挥棒的威力，众多因素形成拉力，把学校工作往“术”的路上拽。“术”的培养是具体的、实在的，“人”的培养重在口头，比较空泛。

学校教育无形中成为学生谋取进高一级学校的工具，成为谋求生存、获取高薪职位的垫脚石，育人的理想色彩、神圣内涵淡化了。考试是检测教与学的手段，是选拔的手段，其重要性不容贬低，但错把手段当目标，必然造成基础教育实施中不应有的损害。

撒什么种子开什么花，哪个地方着力哪个地方就见成效。放眼全国，此次课程改革的前期工作，有一项是对学生、教师、家长、校长做了大量的调查研究。调研表明，学校课程在学生身上体现的情况和学校实际关注的目标都是基本知识和基本技能，批判性思考、责任感和道德、自主获取知识的能力、创新意识等均较差。而校长与教师都认为，学生应具有终身发展的素质，要具备这样的素质，首先是责任感和道德，其次是价值判断，然后是传统美德和创新精神。主观愿望和客观效果如此大相径庭，不得不令人反思。

现实生活中基本道德流失的现象已是见怪不怪。只要别人为自己服务，不肯为别人出一点力。祖辈、父辈对孩子关怀备至，起早摸黑，接送孩子上下学，拎书包，精细地料理生活，而孩子不仅不体谅，不尊重长辈，不感受亲情、恩情，还颐指气使，动辄发怒。谈到公德心，有位校长痛心地说：学校刚修的新操场，借给人家开运动会，一天对绿化的破坏超过往常一年。学生吃零食落下的种种垃圾弄得学校满地狼藉，自己不断弯腰捡拾，学生却不屑一顾，无动于衷。有人认为这只是小事，无伤大雅。其实不然，“三岁孩童映八十”，从小无自律意识，不养成良好的行为习惯，缺乏责任心，不懂得尊重别人，将来又如何“大雅”得起来呢？人的奠基工作缺失了做人的基本准则，或基本准则不牢靠，就会思想上残缺、道德上残缺、行为习惯上残缺，怎能健康发展、全面发展？又怎能长足发展？

教育的本质是增强人的精神力量。真正的教育是引导人的灵魂、精神达到真实之境，知识、技能是帮助提升精神世界的阶梯。《大学》开宗明义指出：“大学之道，在明明德，在亲民，在止于至善。”学习的目的，在于彰明内心美善的德性，在于使人自新，使人处于最美善的道德境界。古人强调育人，今人同样如此。陶行知的“千教万教，教人求真”，也就是追求人的精神世界的高尚。英国史学家汤因比和日本的池田大作在关于21世纪的对话中谈到当代教育时，认为教育的本质不应该以谋实利为动机，而是寻求存在于宇宙背后的“精神存在”之间的心灵交流，开启人的心灵与富有的大脑。显然，古今中外研究教育的大家都认为教育的本质是完善人的精神世界。贯彻以德育为核心的教育方针，姑且不去说时代的要求、社会发展的需要，仅从教育本质来审视，就有着丰厚的内涵和现实的意义。教育的本质呼唤基础教育必须对学生的健康成长负责。

知识的传授和技能的培养在基础教育中当然占有重要位置。基础教育阶段传授的知识，许多是知识的“核”，不因时间推移而老化，因而，这个时期学生学到的知识、培养的能力往往陪伴终身，一辈子都起作用。然而，知识与技能只是人的素养的一部分，不是人的全部。正好像手、足是人的局部，局部不是整体，手、足不是人的全部，也无法代替人的全部。重“术”轻“人”，忽视心灵世界的培养，学生就会缺少精神支柱的支撑，落入“技术主义”的桎梏。

其次，是“主渠道”与“点缀”的问题。教育方针中说的德育、智育、体育应该是有机整体，既有各自的内涵，又相互渗透与交融，绝不是割裂开来，互不相干，各自为政。

全面贯彻教育方针、实施素质教育的主渠道是课堂。学生日复一日、月复一月、年复一年进学校求学，每天好几节课，大量时间是在课堂里度过的。课堂教学是片面质量观主宰，还是全面质量观指导，育人的质量就会迥然有异。任何学科的教学都应发挥它特有的多重功能。比如语文学科，语文课当然要引导学生学习祖国的语言文字，如何正确理解，如何规范地使用，这是实用功能，因为它是人们最重要的交际工具。与此同时，它还具有发展功能。语言和思维、情感同时发生，语言的发展能很好地促进人的观察力、记忆力、想象力、思维力、创造力的发展。教学生学语言，就要注意促进学生智力的发展，尤其是思想力的发展。语言还应发挥教育功能、审美功能，把握语言文字的表现力、生命力，推敲内含的情和意，给学生以熏陶感染。学科教学发挥多重功能，不是人为杜撰，而是学科性质所决定。语文的基本特点是工具性和人文性的统一，教材选文大都文质兼美。深邃的思想、精辟的见解、非凡的智慧、高尚的情操都是通过精当、美妙、生动的语言跨越时空传递给学生的，知识、能力与思想、情感是糅合在一起的，只是由于我们认识不到位，或者是受急功近利等思想的影响，进行教学时常常有意或无意地把它们剥离，取知识、技能而使精神养料流失。

语文学科如此，其他学科又何尝不是这样？每个学科均有其各自的性质、各自的个性，深入探讨，把握规律，均可发挥多重功能。学科教学应以本学科的智育为核心，整合德育和美育，给学生打科学文化素质和思想道德素质的基础，相互融合，全面奠基。当前进行的课程教材改革，强调以促进学生的发展为本，以知识与能力、过程与方法、情感态度与价值观为实现教学目标的三根支柱，其实质就是把育人放在首位，就是教育方针思想进学科教学，进课堂。在这种新的教育价值观指导下，学生在求知的过程中，在学到知识、获得能力的同时，情感受到熏陶，精神受到哺育，价值判断力得到提高。这种教育不是外加，而是与知识、能力的有机结合，是学科内涵的深入阐发。这种立体化施教，发挥学科的多重功能，春风化雨，润物无声，持之以恒，学生必深受其益。

基础教育部门、学校，对德育不算不重视，机构健全，措施不少，时间也花得不少，但实际效果不理想。原因当然有很多，但有两点在学校工作中特别值得探讨。一是对当今学生现状研究得远远不够，对学生的知识世界关心多，对他们的生活世界、心灵世界知之不多。他们追求什么，信奉什么，有哪些困惑、哪些烦恼，共性怎样，不同层面的学生又怎样，往往只知大概，有时连大概都说不准。教育的实效性与教育的针对性紧密相连，实际情况若明若暗，教育就常流于空泛，不能真正起到育人育心的作用。二是学生主体地位的确立。教师不能代替学生成长，用纪律管头管脚，总不能成事。小到不糟蹋粮食、爱护公物、爱卫生等行为习惯，大到为国为民、忧国忧民的理想信念，总要靠引导、启发、唤醒、激励，形成积极向上的内驱动力，提高“自律”的自觉性。特别是高中学生，如果还用抱着走、牵着走的办法，学生自尊、自信、自立、自强、自律的主动性、积极性就得不到锻炼与培养，一旦没有具体管束的条条框框，有些人就会方向模糊，放任自流。育人不是停在口头，更不是花样翻新，而是要落到实处。既要激励学生树立高远的志向，又要“千里之行，始于足下”，从一点一滴做起。再好的做法，不落到实处，就没有实际效果，往往就成为摆设，成为“点缀”。

基础教育为学生奠基，让每个学生打下扎实的知识技能基础、良好的做人基础，日后能与时俱进，长足发展，这是从事基础教育全员的大事。从教育理念到具体操作，内容十分丰富，难度极大，是极其宏伟的巨峰，须静下心来，去除浮躁，排除干扰，一步一步攀登。

不说自明，当今世界综合国力之争，说到底是人才之争，而人才之争就是人的素质的竞争。基础教育为学生的素质奠基，任务光荣而艰巨，责无旁贷。

○ 树立精神风范，引领教育现代化①

各位同志均为上海市区县普教系统的领导、市示范性实验性高中的领军人物，有丰富的办教育的经验，有比较开阔的视野，今天能有机会进行思想交流，深感荣幸。

一、教育现代化是历史发展的必然

1. 三次全球性学校教育改革的启示

回顾200年前，传统教育为少数人所占有，讲究培养人的儒雅，培养骑士风度。到了20世纪初至30年代，全球掀起了学校教育改革的第一次高潮。这次改革以教育的平民化与功利性为主导倾向，促进了传统教育向现代教育的根本转变。20世纪五六十年代，学校教育掀起第二次改革高潮。其主要内容是强调科学教育，加大资金投入，对教育的内容体系、教学的组织方式、教育规模、发展速度都产生了影响。20世纪70年代至今，全球性学校教育掀起第三次改革高潮。其特点是从未来国际竞争和整个社会问题的高

① 2000年8月在上海市区县普教系统领导和市示范性实验性高中校长学习班上的讲话。

度来思考教育的现实与走向，改革的重点指向教育制度、教育结构等宏观问题，并且突出了基础教育改革的地位。

三次教育改革的动力均来自社会的现实需要。科学技术的发展加速向前，据统计，人类的科学知识在19世纪是每50年增加1倍，到了20世纪末则是每3年至5年增加1倍，增长的数量与速度令人震惊。面对这样的形势，如何适应？显然，教育必须从内容到组织形式、教学方法作一系列改革，这是历史发展的必然，是不以人的主观意志为转移的。

2. 当前面临的挑战更是前所未有

科技高度分化，又高度综合。科技迅速转化为生产力，比如，摄影技术从发明到转化为生产力，经历了一个多世纪，而今晶体管、太阳能电池等科技知识转化为生产力，只用了两三年，这样的迅速发展挑战教育。

资源浪费，环境失衡的困难，挑战教育；环境污染，土地沙漠化，生态失去平衡，求助于教育。

享乐主义滋生，道德水准下降，求助于有针对性的道德教育、法制教育。

综合国力的激烈竞争，挑战教育。20世纪80年代以后，世界格局急剧变化，竞争内容转入经济，转入综合国力。综合国力的竞争，实际上是高科技的竞争、教育的竞争，说到底是人才的竞争。今日的教育，就是明日的科技，后日的经济。1983年美国高质量教育委员会就发布了《国家处在危险之中，教育改革势在必行》的报告，阐述本国处于险境，世界各国竞争者正在赶上。面对激烈竞争，超级大国尚且如此，我们发展中国家更应有危机意识和忧患意识。所有的挑战都聚焦在人的培养上。全世界，尤其是发达国家的教育，都在研究培养怎样的人才能适应现代化社会发展的要求。这一点，我们必须有清醒的认识。

综上所述，人类经历了农业社会、工业社会，现在有些国家是后工业社会、信息社会，或叫知识经济社会。随着社会发展，教育现代化是历史发展的必然。我国以经济建设为中心，构建和谐社会，加速进行工业化，教育现代化当然是发展的必然。

二、教育现代化聚焦在人的现代化培养上

人的现代化是社会现代化要求的反映，也是社会现代化的根本保证。

英格尔斯在《人的现代化》一书中有精彩的论述："一个国家可以从国外引进作为现代化最显著标志的科学技术，移植先进国家卓有成效的工业管理方法、政府经济形式、教育制度以至全部课程内容"，但"那些完善的现代制度，以及伴随而来的指导大纲、管理守则，本身就是一些空的躯壳。如果一个国家的人民缺乏赋予这些制度以真实生命力的广泛的现代心理基础，如果执行和运用这些制度的人，自身还没有从心理、思想、态度和行为方式上都经历一个向现代化的转变，失败和畸形发展的悲剧是不可避免的。再完美的现代制度和管理方式，再先进的技术工艺，也会在一群传统人的手中变为一堆废纸"。这仅是从引进、借鉴而言。我们立足于自力更生，艰苦奋斗，更要在人的现代化上下功夫。

现代化的人具有许多特征，简要言之，有：具有自主性、进取心；心态开放，乐于接受新事物；有创造性，敢于挑战，敢于创造物质财富和精神财富，体现自身价值；对社会有信任感、责任感，能正确对待自己、对待别人。

未来社会将更加开放，更加国际化。我们的教育培养的人，必须全面提高素质，方能适应，方能立于不败之地。说得具体一点，就是须具有高尚的人格和道德观念，宽厚的自然科学、社会人文科学知识基础和自主求索、运用知识、发展创新、服务社会的观念和能力。如果用20个字来概括，就是：基础宽厚、勇于发展、敢于创新、人格完善、造福社会。也就是人格、知

识、能力全面培养，全面提高素质。

个体现代化的发展，离不开教育。人的成长受到各种因素的影响，在这些因素中，教育是一种更主要更直接的不可忽视的因素，其他因素难以替代。

我国走在建设小康社会的途中，向现代化跨越。走向现代化的中国，迫切需要现代人去发展去创造，而现代人又须依靠现代教育去培养去造就，因而，教育自身现代化就极为迫切，极为重要。教育可以培养人的现代化，但也可能使传统中消极的东西更为巩固，因此，只有现代化的教育才能培养现代化的人。

教育现代化包括三个层面：一是教育在数量、规模上的发展；二是办学条件如校舍、设备、技术手段、教育经费等方面的先进程度；三是教育价值、教育思想、教育观念等方面的现代化。

这些年来，我们的教育硬件有很大提高，几乎是跨越式的发展，但软件却相对滞后。教育现代化的核心是教育思想的现代化，教育现代化的灵魂是教育思想的转变，而绝不仅是计算机、外语或校园、校舍的物质层面。

一个人的现代化程度如何，不仅取决于这个人成年后的社会经历，还取决于他早年的家庭生活、教育经历。教育对于一个人的价值观念、行为方式等人格因素十分重要，学校教育构成个人现代化的重要基础。当前，如何通过教育来实现人的现代化的目标，是各国教育面临的共同课题，我们当然应充分重视，努力走在前列。

三、引导教育现代化的诸多追求

1. 树立精神风范，发挥人格力量

教育事业是具有理想性的事业，没有理想的教育是不存在的。理想是一

种追求，是一个不断变化发展的过程。教育现代化是一种目标，一种方向，一种使命。现代化教育应体现当代文明社会的价值与品质。

作为基础教育的领军人物，应该有一种气象，有一种境界，是时代的良知，智能的火把，是教育精神的代表。在多元经济并存、多样文化碰撞的十分复杂的情况下，教育要坚持育人的正确方向，拒绝急功近利的诱惑，维护社会公正，彰显社会良知，远离陈腐文化，是极其不易的。要有坚定的信念、深邃的思想、远大的目光、坚忍不拔的毅力。必须做到：

坚定不移地弘扬科学精神。“求真”是科学精神的重要内容。不为假象所迷惑，不带主观偏见，不把偶然性当必然性，不把局部当作全部，不把在一定条件下的结论无条件扩充、夸大，不轻易相信没有经过实验反复论证的结论，更不贸然下结论。“真善美”，“真”是基础，失“真”的“善”就是伪善，失“真”的“美”就是假美。韩国的黄禹锡，交通大学的陈某吹嘘的“汉芯”就是例子。一切教育成果的精髓、灵魂在于“真”。陶行知先生告诫我们“千教万教，教人求真”，要求青年人“追求真理做真人”。美国哈佛大学校训是：“与亚里士多德为友，与柏拉图为友，但更重要的是与真理为友。”这是很有道理的。在诚信存在问题的世俗风气中，敢于高举求真的崇尚科学的旗帜，实事求是，去除耀眼的包装，挤去教育质量的泡沫，教育现代化必然向前跨越。

坚定不移地弘扬人文精神。人要有精神支柱，否则，立不直，立不正。支柱的核心是人文精神。在人生基本问题的思考中，如：人生意义、历史与现实、传统与变革、物质与精神、个人与集体、道德与审美、光荣与耻辱、人生观、世界观、价值观，等等，要有清醒的认识，正确的见解，并付之于行动。一个民族没有现代科学就会落后，落后就要挨打；一个民族没有人文文化，精神就会迷失，民族就会异化；一个社会没有人文精神，就是一个病态的社会，难以和谐，难以发展；一个人没有人文精神，就是一个残缺的人，丧失理想，丧失信念，丧失奋斗目标，在个人荣辱得失中浮沉，为金钱至上所左右，就会迷失方向。中华民族具有五千年丰厚的人文文化积累，是我们宝贵的精神财富，尽心尽力地传承、发扬，就能惠泽师生。

坚持这一条十分不易，要敢于说“不”，有些事要敢于“不为”，守护社会正义，守护良心，守护社会的道德、历史的使命，一句话，守护教育者的尊严。

教育工作不仅以书教人，以客观规律教人，更重要的是以人格培养人格，以人教人。鲁迅曾说：“我们从古以来，就有埋头苦干的人，有拼命硬干的人，有为民请命的人，有舍身求法的人……这就是中国的脊梁。”教育方面的领导、校长当然应该力争成为中国的脊梁，有民族气节、民族精神、民族气派、民族感情，以自己的人格魅力教育师生，影响师生。

2. 树立先进的教育理念

教育理念在教育工作中起灵魂作用，它影响教育的全局，影响教育的质量。教育理念十分丰富，就我们办学的人来说，最为重要的是以促进学生发展为本。

21 世纪教育价值观强调：教育应为社会发展和学生终身发展服务；学校应开发每个学生的潜能，促使他们个性健康发展，形成自我教育、终身学习的意识与习惯，确立为祖国为人民奉献与创造的志向。

确立了以促进学生发展为本的教育理念，人才观、质量观、学生观、评价观等均会有新的认识、新的内容，培养目标、课程设置、教育评价、资源配置、现代教育技术应用等也都会有新的内容。以促进学生的发展为本绝不是停留在口头与书面的口号，它必须落实到教育的全过程。为此，以下一些要点须深入思考：

（1）定位。办教育办学校必须定位于教育的本质。“教育”（education）一词起源于拉丁文 educare，其词根“ducare”即有“引出”之意。古今中外教育名家无不认为教育是对人的培养，引导学生增强精神力量。也就是引导学生确立良好的人生态度，提升精神境界。离开了对学生精神力量的培养，还谈什么教育？

（2）全面质量观的呼唤。社会文明程度越高，越需要全面发展的人。教育不能停留在浅层次的价值观，只讲功利，只是考学、求职的敲门砖。必须思考深层次的价值观和人的全面发展。片面的质量观会有意无意地使学生在成长过程中形成某些残缺，如做人的基本道德素质、奋斗精神的缺失，体质的羸弱，等等，与培养目标相距甚远。知识和能力是获取精神力量的阶梯，不是精神力量的全部，更不能醉心于机械操练，把学生练傻。

（3）珍视每个学生的生命价值。尊重和爱护学生是 21 世纪教育改革的新起点，尊重学生的个体性、独特性、多样性。基础教育是大众教育，必须面向全体学生。大众教育不排斥英才教育，但不能只当英才教育的配角。人是有多元智能的，各有所长，各有所短。基础教育着眼于全体学生，为全民族素质的提高奠基。还必须清醒地看到，有时有些受教育者并非真“英才”，而是拔苗助长的对象，无后劲。要倾听每个生命的呼唤。

（4）具备可持续发展的素质。学校教育要培养学生不仅今日健康成长，而且要明日能长足发展，一个不会发展、不能发展的人，生存空间就会越来越小。因而，在教育过程中，须千方百计引导学生学会学习，学会做事，学会共同生活，学会发展。不能迷信分数挂帅，立竿见影，即使“见影”，也是瘦瘦的一条，不能长效。

思想素质指确立服务祖国服务人民的志向，是人生的方向；智能素质是基础，是生存、发展的内部依据；人文素质是催化剂，是人生前进的推动力。三者是不可分割的整体，互相渗透，互相融合，互相贯通。抓好素质的基础，本固才能枝繁叶茂。

学校应该是学生的精神家园，有良好的文化氛围、道德氛围，有中华文化的底蕴，有人类进步文化的融合，校长就是精神家园的守护神。

3. 树立自强不息、办好有中国特色基础教育的信心与勇气

社会形态的变化，利益格局的变化，人们生活方式的变化，对教育提出了严峻的挑战。面临中华人民共和国成立以来从未有过的挑战，我们特别需要《易经》中所说的“天行健，君子以自强不息”的精神；面临教育领域的许多新情况新问题，特别需要立足于本土实际，革故鼎新，创造业绩。有些情况确实须冷静思考，不追风，不盲从，坚定不移走中国自己的路。

（1）与国际教育接轨问题。有个阶段，与国际教育接轨的口号叫得比较响，认为国外的种种做法都是好的，自己都是落后的、不科学的，于是新名词术语一连串，于是全国一流、国际一流的目标提出来炫人耳目。这个口号的内涵究竟是什么？国外教育根据各自国情的差别、培养人的不同需要，千种万种，各有利弊，各有优势与不足。对中外教育我们做过多少深入细致、实事求是的比较研究？结论如何？哪些经验与理论具有普适性？哪些只具有个体特征，有其特殊性？一个“国际”就能简单概括吗？“接轨”，跟谁“接”呢？跟国际中所有的国家吗？“轨”又是哪些内容？喊口号容易，口号的实质性内涵、科学依据要弄清楚，就绝非一日之功了。

学习外国，以他山之石攻我教育之玉，绝对没错，而且应该拓宽视野，认认真真虚心地做。盲目追求与国际接轨是另外一回事，是缺乏判断力和创造力的表现，也是缺乏民族自信心的表现。

教育从来就是国家的、民族的事业。任何国家的教育特别是基础教育必须传承本民族的优秀文化传统，弘扬民族精神，培养为本民族、本国家、本

地区建设服务的人才，必须眼睛向内，而不是只朝外。

教育民族化、本土化，就是教育及其改革最终要解决本民族、本国家、本地区的实际问题。眼睛向内，并不是排斥国外，也不是妄自菲薄，而是立足于本国，以我为主。20 世纪 50 年代的“苏化”，至今让人记忆犹新。“西化”“欧化”不能再发生。有识之士一再告诫“教育不能盲目西化”，要“以我为主，吸纳融合，提高质量”。不说别的，有的国家教育经费占 GDP 的 18% 以上，你“接轨”接得了吗？它国家小，人口少，而我们的中小学生浩浩荡荡一亿几千万。考虑问题必须站在地上，不能飘到半空中。更何况西方不少国家对自己教育的某些方面正进行自我批判，我们没有必要把人家丢弃的东西当作宝贝捡起来用。理论上的清醒是办教育必不可少的重要条件。

（2）训练与创造的问题。看起来十分可笑，“训练”与“创造”根本不在一个层面上，放在一起岂不滑稽？我们贯彻教育方针，培养学生，要抓住一个核心，两个重点：以德育为核心，以实践能力、创新精神为重点。提出这样的要求是教育改革的现实需要，是为社会的发展培养人才的需要。

创新能力是一个人能力的最高表现形式，是能力的最高境界。富有创新能力的人总是把世界上一切事物看作是一种运动的过程，而不是静止不变的。不执守过去，总是规划当下，展望未来。创新能力在各行各业均有根本性的需求。这种能力不是与生俱来的，要靠引导、培养、激发，从青少年学生开始，就要培养他们的创新意识和创新精神。学生具备了这种意识与精神，将来在合适的条件下，就能迸发出创造的火花，结出创造的果实。这种意识的培养、精神的培育须让学生发挥学习的主体作用，在学习生活中有思考、探究、发展的空间。而目前，学生的学习空间几乎被各种各样的习题训练塞满，一课一练、课课练、周周练、题海、题库。用“一刀切”的办法画地为牢，把生动、活泼、多样的学生圈在其中，把同一性发挥到极致。有些学生资质较优，发展潜能较大，无须那样机械训练，但也不得不拘囿其中，创造意识受到抑制，创造精神未得到培养。训练是学科学习中的必需环节，要理解、巩固、熟练，某些要转化为能力，离不开训练。但要有“度”，练什么，怎么练，其中有大学问，绝非信手拈来，随意处置，弄得不好，贻误学生青春。

“教育的核心是人格心灵的唤醒，教育的最终目的不是传授已有的东西，而是要把人的创造力量诱导出来，将生命感、价值感唤醒。”德国教育家斯普朗格这段论述很有道理，值得深思。

上海基础教育要实现教育现代化，这是我们的期盼，我们的光荣。日本哲人说过：对自己应做的事，要燃烧起满腔热情。对现在应当做的事不全力以赴的人，没有资格谈未来。只有切实地站稳脚跟，才会有接着的大飞跃。

同志们站立在队伍的前列，智者有勇，勇者前行，行者无畏。树立精神风范，引领队伍前进，必能开创教育闪光的未来。

○ 坚持走有中国特色的教育发展道路①

十八大报告是我国建设中国特色社会主义的里程碑，彰显了中国人的志气、精神、智慧和胸怀。党最理解教师的心，因为教师一辈子的追求就是把学生塑造成为优秀的中华人民共和国的公民。把学生培养成人、成才是做老师的最大心愿。在教师生涯中，能做到这一点非常不容易，不仅需要主观努力，还需要客观环境等各方面的支持。

要努力办好人民满意的教育，一定要把立德树人作为教育的根本任务。而要实现立德树人的宗旨，首先需要树立教育自信。近三十年，特别是近十年来，在普及义务教育、解决一亿几千万的学生有学上这一世界难题上，中国教育取得了显著的成绩，我国所有学段的教育都得到了长足发展。

但不可回避的是，虽然我们进行了很多富有实效的教育实践，但依然缺少自己的教育思想提炼和教育理论研究。从教育内涵到学生培养再到课程改革，我们从理念到做法上大部分都是运用国外的教育思想和教育理论。虽然我们不排斥借鉴国外的经验，但今天的中国教育理应树立起自信，拥有自己

---

① 本文发表于《上海教育》2012 年第 24 期。

的话语权和理论体系。

中国的教育需要拥有两个视野，一个是中国历史发展的视野，另一个是世界文明发展的视野。我们要用这两个视野帮助我们树立自信。任何一种学术都具有独立性，其他国家再成功的经验都不能代替自身的独立思考。十八大提出“道路自信、理论自信、制度自信”这三个自信是非常有远见的。中国教育必须从本土出发，树立自己的自信。有了这样的自信，广大教育工作者才能为实现教育发展目标自觉自愿地去奋斗，我们办出的教育才是真正符合中国实际的。

实现立德树人的宗旨，还要坚持走有中国特色的教育发展道路。中国教育的体量非常巨大，是世界上任何国家无法匹敌的。中国的文化讲究以人为本，这是非常具有中国特色的。老子说：“道大，天大，地大，人亦大。”孔子的“仁爱”思想，说的就是心中不仅有自己，还要有他人、集体和国家。这与西方单一注重个人发展的狭隘视角是不同的。

1949 年以来，从“德智体全面发展”到提出“四有新人”，从“素质教育”再到十八大提出的“全面实施素质教育”，显示出我们走有中国特色的教育发展道路的指导方针是非常明确的。“育人为本，德育为先”是每一个教育工作者必须遵循的。《上海市中长期教育改革和发展规划纲要（2010—2020 年）》明确提出“为了每一个学生的终身发展”，如果教育能真正使每一个学生得到终身发展，就能使几千年前孔子“有教无类”的思想在今天得以实现。

坚持走有中国特色的教育发展道路，一是要贯通古今，梳理我国几千年来的教育史，特别是 1949 年以来的教育成功经验；二是要拓宽视野，能够“左顾右盼”，结合中国国情学习国外的先进经验。在整个教育层面，需要构建家国共同体，要倡导“修身、齐家、治国、平天下”，“先天下之忧而忧，后天下之乐而乐”。教师要能肩负起这样的使命和担当。

教育发展有自身的规律，教育的本质是非常朴实的，教师应当遵循教育规律教书育人。要在教育软实力的建设中攻坚克难，从教育的思想、教育的理念、教育的价值出发，创造出有中国特色的教育。教育规划纲要提出要聚焦战略主题，实现重大突破，这个“战略”和“突破”的核心就是“以人为本”“全面实施素质教育”。

总之，作为教育工作者，我们要吃透十八大精神，在思想观念和策略上做一番真正的调整，走有中国特色的教育道路，最终对世界教育产生影响。我希望中国在未来的五十年中，能拥有属于自己的特色教育学，提炼出自己的理论，再到实践中进行检验。中国的教育一定要在世界上发出声音，而且是响亮的声音！

○ 以教育自信创建自信的教育[①]

改革开放30多年来，我国教育取得了巨大的发展，成绩举世瞩目。且不说教育全景从学前教育到研究生教育、到终身教育量和质的跨越式变化，单是普及义务教育的成效就值得骄傲。那么宽广的地域，穷乡僻壤、高原平川全覆盖；那么多的学龄儿童都入学，一亿几千万的学生都接受义务教育，这是怎样庞大的数量啊。如此的教育成就在世界上应该是首屈一指、史无前例的，值得自豪。

教育成就是中国人创造出来的，实实在在地放在那里。快速发展中出现这样那样的问题，乃至深层次、十分棘手的问题，本不足怪。然而，对存在的问题熟视无睹者有之，不理解者有之，期盼毕其功于一役者有之。与此同时，非议、抨击，不绝于耳。许多教学第一线的教师常常感到茫然，这么说，那么说，简直不知道课该怎么上，教师该怎么当，越教越不会教了。毋庸讳言，教育现状的形成有众多原因，但喧嚣背后教育自信的缺失，应格外重视，深入思考。

---

① 本文发表于《人民教育》2017年第2期。

我国的教育巨轮承载着50多万所学校、1亿多学生，承载着14亿人民的美好期望，要“直挂云帆济沧海”，办好中国特色、世界一流的现代教育，教育自信必不可少。有自信才会有自觉，有自信才会有清醒，有自信才会有定力，始终维护和建设我们的教育家园。充满自信，能意气风发，潜力迸发；自信缺失，会犹疑摇摆，甚而随人乞讨。

教育自信的树立可从回顾走过的路说起。

历史不能割断

我国教育一说到传统，就是落后，就是保守，就是一无是处，甚至把科举制度的弊端也全栽赃到教育身上。五千年中华文明之所以一脉相承，从未断裂，不能不说教育在其中发挥了重要作用。

中国不是教育穷国，历来尊师重教。从孔子到蔡元培，留下了丰厚的教育遗产，其中精华仍光照人间。如：以人为本，追求思想与人格的完美；有教无类，因材施教；不愤不启，不悱不发，学思结合；务本求实，匡时济世；思想自由，兼容并包等教育核心价值、核心理念。千百年来无数仁人志士探讨、实践、批判、修正、提升，积累了极其丰富的正反两方面经验，昭示后人读书与做人须紧密结合，读书为明理，明做人之理，明报效天下之理，“在亲民，在止于至善”，不断自我修养，达到“至善”的境界。北宋张载的“为天地立心，为生民立命，为往圣继绝学，为万世开太平”，更是把育人的终极价值推到极致。

历史不能割断，历史装载着民族魂。传统教育中有精华，有糟粕，要采用辩证唯物主义和历史唯物主义的态度，作具体的、实事求是的分析，取其精华，去其糟粕。精华也要因时代需求而加以发展，使其更具丰富内涵，更显育人光彩。如若采取虚无主义态度，连我们教育的根在何处、魂在哪里都不知晓，那只能随风飘荡，听凭他人说短长了。

且不说数千年的历史，单是中华人民共和国成立以来办的教育，可圈可点之处就非常多。我们的教育方针、培养目标、教育理想，引领着教育的方向；在一穷二白的地基上，用有限的教育经费，办规模极大的教育，彰显的是中国人的志气和艰苦奋斗的精神；自我认识，自我挑战，边干边行边改进，积蓄改革动力，渴望力争上游成为发展的现实。即使到基层学校，校园里有些美丽的风景至今让人怀念。主题班会上，十六七岁的高中生谈学习动机，谈人生梦想，交流，碰撞，那份热情，那份豪迈，令人欣喜。清晨，阳光还未露脸，操场上长跑的学生已熙熙攘攘，为祖国锻炼身体，强壮体魄。下午放学后，操场上龙腾虎跃，各种体育锻炼，跑的、跳的，各种球类竞赛，欢声笑语。文学讲座、科普讲座座无虚席，学生社团活动丰富多彩。那种身心健康发展的美景，难道不是教育的宝贵财富吗？班级基本是学生自主管理，学生干部起核心作用，教师当参谋、作指导，学生自治自律能力在实践中获得锻炼，获得提高。这不也是很有价值的教育财富吗？

扎根中国大地办教育，既要回应现实关切，又要展望未来图景，也要认认真真回顾历史。历史是理智的启迪，它给追求理想的人新的起跑线，从中吮吸精华，能增强民族自信。

摆脱思想矮子心态

不知从何时起，我们的教育话语系统悄悄发生了变化。一系列教育政策、措施，都是具有中国特色的，从中国的国情、教情、学情出发，切实解决实际问题。但一进入教育专业，对传统教育就不屑一顾，铺天盖地是外来的教育概念、教育术语、教育做法，不仅“言必称希腊”，而且“行也照希腊”。

当今时代办教育，必须放在国际大背景中思考，必须有开放的心态。社会迅速发展，急剧转型，人们对教育的期望值越来越高，家长们急切、焦虑地期望自己的孩子在日后的竞争中胜出，并能独占鳌头。教育从来没有遇到过如此复杂、如此严峻的挑战。在这样的状况下，进行教育改革，提升教育质量，需要有先进的教育理念、科学的教育思想作指导。欧美等西方国家有些教育思想确实比较先进，有些做法与经验也值得学习借鉴。教育本身就有很强的包容性，它承认不同教育之间需要相互了解、相互借鉴，看到人家好的就学。因此，将中外教育进行比较，介绍与引进先进的教育理念与做法是必要的、无可非议的。树立自信，不是故步自封、拒绝学习外国，而是要深入、全面地研究学什么、怎么学，要根据我们的国情决定取舍、改造、创新，要以我为主。

打开视野，学别人之长，不是照抄照搬，不是移植、贩卖。任何教育理论的形成总有其特定的时代背景，特定的历史文化土壤，特定的地域特点，特定的社会需求、环境条件。其中有普适性价值的，但由于地域特色十分鲜明，并非放之四海而皆准。不深究这些理论、理念、经验、做法的来龙去脉，不深究它们的环境、条件，不深究它们在哲学高度、人文高度、科学高度上能经受怎样的检验，不深究它们在付诸实践中的利弊得失，只要是引进的，就是好的、先进的，以强势的语言连篇累牍地宣传，在教育教学实践、课题立项、论文评审、校绩教绩考核评价等方方面面推行，其广度深度前所未有，影响之大，几乎是全覆盖。讲话、写论文以引用外国的教育话语为有水平，为先进、前沿。更有甚者，常常将我们的教育实践、教育研究的进步与成效，作为论证这些理论、理念的证据。我们独立的精神、自主的思想何处去了？有些教师不无忧虑地说："我们在给西方教育打工，不仅话语改变，名词术语一大堆，就连思维方式也开始改变了。"

教育面向世界，以国外为借鉴本没有错，问题在于不能鄙薄自己的教育，历史的、现代的、当代的，都批判、否定、消解、解构。21 世纪初，一位先生在报纸上发表的《最后的遮羞布》一文，对中国基础教育讨伐鞭挞，对美式教育向往仰慕，可谓是“外国的月亮比中国圆”的思维定式的倾心表露。一切以西方的教育观念为最后依据，仰视别人，甘愿做思想的矮子，这种心态令人可悲。教育不能光点洋烛，我们有独特的历史、独特的文化、独特的国情，中国教育必须有中国人自己的灯火，走中国人自己的路。就专业而言，也不是只能任人说短长。改革开放以来，我们的育人理念、课程改革、队伍建设、制度创新等随着时代的要求均有突破性发展，其中不乏具有中国教育特色、中国教育个性的符合学生成长规律的理性思考与实践经验，闪亮之处不少。这些饱含着中国精神的教育财富，是当代中国教育人群策群力奉献智慧的结晶，完全可以挺直腰杆充满自信地与国外平等交流。近年来，8000 所英国小学在数学课堂采用“中国模式”就是明证。学习外国，必须坚持中国立场，摆脱矮子心态，改变永远甘当学徒的身份。唯其如此，方能拿出眼光，自主选择，趋利避弊，真正以他山之石攻我教育之玉。

当下更须警醒

通常的情况是：从事教育的人，特别是从事教育实践的人，习惯于就教育论教育，兴奋点往往在教育的技能技巧，较少思考教育的战略意义和育人高度。教育从来是国家的、民族的事业，任何国家均如此，它的核心是价值塑造、价值追求。我们教育追求的价值观，是培养我们的教育对象深刻领悟并身体力行中国人就是中国人，要热爱中国，懂得为中国服务奉献是天职，是自己的责任担当。这个价值观一旦丢失，教育就失魂落魄，丢了民族精神的根、爱国主义的魂，于国于民，都会发生危机。

精心价值塑造，坚守价值追求，确实极其不易，面对国内外环境的挑战，必须保持清醒。早在20世纪末，美国国家安全委员会就这样说："一个国家有计划地运用宣传和其他非战斗活动传播思想和信息，以影响其他国家人民的观点、态度、情绪和行动，使之有利于本国目标的实现。"他们的专家说得更直白："让被宣传的对象沿着你所希望的方向行进，而他们却认为是自己在选择方向。"霸权主义如此宣传的目的是让第三世界人崇美忘本，其重要性"与空军一样不可或缺"。①他们不仅这样说，而且通过各种渠道，在以各种新名义、新手段扎实地做。我们培养的对象是独生子女这一大群体，他们基本上是在宠爱与呵护中成长的，不懂世事几乎是常态。接受基础教育的学生还是未成年人，生活经历少，无厚实的文化积淀，文化识别力、文化判断力比较差，面对网络时代声、光、形大肆渲染的东西，很容易不加辨别照单全收，有时甚至错把腐朽当神奇。社会上多元价值的冲击，尤其是个人第一、金钱至上、享乐追求等迷雾的浸染，往往使学生受害而不自知。学生成长中价值迷茫的问题不可小视，要积极疏导，花大力气以理想信念引领。为此，立德树人是我们应该自觉肩挑的刚性责任。

立德树人应认真落实到学科教学之中。任何学科的教学之中都蕴含着教学生做人的丰富资源。知识的创建饱含着人们追求理想的壮志、不懈奋斗的精神和为人民造福的情怀。人文学科里珍藏着的忧患意识、家国情怀、虽九死而不悔的责任担当，数学、物理、生物、化学等学科传授的数字、原理、公式、定理背后，蕴藏着丰富的敬畏自然、探索奥秘、寻求规律、追求真理的思想道德财富。然而，由于功利主义的喧嚣、工具理性的干扰，往往只见知识的工具性，只注重其实用性功能，而剥离或阉割其内在的精髓。马

① 王岳川主编《当代西方最新文论教程》，复旦大学出版社，2008，第501页。

克斯·韦伯曾把理性分为两种：价值理性与工具理性，理想主义就是一种价值理性。他指出，现代人采取了一种新的理性标准，用工具理性代替价值理性，终极目的、价值不重要，重要的是设定一个具体的、功利的目标，采用最合理有效的方式。其实，“工具”浸透“功利”，还有什么理性可言。基础教育中存在的为考而教，为考而练，分分计较，为获取1分、2分、3分，没完没了地操练，就是这种理念、这种思潮的具体体现，导致学生不堪负担、厌学。为了“应试”的具体目标，“没心没肺把我们的孩子撞倒了”。

什么叫教育？教天地人事，育生命自觉。办学者、执教者要铁肩担道义，负责地、深情地培育学生精神成长，以中华优秀传统文化与人类精神文明的精华滋养学生的心灵，引领他们在复杂的环境中能站稳脚跟，明辨是非美丑，积极向上，健康成长。课堂教学该施以怎样的教育影响学生精神的成长、生命质量的提升？其实，任何学科教学都具有教育性，要使学生的核心素养落到实处，实现“学力形成”与“人格形成”的统一，关键在于执教者须牢固树立教书育人意识，并切实身体力行，摆脱功利主义的裹挟，回归教育的本原。只有回归教育的初心，执教者才会有慧眼发现与挖掘学科中固有的、极有价值的育人资源，才会有巨大的热情与聪明才智把德智有机融合起来，既有知识传授、能力培养，又有情感态度与价值观的熏陶感染，营造积极向上的学习场，学生就能享受到求知的愉悦和精神获得滋养的快乐。教学领域在功利第一、工具理性上有大突破，方能真正提高质量，否则，难以真正改变重“术”轻“人”的状况，育人的概念在外围飘，深入不到根本之处。

在课堂教学中，师生之间、生生之间精神交流、思想碰撞的精彩纷呈状况很少涌现，相当程度是由于受到评价标准、评价内容、评价方式的制约。

评价是必要的，但怎样评价，怎样能真正促进教育公平、公正、高位均衡发展，是篇极其宏大的文章。要从中国的国情、教情、学情出发，制定相应的措施，其细致、复杂、艰巨的程度难以言表。评价牵着教育的“鼻子”走，以考定教中的许多无奈就是一例。众所周知，从英国 18 世纪 60 年代工业革命以来，世界上基本是“工业”说话，欧洲人说话，西方人说话，至今未根本改变。我们现在使用的概念体系、知识体系、话语体系都是西方的，而西方对这些概念的界定和我们不完全一样。比如对学校、对教育方方面面的评价，是否要如此繁复、琐细，致使被评价者专注于一个个枝枝节节，整体思维、精髓把握无形中被逐步消解。又比如过度强调量化，认为量化就是科学。其实定性、定量在评价中各有自己的功能，关键在于怎么运用。用测量学的办法评价、衡量人文学科成绩的优劣得失，实在难以“客观”，用量化手段又怎样来衡量情感态度与价值观？拓宽视野，借鉴他人，引进无可厚非，但要从本国、本地区的教育特点出发，改造创新，具有中国的话语、中国的思维。

坚守中国立场，拥有世界视野，以教育自信创建自信的教育，走自己的路，我们的定力将更强大，我们的前途会更宽广。

○ 学科教学须坚持育人为本[①]

新世纪课程改革的核心理念是以学生为本，坚持全体学生的全面发展。《上海市中长期教育改革和发展规划纲要（2010—2020年）》开宗明义就将“为了每一个学生的终身发展”作为贯穿该纲要的核心理念，并以这一核心理念引领上海教育实现现代化。

当前，教育领域任务繁重，功能多元。服务社会、知识创新、文化引领与交流等均为重要功能，但在教育多元功能中切不可迷失其本原的核心价值——育人。立德树人是教育的根本任务，是新时期教育的基点，全面深化教育改革、全面深化课程改革，最后要落实到“人”上面。立什么德？树什么人？如何树人？树人过程中有哪些难题？怎样才能破解？这些问题不仅要面对，而且要深思、勤思，要不断寻求最佳的破解途径与方法，认真践行。

树什么样的人，定位很明确：全面发展的建设者和可靠的接班人，即德智体全面发展，具有高尚的道德品质、扎实的科学文化素养、健康的身体和良好的审美情趣。这种定位在新时期更须体现方向性，即培养的人要具有中

---

① 本文发表于《上海课程教学研究》2015年第1期。

国特色社会主义理想，有中华文化底蕴，有时代精神与国际视野；对建什么样的国家，对中华民族、中华优秀文化和时代精神，认识清晰，由衷认同，心向往之。

培养什么样的人，向来是事关一个国家、一个民族能否生存、能否持续发展、能否富强的全局性和战略性的大事，我国对此一直高度重视。而今，我们育人的目标清楚、定位明确，按常理说，只要心往一处想，劲往一处使，育人质量必然不断提升，取得良好效果。然而，现实状况并不理想，与培养目标有相当距离，有的方面的培养甚为薄弱，有的方面几乎是缺失，原因当然多种多样，但最艰难之处还在于认识不到位、干扰因素多，特别是某些有形无形的力量使人难以动弹。育人为本乃正道，且不说如何全面育人，单是学科教学怎样发挥育人功能就值得进行切实可行的研究。

一、历史经验的启迪

回顾中华文化长河，对国家、对民族有贡献的人，无不从小受到良好的学做人的教育。到近现代，尤其是文史学科教学中的忧国忧民意识、爱国爱民情操、为国为民情怀，数理学科教学中的科学梦想、求真追求、奉献精神，对莘莘学子心灵的滋养、人生的启迪，常常一辈子起作用。

我自己就有切身体会。1937 年 7 月，日寇大举侵略，我的家乡即将沦陷。读小学三年级的我，最后上的一节课是年轻的男老师教唱《苏武牧羊》。“苏武留胡节不辱，雪地又冰天，苦忍十九年，渴饮雪，饥吞毡，牧羊北海边……”曲调温柔敦厚，但老师教得非常激动，他说：“学校解散了，关门了，明天大家都去逃难了，要记住你们是中国人，永远不做亡国奴。”他一遍一遍地唱“苏武留胡节不辱”，给我们幼小的心灵以极大的感染。我们从来没有听到过那么多大字眼，也从未看到过老师如此激动地噙着泪水上课，心的最柔软处被震动，从此这爱国的激情伴随着歌的旋律在我的脑海里萦绕了几十年，催我清醒，催我奋进。我高中的国文老师赵继武是国学大师黄侃的弟子，有时哪怕教一个字，也会使你顿悟，乃至刻骨铭心。他教《陈情表》的“外无期功强近之亲，内无应门五尺之僮，茕茕孑立，形影相吊”时，右手食指摇晃着，大声说：“茕，茕，不能读错，也不能写错。”接着，在黑板上写了个大大的“茕”，并叮嘱：“和‘贫穷’的‘穷’一个读音，但字的下面不是一撇，是竖，笔直的，‘穷’也要站得笔直。”说着，做了个笔直的姿势。好生动啊，教的是字形、字音，撒播的是做人的道理。德行和智性本是不可分割的整体，是人们二元对立的思维方式硬性地将它们分裂开来，似乎是非此即彼，二者不相容。教学本应具有教育性，没有教育性的教学丢掉了灵性必然苍白无力，沦落为知识的排列组合、重复叠加，难以在学生情感世界激起浪花，掀起波澜。教学，是直指人心的事，绝不是做知识堆积的搬运工。

二、教育本质的回归

教育的本质究竟是什么？古今中外教育家论述教育，无不聚焦于人的培养和人之完成。例如中国典籍《大学》一开篇就是“大学之道，在明明德，在新民，在止于至善”，又如《中庸》开章便说“天命之谓性，率性之谓道，修道之谓教”。要使受教育者自善其身，进而仁爱他人，简言之，就是要“修己以善群”。教育学家贾馥茗教授在《教育的本质——什么是真正的教育》一书出版记言中说：“自从教育的事实与理论出现之后，唯有周代大司徒所施行的教育，是‘全民’的教育（见《周礼》）。其教育重在实行的效果，不务空言。后世教育空言无实，离开了教育的本质，不以‘教人’为务，而以‘虚华’为装饰，因而善不见长而‘恶行充斥’。”又指出：

“晚近世界物欲横渡，人已沦落到不知自己为何物的境地，更无从谈‘万物之灵’。”

显然，教育以“教人”“成人”为务，建立价值生命。生而为人，是生物性或生理的生命，与其他有生之物一样。而要具备“人之为人”的特征，超越生物性的生命，须教育进行导引，滋养心灵，培养德行，学习如何做人，开发潜能，发展生存能力。以人为本，这个“本”也就是教育的大计，应该因人并就人长远的进步而筹划，不能只看眼前近效，而忘却立德的根本。教育活动有本有术，本固则人立，切不可舍本逐末。

西方学者论述教育也有许多共同之处。德国教育家雅斯贝尔斯在《什么是教育》中说：“真正的教育应先获得自身的本质。教育须有信仰，没有信仰就不成其为教育，而只是教学的技术而已。教育的目的在于让自己清楚当下的教育本质和自己的意志，除此之外，是找不到教育的宗旨的。因此我们常听到的一些教育口号并没能把握到教育的真正本质。”又指出：“教育是极其严肃的伟大事业，通过培养不断地将新的一代带入人类优秀文化精神之中，让他们在完整的精神中生活、工作和交往。”教师“全身心地投入其中，为人的生成——一个稳定而且持续不断的工作而服务”。确实如此，为什么要执着于人的生成和人的培养？源于教育的本质，源于教育的信仰。我们一再探讨我们的培养目标，一再研究培养什么样的人，一再强调立德树人的重要性、必要性，并采取诸多措施以求目标的实现，就是因为我们心怀虔诚，有坚定的信仰，深知培养什么样的人与国家未来、人民幸福息息相关，与中华民族伟大复兴的中国梦血肉相连。由此可知，学科教学中坚持育人为本乃教育本质的回归。

三、时代发展的呼唤

当前学生所处的是一个特殊的时空环境，世界和中国都发生着深刻的变化。政治多极、价值多元、文化多样、经济全球化、信息网络化，对缺少人生经历、文化积淀与文化判断力的中小学生会产生多种多样的影响。尤其是金钱至上、自我中心、功利主义等负面的思想与言行，在各种场合，通过不同渠道作用于他们的耳目，侵蚀他们的心灵，对他们良好思想道德素质与正确的价值观的形成提出严峻的挑战。

中小学生进学校求学，学习科学文化知识，提高学科学习能力，不仅无可非议，而且须扎扎实实培养。然而，学习动机、学习目的的教育常被忽视，甚至错位为学习就是为了考试，为了升学。在教育实施过程中，重术轻人、重智轻德的现象屡见不鲜：重知识、技能的传授，轻人的全面培养；重智育轻德育，轻学生做人的思想道德的培养。更有甚者，到初、高中毕业年级，连知识点的摆布已不解渴，而是专教“得分点”，花大量时间与精力反反复复操练，把提高分数作为教学目标。这是一种教学的扭曲，根本谈不上是智育。智育绝不只是知识传授、能力训练，它还发展思维力、想象力、意志力，发展情感，激发求知欲，开发创造意识。“育分”的教学丢失了教育“育人”的真谛，无法应对时代的挑战，也不可能破解学生成长中出现的种种难题。

第斯多惠在《德国教师教育指南》中提出：“任何真正的教学不仅是提供知识，而且是予学生以教育。”赫尔巴特在《教育学讲义纲要》中也有类似的阐述。他说：“教学的最高的、最后目的包含在这一概念之中——德行。但是特别放在教学面前的较近的目的，可以表达为——多方面的兴趣，较近的目的是为了达到最后的目的。”可见，教育寓于教学之中。一门学科教学不但要反映知识本身的性质，还要反映学习者的素质和知识获得过程的性质。

新世纪课程改革迎接挑战，应该说在许多方面，从教育理念到课程设置作了深层次的思考，为学生今日的成长与明日的发展打下了扎实的基础。就说知识与能力、过程与方法、情感态度与价值观三个维度的提出，就将以学生为本的核心教育理念在课堂教学中落到实处。三个维度不是 1+1+1 相加，而是相互渗透，融为一体。学科教学中如此明确地提出三个维度是首创，也是时代育人的呼唤，关键在于如何认真地实施。

第一，是有无育人的意识。如果只是为分数而战，那对情感态度价值观就会置若罔闻，不得已时在教学设计的目标上列一条，摆个样子。这不仅是对教育的误解，也是教育信仰的动摇。有立德树人刚性责任的担当，就会深入钻研教材，寻觅其中的育人资源。

第二，是有无扎实的学科素养。本体知识过硬，对学科的性质、功能、结构体系、来龙去脉清晰，有一双慧眼能洞悉教学内容中的情感态度价值观的育人资源，并在恰当的时机，采用恰当的方法，与传授的知识、训练的能力融为一体，撒播到学生心中，或激发情感，或启迪深思，或激励立志前行，使学生心灵受到滋养，精神获得增长。学科教学中有根有魂，绝不是脱离学科本体知识，外加一套培养德行的名词术语，外加一些概念说教，而是深入学科教材底里，挖掘其固有的育人价值，使其放射光彩。

第三，是对情感态度与价值观有无较深入的理解。情感，既包含学习兴趣、学习动机、学习热情，还包含亲情、友情、乡情、赤子情，更包含内心体验和心灵世界的丰富、高尚的道德情操和审美的情趣与追求等。态度，不仅指学习的态度、学习的责任，更指乐观的生活态度、求实的科学态度、宽容的人生态度。价值观，是一个国家一个民族最深层次的力量，指个人价值与社会价值的统一、科学价值与人文价值的统一、人类价值与自然价值的统一，使学生从内心确立起对真善美的价值追求，内涵极其丰富，不同学年段的学生各有不同的要求。情感态度价值观，从横向角度看，三者有相对独立性；从纵向角度看，三者有层次性，构成一个心灵连续体，由情至理，由直觉反映至本质探究，由低级至高级。当下，学科教学进行情感态度价值观的融合，最为重要的是培育和弘扬社会主义核心价值观。中华优秀传统文化是社会主义核心价值观的源头，五千年血脉相承，富强、民主、文明、和谐，自由、平等、公正、法治，爱国、敬业、诚信、友善 24 个字就是其中基因，不是说在嘴上、贴在墙上，而是要渗透到学生心中，成为思想言行的准则。

第四，学生精神成长与课堂教学质量紧密相关。学生入校求学，绝大部分时间在课堂里度过，在各学科学习中度过。课堂教学是只重视发挥知识传授的单一实用功能，还是既结合学科实用功能，又发挥教育功能、审美功能、发展功能，学生受益是大相径庭的。教育的线性思维已不符合时代需要，应立体多维思考，在综合素养的培养上着力，由此，学生不仅智性提升，而且情感、意志、品质等将受到熏陶感染，获益更多。

四、教师特质的提升

学科教学要坚持育人为本，难题是教师队伍的建设，教师育德意识的增强和育德能力的锻炼与提高。我们的青年教师基本上都是一课一练、标准化试题磨砺出来的，碎片化的教学已耳濡目染成为惯性。中年教师也绑在这辆战车上逐步成为识途的老马，对如何在学科教学中融德育、美育于智育之中缺少思考与研究不足为怪。

较长时间以来，我们从事教育教学最可悲的是缺少自己的独立思考，被各种各样的“教育理论”“教学案例”以及蛊惑人心的名词、术语所左右，脑子里如马蹄杂沓，一会儿这样，一会儿那样，跟风追风，忘掉了自己，乃至丢失了自己。学习外国，无可非议，中华文明的形成与发展就是与其他文明不断交流、碰撞、冲突、筛选、融合的过程。之所以能心态开放，海纳百川，是由于有“以我为主”的主心骨，对自己的“根”和“魂”，也就是核心价值不动摇，把别人好的、先进的拿来本土化，化为养料，完善、丰富自己，对自己落后的、阻碍发展的加以改造。思考不是做表面文章，以现象代本质、以局部代整体，只说“利”隐晦“弊”，而是对此时此地此人与彼时彼地彼人有清醒的认识与判断，对林林总总的理念与做法的核心价值能洞察、能辨别，择其善者而吸收、融化。要做到这一点，教师须具备扎实的学识，具备才、学、识；对教育本质、学科的性质和功能，须有自己独立的见解，不人云亦云，鹦鹉学舌；不照搬别人现成的结论，做二传手；不甘心做思想的矮子，以学徒身份仰视老板。

至于为考而教，为考而学，其弊端日益显现。先标准化了学生，再标准化了教师，工厂大生产标准化模式的迁移，使师生的灵性、个性、创造性在不知不觉中被消解。知识的记忆与堆积，无休止地进行解题能力的训练，形成笼罩基础教育的强气流。说的和做的距离很大，真正想做点以学生发展为本的改革步履维艰，一些正确的教育理念与做法实施难而又难。把教育与功名利禄紧密挂钩时，教育神圣的身份改变了，目标偏离了，对人的培养、人之完成必然会留下种种隐患。为此，要下功夫进行教育综合改革，要坚持立德树人，学科教学要坚持育人为本，课堂教学要充分发挥育人的功能，使学生在学习知识、训练能力的同时，价值取向、思想道德情操受到良好的熏陶与感染，立志做人，做有道德、有文化的好人。

学科有丰富的德育资源，关键在教师要有一双慧眼识别知识中的育人因素，深入钻研课程标准，深入钻研教材，把握学科特点，因学情不同施以针对性教育，使课程改革三个维度的教育，尤其是情感态度价值观与智育整合，落地生根开花。教学中要探究知识体系和价值体系的有机统一，学科内容和科学方法的有机统一，教师就不仅要学科本体知识扎实，有一定的学术素养和较为开阔的视野，而且要有追求真理、以心育人、以情育人的境界，对学生生命的成长怀有敬畏之心、仁爱之情。习近平主席在2014年教师节来临之际情真意切地对教师提出期望，要求教师“有理想信念、有道德情操、有扎实学识、有仁爱之心”，做党和人民满意的好教师。教师教学可以各有千秋，但这“四有”是须具备的共同特质。探索学科的育人功能，培养育德意识，增强育德能力，就可促使教师自身特质的提升。研究和增强教学实践与教学规律的契合度，研究和增强与学生心灵的共鸣度，研究和增强与学生立体认知的匹配度，转变教育理念，提升专业能力，党和人民需要这样用心专一、有远见卓识、甘为学生全面发展做人梯的好教师。

坚持育人为本是学科教学深层次的自我突破，需要勇气、公心、自信和锲而不舍的毅力。

第2章

现实诉求

○ 语文教学应重在创建与发展[①]

——著名特级教师于漪访谈录

从1997年11月《北京文学》发轫以来，社会上掀起了语文教学改革的大讨论。人们也许早就注意到，这次讨论中，最强音是来自知识界人士，而语文教育界却似乎比较沉默，从而形成了一种“圈外热，圈内冷”的现象。时下正值全国深入教育改革、全面推进素质教育之时，我们认为是到了改变这种现象的时候了。我们知道，如果“圈内”不热起来，缺少改革的热情与紧迫感，语文教学要想真正提高质量是无从谈起的。因此，笔者（孙军业）走访了语文特级教师于漪先生，就语文教学的建设等问题向她请教。

孙：于老师，今天能够和您交谈，感到很高兴。您知道，最近社会上对语文教学批评得很厉害，可以说是“批评之声不绝于耳”，以至于有的教师感到有些委屈，我想请您首先谈谈对当前这种现象的看法。

于：根据我的回忆，从我改行教语文以来，几十年中对语文教学不批评的时候是很少的，可以说，我的语文教学生涯都是在社会批评中学语文教学质量不高的岁月中度过的，只是有时声音较弱，有时声音较强罢了。但是

① 本文发表于《中学语文教学》1999年第9期。

像这样集中批评语文教学还是不多见的，可能有的教师对此感到有些委屈。我认为，有批评是正常的，因为再好的学校，再好的班级，学生语文能力参差不齐也是寻常事，更何况我们的质量确实不理想；再说，有些批评很中肯，一语中的，特别是在我们语文教改不奋勇向前的时候，外力来一次大的冲击，能帮助我们进行更深入的思考，这是一件好事。从某种意义上来说，批评是一帖清凉剂，可以促使我们更加清醒地进行回顾与反思。看到那么多老教授、那么多知识界人士出于对民族语言的热爱、对民族文化的热爱、对万千学子的热爱，关心语文教学，从心底发出呐喊，我们应该感到语文教学大有希望。这样思考问题，我们就会心平气和，不会有什么委屈了。

孙：这次对语文教学的讨论，有一个现象，就是“圈外热，圈内冷”，如果一直这样下去，根本问题仍然无法解决。对于这个问题，您是怎么看的？

于：你说得很对。批评能打开思路，活跃思维，帮助找到症结所在，但语文教学要想改变现状、解决问题，最终还必须落实在建设上，也就是说应该解决怎么办的问题。

孙：建设国家，必须正确认识国家的历史；同样，要建设好一门学科，也必须对这一学科所走过的道路有一个清醒的认识。清醒的认识是正确行动的前提。我想请您回顾一下语文教学近二十年来走过的道路。

于：我只能以一己之见，简单说一说。任何事物的发展都是曲折的。语文教学不可能一下子来一个质变，达到尽善尽美，但是我们可以通过研讨，对语文教学走过的道路有一个清醒的认识。本着历史的、辩证唯物的观点，“不溢美，不隐恶”，实事求是，有助于下一步走得更扎实。近二十年来，应该说，语文教学有了很大的进展，简言之，主要有：

结束了“左”的干扰与影响，还语文学科以本来面目。党的十一届三中全会以后，各条战线都在拨乱反正，语文教学也同样，通过大家的努力，逐步清除了“左”的思想路线对语文教学的干扰和破坏，把语文从“政文课”“革命文艺课”“跟着社论走”等乱七八糟的做法中解放出来，还语文学科以本来面目，明确了语文学科是中学课程建设中的“基础中的基础”，这就挽救了语文学科的生命，功劳很大，不可抹杀。

鲜明地提出“加强基础”“培养能力”“发展智力”。过去较多地偏重于传授知识，粉碎“四人帮”以后，通过广泛地学习借鉴，在语文教学中特别强调培养学生理解和运用祖国语言文字的能力，具体地说，就是培养学生读写听说的能力。而在加强基础、培养能力的同时，又注意培养和发展学生的观察力、思维力、想象力、记忆力。这就给传统的多读多写注入了新鲜的血液，符合语文学科自身性质、特点，不能不说是一个很大的进步。

语文教改实践风起云涌，创造了许多提高教学质量行之有效的经验。20世纪70年代末，吕叔湘先生提出语文教学存在“少慢差费”的弊病以后，全国广大语文教师致力于解决这个问题，解放思想，大胆探索，改革教学内容，革新教学方法，开展了丰富多彩的教学实践活动。虽然不能说创造的经验都比较科学、比较成熟，但这种钟情于语文学科的热情、这种积极性、这种“民气”是极其可贵的，是提高教学质量的宝贵财富。而且，这种改革大都是运用教育学、心理学理论来指导，这也是一个很大的进步。

1992年颁布了《九年义务教育全日制初级中学语文教学大纲（试用）》，2000年颁布了《全日制普通高级中学语文教学大纲》，编写了新的教材，“一纲多本”，实现了统一要求下教科书的多样性。大纲与教材的制定和编写，力图既保证学生的基本素质，又发展学生的个性与特长；力图既突出能力训练，又发挥语文学科的多功能。与以往相比，讲究一点科学，前进了一大步。大纲与教材的建设并不是少数同志杜撰的，而是凝聚了一代人的心血，汇集了上百万语文教师的共同智慧和汗水，这也是有目共睹的。

当然，还有其他方面，如在教改中锻炼了一大批中青年骨干教师等。我说这些不是为了摆功，路就是这样走过来的，那时只有这样的认识水平，只能做到这样的程度，实事求是。

孙：于老师，对于目前教学上存在的众多问题，您又是怎么看的呢？

于：路是这样走过来的，但是路并不是笔直的。从20世纪80年代后期，语文教学改革的热潮就逐渐降温。那时并没有什么行政指令，但是片面追求升学率成为大家共同追求的目标。“升学率是立校之本，竞赛率是扬名之本”，这是众所周知的。但这并不能简单地责怪大家，语文教学质量不高的原因是复杂的、多方面的，有浅层次的，也有深层次的。

改革考试方法，力求公平、公正，本是值得称道的，但究竟怎样改才符合学科特点却缺少深入的科学的探讨。这十多年来，语文高考的内容、题型乃至分量等对语文教学起的作用，其强度、力度、深度，是中华人民共和国成立以来所未有。纵向看，一直指挥到小学低年级；横向看，大概没有一所中学不受影响。考试本是对教与学的测评，本是为了选拔，而这些年来的语文教学实质上步入了为考而教的轨道，一切以考题为准绳。于是，教学出现了程式化、刻板化；于是，题海战术泛滥；于是，语文课成了纯技术的训练课，脱离学生的思想和生活，至于广泛阅读、课外活动天地，更是形同虚设，甚至子虚乌有。如果语文能力的培养是纯工具性、纯技术性、纯技巧性，那只要反复操练就可取得显著效果。问题在于，语言文字毕竟不是僵死的符号，它负载着人的思想、情感、意识、心灵，是有灵魂、有生命的，离开了生活，离开了文化熏陶，离开了认识能力的培养，缺情少意，是不可能有效地提高语文水平的。

升学考试只是一种表象，是浅层次的原因。深层次的原因很复杂，育人观念淡薄，急功近利思想蔓延，等等。其中有两点特别值得思考。一是高考问题说到底是就业问题，在成才期望值高的同时，相当数量的家长与学生存在这样一种心态，即想以比较轻松的劳动、“高级”的劳动去获取最丰厚的回报。于是在全社会形成了一张升学网，学校、家庭都在这张网上拼搏，升学考试指挥棒能如此强有力地指挥也就不足为奇了。二是中学语文作为一门学科，应该有科学理论的支撑与指导，从学科的性质、任务、教学内容、原则、方法、途径、手段到训练系列、评估测试等均应在理论上做系统的、较长时间的研究，有令人信服的说法，使教学实践者有明确的指导思想。而实际情况是，既无专门机构从实际出发研究学科理论，又无以理论为指导的较长时间的科学实验和长时间的跟踪调查、反复验证。零散的实验、研究不少，但没有聚集力量，形成语文学科的科学理论。面对几千万中学生的语文实践可以说是丰富的、斑斓的，而理论则是苍白无力的。因而，经常出现公说公有理、婆说婆有理的令人啼笑皆非的尴尬局面。学科缺少自己独有的理论，因而，只能移植其他学科的，于是，就出现了文字学、语言学、语法学、修辞学、文章学、文学、美学、写作学、史学、哲学等的拼盘，或取其一点，或取其数点，或压缩，或简化。外力能如此左右这门学科，教学质量难以令人满意就在情理之中了。

孙：面对这种现实，我们是不是就束手无策呢？

于：我想不是。只要我们能够选准突破口，多管齐下，语文教学质量的提高还是有希望的。

孙：那么，您认为这个突破口在哪儿呢？

于：我认为，首先是认识上的突破。作为课程、教材改革的组织者、参与者，作为语文教育工作者，对语文学科以下几点应该有个明确认识：

基础性。中学教育是打基础的教育，而语文又是基础的基础。小而言之，近而言之，学好语文可以为学好其他学科打下基础；大而言之，远而言之，伴随着语言文字的理解与训练，高尚的思想情操、人类文明的精华就流淌到学生的心田，塑造学生心灵，哺育学生成长。基础打得扎实，学生一辈子受用不尽。培养学生成为21世纪素质优良的中国人，是各个学科共同担负的责任。但语文学科起着独特的、别的学科难以替代的作用，因为语言文字是民族文化的地质层，积淀了中华文化的精粹。语言和思想、情感是同时发生的，它不仅仅是载体，实质上它就是意识、思维、心灵、人格的组成部分。教学生语言，也就是同时在用人类的精神文明，用中华文化的乳汁哺育他们成长，提高他们对自然、对社会、对人生的认识。"文"和"人"有着天然的血肉联系，不可分割。语文是民族的根！素质教育意在提高全民族的素质，要提高全民族素质，其中最有效的阶段可以说是青少年阶段。幼功是了不得的，"三岁儿童映八十"，只要我们现在花大气力，几代下来，中华民族的素质就会有一个很大的提高。相反，如果我们忽视这一点，人的培养所受的损失就难以估量。

应用性。语文学科是一门最开放的学科，语文与生活同在，应用性极强。学科教学中有生活活水的流淌，就能创造多种多样教学方法，开辟提高语文质量的有效途径。照本宣科、一刀切、拘泥于某种固定的模式，应该与语文教学无缘。把最开放的一门学科禁锢在考试的小圈子里，把读、写、听、说最广阔的天地挤压到一个狭小的角落里，将其"敲门砖"的功能放大再放大，语文的应用性又如何体现呢？现代社会即将步入知识经济时代，在知识经济时代，区域优势逐渐失去，资本和财富的优势也将变得次要。培根提出的"知识就是力量"的名言，再一次得到形象而深刻的诠释，而大量的知识都是以信息的形式出现的。现代社会的人，如果没有独立的、比较强的阅读能力，怎么能适应时代、社会的需要呢？就表达来说，现代社会虽不要求倚马可待，但也确实要求人们思维敏捷、反应快速。表达，绝不仅仅指学生在学校写几篇文章应考，更重要的是培养他们具备观察生活、认识生活、运用语言文字表情达意的能力，为将来的工作和继续学习打下牢固的基础。

积累性。文化的积淀靠的是积累，语言文字能力的提高也同样需要积累，不能考过试后，学生学的就还给老师了。较长时间以来，我们的语文教学重分析，轻积累，有的文章甚至被分析得碎尸万段，这不能不说是一种严重的失误。“厚积而薄发”，学生“积”得很少，又“发”什么呢？我们这样的泱泱大国，需要千千万万素质良好的劳动者。不管我们培养的学生，他将来会从事什么职业，我们总希望他身上具有一些文化的气质。这不是一朝一夕所能解决的问题，因为素质不是一种技巧，可以轻松掌握。素质是一种心灵的塑造，在塑造人的心灵过程中，中华优秀文化确实能起到以一当十的作用。如果没有积累，语文能力的提高就是空中楼阁，语言表达上的贫乏也就见怪不怪了。

实践性。语文是实践性很强的一门学科，单靠课堂，单靠教师讲授是解决不了问题的。学生是学习语文的主人，要自己读、自己写。现在学生读得极少，也很少动笔，偶尔作文，也大多东拼西凑。读写是语文的两翼，少读对语文教学是釜底抽薪；少写，哪来较好的表达能力？要加强学生的语文实践，引导学生做学习语文的有心人，广泛开展语文读写活动，让学生在广阔的语文天地中练就一套过硬的本领。

先进性。这里的先进性，不仅指教学手段、教学内容的先进，更重要的是指整个教学指导思想的先进。作为语文教育工作者，必须能够站在时代的高度，引进时代的活水，使自己的学科充满时代的气息。这样，和学生距离近，共同语言多，打基础也就容易。先进性和创新性往往是孪生兄弟，要保持先进，也就必须时时想着创新。一个强盛的民族，是能够做到兼收并蓄、创新前进的；一名优秀的语文教师，也同样能够做到解放思想，创造性地“拿来”世界上一切人类的先进成果，针对学生的个性因材施教。

认识上突破了，语文在中学课程设置中的地位，大纲、教材的修订与编写也才能有新的进展。一言以蔽之，语文教学千万不能忘了“教文育人”。“育人”是终极目标，“教文”为育人服务。学生语文能力、思想文化素质均明显提高，才是语文教学的成功。

孙：听了您的宏论，受益匪浅。邓小平曾经说过：“发展才是硬道理。”根据您前面所说的意思，当前语文教学最迫切的问题是发展、建设。我特别想听听您对当前语文教学发展、建设的想法。

于：语文教学确实要致力于建设。但建设不是建筑在零的基础上，也不是说过去的教学一无是处。审视过去和剖析现状，是为了总结经验，吸取教训，更好地前进。

我们认为语文就是语文，不是大学里某些课程的移植。作为基础教育的一门重要学科，应有自己专门的理论研究。我们的理论水平落后于实践。一个学科要有大的发展，必须要组织自己学科的理论队伍，研究自己学科本身的特殊规律。在建立理论的过程中，必须注意两点：一是对于我国行之有效的传统的语文教学经验、理论，绝不能因其“老”而舍弃，应当整理、提炼，赋予新的生命；二是对于外来的经验和理论，也不能因其“洋”而觉得什么都好。特别是在引进“洋”理论的时候，不能仅仅满足于拿我国的情况作例证，必须要像蜜蜂采蜜一样，经过一番“提炼”，只有这样，才能称得上是创造。

要静下心来，认真地做一些试验。立志献身于语文教育事业，就要有一颗耐得住寂寞的心，扎扎实实地去进行试验、研究。试验、研究要在常态下进行，否则缺乏说服力，缺乏推广的价值。在试验的基础上，进行科学的分析、总结。一项试验成果，在全国推广，必须要有一个长期的，十年或者二十年的跟踪调查，在获得反馈的基础上，不断地修正、提高。这才是真正的科学，而不是“跟着感觉走”。我们特别需要有实事求是的精神，试验成功就是成功，失败就是失败，这也是符合事物发展的客观规律的，没有什么可大惊小怪的。

当然，考试也必须在深入研究的基础上进一步改革。关于高考，从事基础教育的教师从来没有多少发言权，而是间接被测试的对象。但我和许多教师有一个共同的强烈的愿望，就是希望对语文学科松绑，给教师和学生一点自主发展的天地、施展才华的机会，不愧对学习母语的重任。

孙：展望即将到来的 21 世纪，最后，我想请于老师对跨世纪的一代青年教师提几点希望。

于：语文教学的质量，说到底就是语文教师的质量。语文是一门既充满艰辛又充满希望的学科，这样一门学科，教师完全可以充分发挥自己的主观能动性。作为跨世纪的青年教师，特别应该注意以下几点：

热爱自己选择的事业。作为一名青年语文教师，首先对所教的学科要倾心相爱。“热爱是最好的老师”，有了一颗热爱语文之心，就可以入门；而只有入门，才有可能登堂入室，体会到其中的酸甜苦辣。我体会到教语文的过程，也就是学做人的过程，我自己教了一辈子语文，也是学了一辈子做人。教育事业是爱的事业，爱学生，爱祖国，首先必须爱自己选择的事业。

学会独立思考。作为一名青年教师，切忌人云亦云、缺乏主见。我们必须要有自信心，要把握语文学科的特点，从学生的实际出发，发挥特长，形成风格，找到适合学生学习的最佳教学方法。现在的年轻一代教师，都受过良好的教育，只要把心扑在工作上，努力创新，完全可以创造出很多提高教学质量的方法与经验。要善于学习，学理论，勤于读书，博采众长，有所发现，有所创造。切不能把自己变成教学参考书搬家的机器。

上好每一堂课。素质教育的攻坚战在课堂。语文教学的总目标只有通过每堂高质量的语文课才能实现。每一堂课都是一个有血有肉、师生共同参与的过程。语文教学不仅是科学，而且是艺术。语文教师必须让学生从每一堂课中确实受到培养，使他们认识得到提高，智力得到发展。“台上一分钟，台下十年功”，语文课堂教学是最耗费教师心力的，不是只上好一堂公开课，做给别人看，而是真正把教语文作为神圣的事业，以全副身心去热爱、去钻研。

总之，语文教师，尤其是跨世纪的一代青年语文教师，要立志做一名中华文化的传播者，世界文明精华的传播者，学生语文能力培养的行家里手，中学语文学科的真正专家。

○ 多一点敬畏之心，少一点功利之举①

什么叫规律？规律是事物发展过程中的本质联系和必然趋势。任何事物都有自己的发展规律。规律是客观存在的，是不以人的意志为转移的。规律是事物本身所固有的，人们不能创造规律，改变规律，更不可能消灭规律。为此，人们必须对规律怀有敬畏之心，切不可无视它的存在而凭空主观臆断为所欲为，否则就会受到惩罚。

比如天体运行刚健有力，日月星辰各有运行的法则，春夏秋冬，四季更替，井然有序，人力无法想要它们怎样就怎样。如有人认为春季过了最好就是秋季，夏季太炎热，这是令人捧腹的大笑话，无法实现。但是在规律面前，人也不是毫无作为，而是能通过实践认识它，利用它，并且能发挥主动性、创造性，限制某些规律对人类生活的破坏作用。《中庸》里说得好："唯天下至诚，为能尽其性；能尽其性，则能尽人之性；能尽人之性，则能尽物之性；能尽物之性，则可以赞天地之化育；可以赞天地之化育，则可以与天地参矣。"学生的发展成长又何尝不是如此？心理、生理、认知等在每个学生身

① 本文发表于《现代基础教育研究》2011 年第 12 期。

上均有其固有的规律，既不能视而不见、掉以轻心，又不能逆规律而动，造成对生命体的伤害，留下无法弥补的遗憾。生命本来没有名字，每个学生的生命都是珍贵的。尊重与呵护学生，是所有教师与教育工作者应尽的责任和义务，对他们的生命，对他们发展成长的规律，应心怀敬畏，认真研究，精准地从他们的实际情况出发，因势利导进行教育，才能真正托起明天的太阳。

众所周知，无论是全国，还是上海的基础教育，都在朝这个方向努力。然而，现实状况是不协调的声音不少，还有扩展蔓延之势。且不说初高中毕业年级排山倒海般的机械训练，就是幼儿和小学生也不得安宁。比如有的幼儿园从中班开始就教识字，并有家庭作业，要求家长带领幼儿完成。先写一首诗："月落乌啼霜满天，江枫渔火对愁眠。姑苏城外寒山寺，夜半钟声到客船。"然后从中取"月""天""江"等好几个字写到诗下面的一行，要幼儿找诗中相同的字。幼儿喜爱图画，对识字无兴趣，对汉字笔画当然毫不知晓，于是乱点乱说，苦了孩子，也苦了父母。且不说识字，还要学古文、数学，据说这是十分先进的，从日本引进的，培养学生自主学习的能力。此外，还得学英语，因为要考级。此外，还有各种兴趣班。真是令人莫名惊诧！小小的幼童承担如此的重负，使人心痛不已，家长更是迷惑与无奈。

生命是有历程的，幼童不可能一天长大，具备儿童、少年的学习能力。这个时期，幼童自行活动的能力与日俱增，而活动是生长的必需条件，在活动中能锻炼体能，与日俱长。玩具是好伙伴，在增加体能的同时，还能生出技巧，引发好奇心、想象力，增添快乐。此时此刻，用不恰当的知识去填塞，无疑是对他们发展规律的一种扭曲。为什么有些幼儿园要采取这样的教育方式，采用这样的教育内容？众口一词：进好的小学要考试，要识1000到1500字；数学不仅要会加减法，还要会乘法；英语不用说了，只看考级；其他的证当然是越多越好。还补充说明：不是一所两所，不少都是这样——攀比，有的明，有的暗，说的做的不一样。如此选择学生实在有点可怕。大学、中学选择学生之风愈演愈烈，延伸到义务教育阶段，延伸到小学一年级。择生的门槛越高，家长越为所谓的“优质学校”所蛊惑，想方设法往里钻，于是，择校热长盛不衰，苦了孩子。

幼儿园超前进行学科知识教育，小学一年级提高入学门槛，实施超前教育，也许是出于好心，出于纯洁之心，这些学校想让进校的学生“不输在起跑线上”才进行小精英教育、小天才教育。但可曾认认真真地深入思考过：我国的义务教育法是怎样规定的？《上海市中长期教育改革和发展规划纲要（2010—2020年）》是怎样要求我们办学的？市政府市教委三令五申禁止违规招生，遵守了没有？最重要的是对幼童的生长发育发展规律研究过没有？对他们今日的健康成长、明日的长足发展是否真正尽到了责任？

《中华人民共和国义务教育法》第十二条第一款明确规定：“适龄儿童、少年免试入学。地方各级人民政府应当保障适龄儿童、少年在户籍所在地学校就近入学。”“免试入学”四个字清楚明白，毫不含糊。为什么有法不依？为什么政令不从？很难说没有功利的追求。在功利思想日益泛滥的情况下，要成绩，要政绩，要速成，要出奇制胜，就会出匪夷所思的怪招。哪个年龄学童应该进行怎样的保教教育，怎样的启蒙教育，说一无所知，那是冤枉。然而，只要功利放在重要的位置，就会是非模糊，乃至颠倒了。评功摆好远远大于学童成长的规律，在有意无意间放弃了学生健康发展守护者的职责。

揠苗助长的寓言对人们的告诫，教育工作者、教师耳熟能详，不顾事物发展规律，强求速成，结果反将事物弄糟的道理也十分知晓，为什么就不引以为戒呢？可能一时因为揠苗助长，苗枯死了，看得见，摸得着；而对学童采用怎样的举措，结果不可能立刻见分晓。最多是学生不喜欢，没兴趣，不肯学，哭闹，反正家长的家教能作保证。至于对情感、行为、习惯的负面作用，对心智的伤害，是以后的事，谁能预见得了？二是生源、名声、利益有巨大的推动力，没有必要摆脱，更无法抗拒，除非是不识时务的傻子。

殊不知事物固有的规律是反复起作用的，人的培养也毫不例外。不适时地灌输、加压、超负荷运转，结果往往南辕北辙，事与愿违，这种事例并不鲜见，甚至有令人痛心的悲剧发生。孩童毕竟是孩童，孩童有其心理、生理上的特点。玩，是孩童的天性。用过重的学业负担、过深过繁的学习内容挤压掉他们的游戏时间、占用他们的发展空间，可能会造成怎样的后果，该不该扪心自问，深入思考呢？

如果说是生源一般、质量一般的学校，采取某些功利之举，可能影响力还不大；问题在教育资源比较集中，又以名目繁多的说法、做法名噪于业界和家长群的学校，吆喝力特别强，其影响力就大大增加。明做、暗做、持续做，对忽视与违背学生成长规律起推波助澜的作用。各级政府大力推进教育公平，推进均衡发展，而这些功利之举正在制造新的教育不公平。当然，“公平”“均衡”是相对的，更不是把好的拉下来，拉到一般水平。但是，什么是“高”质量？教育的“优质”不是加班加点，要学生提前透支生命的做法来取得的，“不要输在起跑线上”这一违背教育规律的广告语，不知忽悠了多少家长，害苦了多少孩子。

以学生为本，以促进学生发展为本，为了每一个学生的终身发展，不是口号，不是供贴标签用的，是教育的核心理念，要内化为每一位办学者、每一名教师从教的指导思想和检验教育行为的标尺。敬畏每个学生的生命，遵循他们的成长规律施以切合身心发展的教育，才是办学的正道。

何时对违背学生成长规律的各种功利之举、种种置义务教育法与政府法令于不顾的做法，能像对食品安全中抓染色馒头一样，廓清正误，明确是非，弘扬正气，那教育必会出现新的气象；政令畅通，教育在老百姓中的诚信度也就必然大大提升。

○ 要重视文化背景

语文教学要重视文化背景。教学成语典故更是如此。成语典故之丰富且深入日常生活，就从一个侧面反映出我国文化源远流长。我曾指导学生写一本《历史·成语典故双读》的通俗读物，要求他搜集常见的有关我国历史的成语典故，按时代先后有系统地编成一本书，好使读者以成语典故来读中国历史，结合历史加深理解和记忆成语典故，以期一举两得。在编写过程中，他了解到我国成语典故形成很早，并且在早期就十分丰富，广为流传。后来历代虽续有增加，但相形之下比较少。特别到了宋代以后，增加的就不多了。这当然不能用来作厚古薄今的张本，但从中可知成语典故的产生、发展、流传这一文化现象自有其规律，是一个值得研究的问题，语文界有志之士大可深入探讨一番。

中国文化的优点在于“化”，能广泛吸取、消化外来文化。最近看到了中国佛教文化研究所编写的《俗语佛源》，方知我国许多俗语的来源。该书搜集了五百余条词目，正如赵朴初先生在前言中所说：“当然，如果着力搜寻下去，肯定会获得更多的果实。……但由此可以看到佛教与我国民族文化的关系，确实是悠久深厚，密不可分。”从这段话中，我们可获得深刻的启示，我们教语文确应注意文化背景。

外国学者更有以文字创新和字义变化为凭借，研究人类社会文化发展的历史。英国学者雷蒙德·威廉斯写过一本书，叫《1780年至1950年的文化与社会》，就采用了这个方法。他在书中说：“有五个字（词）——‘工业’‘民主’‘阶级’‘艺术’和‘文化’是近代人类思想的特种图标。”他以“文化”一词举例说：文化本是“天生成”的意思，后来变为“习惯和心情一般状态”的意思，又变为“社会、知识发展一般状况”的意思，再变为“艺术一般总称”的意思，最后变成“物质、知识、精神生活方式”的意思。作者还指出有的词语是新的，有的则另有了新的意义。如“意识形态”“知识界”“科学家”“集体主义”“无产阶级”“社会主义”等都是新词语；而“教育”“进步”“改革家”“科学”等原来的词语已赋予新的含义。

我国的语言从鸦片战争以来发生了翻天覆地的大变化，这是因为人们的思想也不断发生新变化。有些词语早就不是原来的含义，有的甚至一变再变。我们能否从严复翻译的英国的《天演论》《原富》（或许更早）以来的近代著名思想家、学者的有代表性的著作中，勾出最重要的有代表性的新词语，来探讨它们的产生、演变，从而揭示近代中国人在思想上的大变革？这比空谈大道理实在得多。语文界有志之士也不妨花点力气去试。

语文教学、语文研究切不可忽视中华民族文化背景，否则，讲出来、写出来的东西苍白无灵气，单薄无支撑。对待文化问题不能形而上学，像笨熊摘苞谷，摘一个，扔一个。扔掉的未必旧，新摘的未必新。须知：人之作为人，文化上也有一个基本稳定的问题。前些年，有人到洋人树上摘果子，以为凡“洋”都是好的、都是新的。其实不然。有好的，有新的，当然要吸取，要消化，丰富自己，但不少是连洋人自己都已扬弃的烂果子。不辨新旧，不辨真伪，凡“洋”的，不管与中国语文对不对口，都大肆宣扬，实质上是推销文化上的伪劣产品。德国大诗人歌德说：“对于一个国家来说，只有植根于本土、出自本国一般需要而不是猴子式模仿外国的东西，才是好的。”这意味深长的话值得我们三思。

○ 语文教学不能实行机械化[①]

二十年以前，吕叔湘先生指出语文教学质量不尽如人意，这个看法极大地调动了语文教育工作者和广大语文教师从事教学改革的积极性，全国有志于探索语文教学规律、提高语文教学质量的老师风起云涌，从教材改革到教法创新，仁者见仁，智者见智，大有百花齐放、百家争鸣之势。改革给师生带来了创造的欢欣，给教师带来了提高语文教学效率，彻底改变"少慢差费"现象的希望。然而，曾几何时，改革势头大减，改革的积极性受到抑制。初中教改往往囿于一、二年级，三年级要对付中考，不敢轻举妄动，高中更不必说。以改革求质量，以改革求实效，非不能也，是不敢为，或不敢轻易为也。

进入20世纪90年代以来，语文各级考试都实行了标准化。标准化试题培养能力、考核判断正误的能力等并非万能，当然也并非一无是处。但自从它悄然进入语文学科测试领域以后，五花八门的题目以及各种各样的变种排山倒海袭来，于是，课堂教学中"文"常常不见了，被一个个"段"代替，

① 本文发表于《语文教学与研究》1999年第1期。

对“段”也是采用肢解的办法，抠这个词，辨那个词，左一个层次，右一个句序。琅琅的读书声少了，师生沉浸在课文创设的情文并茂的佳境中流连忘返的动人情景少见了。课外更是各种练习题成堆，越接近中考、高考，习题量越多，这个自测，那个与考题“接轨”，学生徜徉于机械化训练之中，苦味绵绵，趣味寡然。如此执着于机械化训练，质量如何呢？毋庸讳言，答题的能力强了，选择题、是非题、对“段”的肢解的能力等，可非议的地方委实不多，但读与写的真本领就难说了，尤其是写作的能力。答题，尤其是答考题的熟练程度，不少教师望尘莫及。但写起文章来疙疙瘩瘩，文理不通顺，比比皆是。至于错别字、字迹潦草，更是不在话下。不少高等学校教师以及社会上各行业的同志谈及此，常发出慨叹，每每询问我原因是什么，我总窘于回答。一名学生从小学到高中，学十多年语文，花费的时间和精力不可谓不多，收效却不理想，甚至很不理想，症结究竟何在？难道还不应该面对现实，冷静思考，探讨研究，寻找解决问题的途径吗？学生只有一个青春，青春就是财富，从育人的使命感来说，从道义上来说，都要千百倍地珍惜学生的青春，无休止地机械操练只会消磨他们的光阴，消耗他们的精力。

语文教学中的机械化训练，不仅在中学通行无阻，而且波及小学，甚至波及小学低年级。“每日一练”“每周一练”“自测 ABC”等，充斥市场，充斥学生书包。举个小例子来说，小学二年级有这样“练”的题目：要求辨别“四面八方响起了枪声”和“他唱的歌声音真响”两个句子中“响”的意思。七八岁的娃娃有必要这样“练习”吗？中学生当然要进行语文能力的训练，但究竟训练什么才能真正达到提高质量的目的，确实太值得推敲，太值得研究。否则，机械化训练从中学扩展延伸到小学，后果不堪设想。

教师愿意进行如此机械化的训练吗？未必。许多教师诉苦说，语文课越教越不会教，一天到晚文字排列组合，乐趣全无，但又不敢越雷池一步。

学生乐意无休止地进行乏味的操练吗？不，出于迫不得已。家长心甘情愿买了这本买那本，让孩子做、做、做吗？不放心，不敢不买，唯恐孩子练得不多，练得不熟，唯恐其中有考题信息，不接触，丧失良机。谁都不愿意，可谁都要往里钻，又不敢不往里钻，形成了一个怪圈。这个怪圈拽着许多师生转，令人触目惊心。不从中解脱出来，中小学素质教育的目的难以实现，语文教学不可能有勃勃生机。

语文教学怎么会步入机械化训练的误区？原因似乎都归结到考试指挥棒。楚王好细腰，宫中多饿死。为了追求升学率，为了学科考试取得高分，不得不揣摩试题的内容与形式，不得不迎合命题的思路，教师实不得已，用心良苦。与此同时，各种各样巧立名目的复习题、练习册纷纷出笼，瞄准学生而来。不管教育行政部门如何三令五申，都无济于事。别说社会上出版的，就是学生书包里和语文课本配套的就有好些本，它们又是来自何方的呢？教材是教与学的依据，是学生学习的主干，而今，枝枝叶叶覆盖，有些又是病枝枯叶，将学生淹没其中，本末倒置，岔道丛生。

1949 年以来，除了“文革”期间，语文考了几十年，从未像现在这样进行大量的机械操练。为什么现在此风愈演愈烈呢？考试指挥棒当然起作用。然而这只是浮在表层的问题，实质是对语文学科的性质认识上有偏颇之处。语文的工具性已经是大家的共识，但把它视为纯工具，视为抽象的符号，就大有探讨的必要了。英国语言学家帕默尔对“语言”有段十分精辟的论述，他说，“语言是所有人类活动中最足以表现人的特点的”，它是“打开人们心灵深处奥秘的钥匙。它是人们表达思想的至高无上的工具，是维系民族的纽带，是历史的宝库”。显然，语言具有人文的特点，离开了思想，离开了情意，离开了民族的文化，难以对语言有完整而深刻的认识。带领学生进行语言文字的训练，对文化背景、人文精神不够重视乃至忽视，只在符号上兜圈子、变花样，不可能有效地提高读、写、听、说的能力。《九年义务教育全日制初级中学语文教学大纲（试用）》中指出："语文学科对于提高学生的思想道德素质和科学文化素质，培育有理想、有道德、有文化、有纪律的社会主义公民，具有重要的意义。"如果语文教学只在工具性上做文章，要具备如此重要的意义，令人难以置信。纵观古今，语言文字学得好、用得精彩的人，无不具备深厚的文化底蕴。学语言，也在学文化，文化底蕴越厚实，语言的理解与运用能力越强。例如鲁迅著作历久弥新，醒人耳目，原因之一是其文化内涵浩渺深邃。鲁迅 1912 年至 1926 年十四年间购书就达三千多本。种类之多，内容之广，令人惊叹。带领学生学语文，就要指导他们多读提高文化和语文能力的书，应试册、练习册、复习册，重复、繁杂，只能使学生成为涸辙之鲋。

著名作家、学者施蛰存先生在接受采访时说，他们那时候学语文只读只背那些经典诗文，结果语文素质很高。而如今他的曾孙子们天天搞机械化训练，结果语文能力并不理想。这话值得我们深思。中学语文教学要有中国的特色，要有民族的文化内涵，不从认识上突破，机械化训练怎可能停止？

○ 求学不读书，是蹉跎岁月[①]

语文教学落到如此尴尬的境地，真是一言难尽。作家白先勇说过：“百年中文，内忧外患。”此话似乎越来越得到验证。西方强势语言的大举进入，连幼儿园的有些小儿童都被“俘虏”，在成人的影响下，把西语看作“走遍天下”的宝物，更不用说用作择校的敲门砖了。昨日读《环球时报》（7月12日）上王达三文章，说美国迪士尼公司计划今后五年内在中国建立近150所连锁英语学校，采用唐老鸭、米老鼠等卡通形象辅助教学活动，预计每年将吸引约15万中国儿童参加学习，此举用于对付中国在美的汉语教学。据保守估计，未来五年，这些连锁的英语学校营运利润将远远超过1亿美元。既能赚个盆满钵满，又能传播美国英语文化，一举两得，读后令人不寒而栗。对把汉语这个民族文化的根种植在儿童心中的必要性、重要性，我们许多人竟然茫然无知，可悲可叹。西语不是不要学，要走向世界，应该学，而且要学好，问题在什么时候学，摆在什么位置上，目的何在。崇拜西语，冷淡轻视汉语，把做中国人的“根”都忽略掉，将来思想、感情、精神

① 本文发表于《语文世界》2010年第10期。

不知游荡到何方。

对语文教学的历史、现状与走向也是众说纷纭。埋头第一线的几乎没有不被分数所桎梏，为考而教，明知不可为而为之，无可奈何。而专攻考术的人和单位，由于厚利的驱动，倾销各类题目以供操练，挤压掉自由阅读，挤压掉兴趣爱好，挤压掉独立思考，管它什么语文教学规律，管它什么语文对人终身发展应起的作用。急功近利，商业运作，学科受损，学生倒霉。学生青春只有一个，青春是无价宝，在求学不读书中度过，相当程度是蹉跎岁月。

扑在教学第一线的教师往往很少有发言权，而不在课堂上实践的人发言机会却很多。开展研究，探索语文教学规律，以求得语文质量真正提高，应该是师生之福，但常被有些现象弄糊涂。一是外来名词术语一大堆，颇像广告词，换土移栽，给人以水土不服之感。毕竟汉语言文字和西语字母文字有质的不同，校情、教情、学情更是迥然有异。借鉴、吸收、消化是必须的，照搬、模仿纯属下策。二是忙于建构体系，苦心经营，总想出现“里程碑”式的成套经验或学术巨著，以指挥全国语文教学的走向。有这样的宏愿无可厚非，关键在于要眼睛向下，真正沉到教学实践中，把教学现状的利弊得失摸个八九不离十，否则，半空运转，说得再好，也无补于解语文教师之惑，无补于语文教学质量的有效提升。

语文教学有许多说不清道不明的事，我做了一辈子教师，为了教好学生，一直觉得奉献精神很重要。现在深感还得有牺牲精神。我说的牺牲精神不是以生命相许，舍命，而是要舍弃一些名和利。舍弃名和利的诱惑，讨论问题可能就没有虚头，更本真，更敬畏语文教学规律，更尊重教者与学者，更能涌现真知灼见，为语文教学的发展提供精神指引。

○ 不尊重母语是莫大悲哀

——从中小学双语教学存在之问题说起

眼下，双语教学在中小学中推行，不仅成为热点，简直成了时尚，为了取得轰动效应，有些人动足脑筋，蹊径独辟，闹出些令人啼笑皆非的事。

我不反对双语教学，更不反对学外语。信息化社会显著特征之一是信息纷繁复杂，新知识层出不穷，传播迅速；特征之二是经济全球化，使人们接触更多的外来文化。学生要在这样的社会里生存、发展，就须学会学习，具有较强的阅读与表达能力，具有搜索、筛选、传播等处理信息的能力，母语教育培养这种能力应该是责无旁贷。与此同时，学生又必须学好外语，掌握一门乃至多门外语，尊重理解世界上其他民族，尊重理解外来文化，培养合作与交往的能力。学生要成为现代人，必须从小培养开放的心态，扩大视野。基础教育阶段，采取种种措施，让学生打下外语的扎实基础，确实是有眼力的。在这种情况下，双语教学应时而来，应运而生，无可厚非。再说，上海要成为国际一流城市，更具开放性，更有吸引力，就要在对外交往中更具人才优势。而夯实语言基础是培养人才的必不可少的准备。

双语教学的实施，要重视必备的条件。师资条件好的学科，条件好的学校，可以试行，总结经验与不足。不能无视条件搞形式，搞花样，搞几句“洋泾浜”。如上体育课，来几句“One，Two，One”操练就算双语了。除了令人捧腹之外，对学生又有什么益处？听说，某学校教小学数学，用外语（英语），听课的数学教师听不懂，听课的外语教师也听不懂，学生当然就可想而知。小学生学外语处于起始阶段，能掌握多少个词语？数学讲概念也罢，做习题也罢，都需要动脑筋思考，要他们在脑中“英译中”怎么来得及？小学生身处母语环境之中，对外语接触甚少，既无口语语感基础，又缺乏相应的语言心理机制，怎么能一下子就接受？真所谓“驼子跌跟头——两头不着地”。我没有亲听这节课，但有听类似的课的亲身体验。明明是化学，上课的却是外语教师。教师外语水平确实不错，但学生往往反应不过来。问题还不仅在此，更在于外语教师是化学课的“票友”，唱给听课的老师听的，偶一为之，并非经常的、持久的。这种做法除了有“作秀”之嫌外，又该作怎样的解释？学校里的双语教学并不是都如此。有些学校根据师生的具体条件实事求是地在某些学科某些年级实施，并不断总结，不断改进。学生在学习某学科知识，培养有关能力的同时，增加了接触外语的机会，能力也相应获得提高。

令人难以容忍的是语文课用外语上，而且是小学语文课。这种事已够荒唐，居然还有媒体炒作，在报纸上宣扬。只要稍有常识的人都知道母语教育对于儿童、对于青少年的健康成长具有多么重要的作用。语文是重要的交际工具，是人类文化的重要组成部分。这就清楚地说明语文不仅有实用功能，而且有文化属性。文化之物不可避免会含有人的情感、意志、态度和思想观念的成分。语言不仅是一个符号体系，而且是认识世界、阐释世界的意义体系和价值体系。这就是说，语言不但有鲜明的工具属性，而且有鲜明的人文属性。母语教育既培养学生语文运用能力，又着眼于发挥对学生思想感情熏陶感染的文化功能。二者不是割裂的、相加的，而是“统一”在一起，二者一体化。

汉语母语教育自有其独特性。汉语特别具有灵性，它是具象的、灵活的、富有弹性的，创造的空间特别大。汉字是平面型的方块字，由形、音、义构成。“形”是关键，区别于拼音文字，它的笔画或平行，或纵横交错，在二维平面里多向展开；笔画种类多，组合样式丰富；字的构造复杂，数量繁多。学习汉字需要耗费较长的时间。学生在中小学阶段学习汉字，无论是笔画、笔顺，还是字音、字形、字义，都必须讲究正确、规范。汉字组词灵活，常用的汉字3500个左右，用以组成的词丰富多彩，不计其数。汉语的词法、句法没有多少强制的规矩，不像外语有多少性、数、格，大体靠意会。灵活的词法、句法，对情意的表达产生积极的影响。因此，母语教育中更要注意约定俗成，更要注意规范。汉语的文化性特别强，具有深厚的文化底蕴，具有很强的熏陶感染作用。我们应该有这样的教育理念：语文教育是培养我们的民族情结、民族文化、民族精神的，是给学生打做人基础的基础教育，而不是单纯意义上的语言工具。由此可见，要学好外语，必须先打好汉语言文字的基础，怎么能牺牲母语的学习凑热闹呢?

行动受观念的支配，母语都要用外语来教，其实质是对母语不尊重，缺乏深厚的感情。古往今来，放眼世界，哪一个统一的国家不重视对自己后代的母语教育？语言，对外是屏障；对内，是民族的黏合剂，是血液。语文这个工具在为民族的政治、经济、文化服务的过程中渗进了民族的个性、民族的智慧，成了民族的财富、民族的标志。对学生进行良好的母语教育，绝非雕虫小技，而是关系到国家民族后代良好素质的培养。翻开历史看，尤其是近现代，凡侵略者侵略某一国家某一民族时，首先是军事入侵，铁蹄践踏蹂躏，紧接着就是语言入侵。殖民者强制推行他们的语言，尤其在中小学，殖民地的主流语言实际上就是殖民者的语言。用调换语言的方式来改变感情，改变文化，乃至改变思维方式，来加强殖民统治。以史为鉴，可以保持清醒的头脑。今日，情况大不一样，我国国力大大加强，与世界各国平等交往，语言上当然也应持平等态度。对母语不重视，没感情，不尊重，不好好学，把外语的价值人为地抬到天上，不仅是浅薄，而且是莫大的悲哀。

在多元文化并存、多种语言交流的情况下，汉语言文字的正确运用、规范运用受到严峻的挑战。社会上的粗话、秽语，媒体上的错字、别字，文字材料中的语言不规范、中文英文夹杂、英文缩写字，充斥着我们的生活；网络语言鱼龙混杂、泥沙俱下。有识之士、有责任心的人都为此而担心，并创造条件为纯洁祖国的语言而努力。规范语言，提高母语教学质量，不仅有利于学生的全面发展、终身发展，有利于良好的城市精神的塑造，而且能使汉语言文字在世界语林中立于不败之地。

学校是培养人的重要场所，理应对学生加强母语教育，激发学生学习母语的兴趣与热情。对祖国的语言文字满怀热爱之情，学外语时就不会丢失主心骨，双语教学就会在正确轨道上运行，学生才能真正受益。

○ “标准化试题”把语文教学引入了“死胡同”①

语文教育的现状极不令人满意。高校教师反映，学生入学时有些分数很高，但实际读、写、听、说能力低，书面表达能力尤其低，研究生不会写文章已经比较普遍。中学教师反映，现在中学生语文水平令人担忧，视野狭窄，积累很少。学生中常常能听到：语文是“怪”学科，高深莫测，碰到阅读中的选择题，完全是凭着感觉连猜带蒙，是对还是错，完全无把握。语文到了答题“凭运气”的地步，这能算是培养能力吗?

考试内容引入“标准化试题”，其初衷是扩大考核面，增强客观性，而结果事与愿违。语文教学尤其是阅读教学一步步进入怪圈：照理应该是教什么，考什么，现在本末倒置，变成考什么，教什么，怎么考就怎么教。各种各样的标准化试题，形式五花八门，恰恰把语文的本质掩盖了。比如出了一个题：天空——（蓝蓝的、灰灰的、青青的、白白的）。标准答案只能是“蓝蓝的”，其他都错。真是荒唐至极！自然界的天空，有时是蓝蓝的，有时是青青的，有时是灰灰的，有时是白白的。这是凡有生活经验的人都能看

---

① 本文发表于《人民教育》1998 年第 6 期。

见的事实，学生当然都懂。抽去了具体的语言环境，完全不承认生活的真实，拎出个句子硬要选择，学生当然无所适从。

对于这种考试，教师也是难以忍受的。上海有一位很著名的语文教师，有一年让他出考题。当他出完试题，自己答题与原先的标准答案也有出入。这岂非咄咄怪事？不是教师无水平，而是挖空心思出的题目，自己也搞得晕晕乎乎。像这样以科学的名义违背语文规律，搞形式主义，语文教学必然走进死胡同。对选择题的弊端，国际教育界已群起反对，遗憾的是我们尚未洞悉语文学科的性质，还未彻底醒悟过来。语文考试成绩不能反映学生真实的水平，读了许多年书，话说不好，文章写不通，这可能是现行语文教学的悲剧所在。

语文教学陷入困境，也许考试形式与内容只是一个方面，恐怕观念、教材、教法、师资等各个环节都存在问题，是综合性的。

一、对语文学科的性质认识不清楚

语文学科的文与道、工具性与思想性、实用性与人文性，几经反复，几经争论。中学语文重在应用，重在培养人，不是搞什么语言的专门学问。语文的工具性和人文性是一个统一体的两个方面，不可机械割裂，否则就会把语文教学引入死胡同，急功近利，舍本逐末。语文教学工具性和人文性，互相依存，不可分割。抽掉人文精神，只在语言文字形式上兜圈子，语言文字就会失去光泽，步入“排列组合”的文字游戏怪圈；脱离语言文字的运用，架空讲人文性，又背离了语文课的宗旨，步入另一个误区。

二、烦琐哲学在语文教学中泛滥

无论是教材，还是学生练习册，都非常烦琐。将许多文质兼美的文章

"肢解"成若干习题，抠这个字眼，抠那个层次，文章的灵魂不见了。脑子里如马蹄杂沓，堆砌了许多字、词、句的零部件。有些字、词，不要说小孩，就是大人，就是作家，也很难说得清。如宋玉《登徒子好色赋》描写美人："增之一分则太长，减之一分则太短；著粉则太白，施朱则太赤。"这段描绘十分动人，不要多说，谁都心领神会。倘一定要追根刨底：究竟有多长多短，究竟有多白多赤？谁能回答？鲁迅在《人生识字胡涂始》中写道："假如有一位精细的读者，请了我去，交给我一枝铅笔和一张纸，说道，'您老的文章里，讲过这山是"崚嶒"的，那山是"巉岩"的，那究竟是怎么一副样子呀？'……因为我实在连自己也不知道'崚嶒'和'巉岩'究竟是什么样子，这形容词，是从旧书上钞来的，向来就并没有弄明白，一经切实考查，就糟了。"渊博精深的鲁迅先生也谦逊地说自己是模糊的。我们却要学生对某些词解释再解释，辨别再辨别。有些词学生一看就懂，还偏要微言大义，苦了学生。教学中如果不从多角度启发，多途径开拓，而专搞烦琐一套，是培养机械的食而不化的学究，而不是培养"四有"新人。

三、严重地脱离实际

语文本身同生活一样，丰富多彩，灿烂绚丽，同时它又是最实际的。现在的语文课变成了"空中楼阁"。以作文为例，题型花样翻新，套路一套又一套。考试只要题型对路，程式套进，就可应付。这种作文教学，怎么会不迫使学生去走捷径，背上若干篇作文选里的文章，考试时押宝？生活活水没有了，真情实感没有了，用文字反映生活的能力没有得到有效的培养。因此，讲现在的学生不会作文，绝不能怪学生，而是我们的教学出了问题，是我们的教学观念脱离了生活实际。

四、语文教学中形而上学盛行

目前的语文教学，把思想内容的精髓抽掉了，语言与内容严重割裂。语文中的字词，都是一定语言环境中的字词，脱离了语言环境，寻词摘段，抠字眼，说这个词用得好，那个词用得差，怎么说呢？抽去内容光讲技巧，把原先浑然天成、有血有肉的文章，变成鸡零狗碎、毫无生气的东西，怎么能让学生学到作文的真本领呢？学语文就是学做人。伴随语言文字读、写、听、说训练，渗透着认知教育、情感教育和人格教育。语言文字不是单纯的符号系统，而是一个民族认识世界、阐释世界的意义体系和价值体系，它与深厚的民族文化联系在一起。不认识语文的学科性质，只片面强调语文工具，用解剖刀肢解文章，留在学生脑海的，只能是鸡零狗碎的符号。这样做只会给学生和教师带来许多危害。

从学生这一面来看，它把学生的思维捆绑住了，把活生生的学生变成“机器人”。学生的思维能力、想象能力、创造能力、个性、灵气都给打掉了。

学语文，讲究语感，讲究灵气。灵气对一个学生来说非常重要。所谓灵气，就是思维敏捷，视野开阔，想象丰富，富有创见。一个孩子只有一个青春。青春对任何人都是很宝贵的，青春一旦浪费就不会再来。倘若语文教学再不改革，我们对不起学生，对不起家长，也愧对民族，愧对祖国，要负历史的责任。

从教师这一面而言，它会影响一支优秀语文教师队伍的形成，教师成了“操作工”，主动性、积极性、创造性受到压抑。有的老师说现在语文教师好比戴着镣铐跳舞，身不由己，我很赞同。其实，我们语文教师也是有个性、有特点，色彩缤纷，富有生活气息的人，我们在实际教学中创造了不少宝贵经验，只是反被忽视了。

每位语文教师的手中有两件东西，语文书和教学参考书。现在有的单位和部门，抓教学就是编“教参”、编习题，把一张张教案卖给教师，把一套套试卷卖给学生。这种做法何时能休？语文教材要多钻研，独立思考，穷尽其中的奥妙；教学参考书要少看，最好不看。语文教科书中的佳作是带有生活露水的鲜花，越钻研，越能领悟到思想的深邃、语言的魅力，从中深受教益；照搬教学参考书，容易成为思想上的懒汉。教课没有自己独特的真知灼见，课堂上就没有活水流淌，学生学起来当然也只会味同嚼蜡。

作为第一步，语文界的有识之士要充分揭示语文教学的弊端；第二步要求深入地调查研究；第三步才能找寻到根除弊端的对策。第一步非常重要。困境令人窒息，改革势在必行。人为制造的怪圈要靠有志之士，靠全体语文教师齐心协力来攻破。

○ 椎心的忧思，竭诚的期望[①]

直面教育现场，给人突出的印象，一是成绩巨大，二是乱象丛生。

且不评说改革开放30多年来教育取得的举世瞩目的成绩，单是普及义务教育，那么宽广的地域，穷乡僻壤，高原平川，全覆盖；那么多的学龄儿童都入学，一亿几千万学生都接受义务教育，这是怎样庞大的数量啊！如此的教育成就在世界上应该是首屈一指，史无前例，值得骄傲与自豪。然而，与此同时，教育内部、教育外部混乱现象触目皆是，它们不断侵蚀教育的肌体，不断扭曲教育的宗旨，投入的人力、物力、财力与教育质量、人民的满意度很不匹配，许多事不得不让人忧心忡忡，长此以往，何处是乱象的尽头！

以分判人，首当其冲的是男娃娃

分分计较，以分判人，在许许多多学校已司空见惯。在这种教学机制下，不管怎样加重负担，机械训练，不管怎样要求家长陪读陪学，首先在分数这个紧箍咒面前败下阵来的是男娃娃。是他们的智力比小女孩差吗？不

① 本文发表于《未来教育家》2013年第5-8期。

是，是生理发展、性格特点难以适应这种刻板的、琐细的、无趣的、反反复复的标准化训练。他们好动、好奇，求新、求异，又粗粗拉拉，不懂事，这不是缺点，是天性。可悲的是无视这些特点，未潜心研究这些特点去因材施教，而是用统一的标准化的框框进行打造，抑制想象力、抑制求知欲、抑制灵气的教学事例屡见不鲜。由于以分判人，从启蒙教育开始，男娃娃就难以获得锻炼的机会。用家长的话来说，“好事怎么摊得着？当个小队长已是天大的喜事”。小学时就处于弱势，升学一路淘汰，学生世界中就形成了“阴盛阳衰”的局面。

这不是一个简单的男女生比例失调的问题，要追究探讨形成这种现象的原因，以及产生的影响与后果。男孩智力开发与女孩相比，要迟一到两年，用分数一把尺子评判，有时会把天才扼杀在摇篮里。更可怕的是男学生的阳刚之气受到损害，更谈不上培育与发扬。一整套对分数顶礼膜拜的做法，男性的勇敢、担当、冲劲、冒险精神等无形中受到消解。男孩子“娘娘腔”不是好事，面广量大，就会影响到民族性。中国的伟大事业需要无数像罗阳同志那样顶天立地的好男儿。

以考定教，最受伤害的是学生的全面发展

育分还是育人是办教育的根本性问题。古今中外教育家，无论是创建或持有怎样的学说，有一点是无可争辩的，即教育是“教人”的，教学生“成为人”，“完成人的美好品质”。我们办教育的目标十分明确，是育人，是培养学生成为德智体美全面发展的有良好思想道德素养和良好科学文化素养的合格建设者和可靠的接班人。然而，现状是学校教育相当程度在育分，“分”是实做，“人”的全面培养不到位，有时被虚化了。“分”为何高到如此的地位？支撑它的是强有力的指挥棒——升学考试。为了追求中考、高

考升学率，考试结织成的这张网覆盖了整个基础教育，连小学一年级的娃娃也未能幸免。甚至已延伸到幼儿园，不少幼儿也要提前学习“课程”，提前支付有限的“智力”。

考试作为一种检测手段、选拔手段，本无可厚非。检测的目的在于改进教与学，提高教学质量，使学生学得更有兴趣，更自主。升学选拔在当今仍然是公平公正的好措施。在短时间内助学生做点应考准备也是人之常情。问题在以应试教育为依归，以追求升学率为目标，偏离了育人的轨道，学生的健康发展受到明显的伤害。

以考定教。为了反复操练，取得提高考分的效果，教学内容不断提前，缩短新授课的时间，初三、高三缩短新授课一学期乃至两学期的情况屡见不鲜。教学时间的压缩，必然造成教学内容的叠加，再加上反复操练，学生的学业负担超常沉重。以考定教，考什么教什么，不考就舍弃，学科的性质、功能，学生的认知规律很少顾及。原本醉心于知识点，现在更进一步发展到抓住得分点。上课抓得分点，眼睛发亮，全神贯注；不是得分点，气泄了，劲也没了。求知对心灵的滋养、情感的陶冶、理想的孕育、思维的发展、视野的拓宽等虽不荡然无存，但也难觅踪影，那种求知中的新发现、新顿悟、新追求的美丽风景很少见到。智育的品质、内涵、功能下降到如此逼仄的情况，怎不让人忧虑？求学不读书，阅读的贫瘠直接影响到科学文化的素养，缺少文化积淀，大大制约今后的发展。社会实践少，动手能力差，有的几乎不知世事，更不用说接近自然。整日埋头作业，学生的时间空间被题海占满，还谈什么个性发展、创新精神、实践能力？用学生的话来说，“学习只为考试，考试只为应试，考过就忘记”，“一天 15 小时以上泡在课堂与作业里，造出一个个机器人”。

“立德树人”是教育最本质的问题，德育为先，育人为本。教育的根本任务是引导青年学生树立正确的世界观、人生观、价值观和荣辱观，培养德智体美全面发展的“和谐的人”。一心追求考分，全力以赴追求升学率，学校德育有形无形受到挤压。课堂里解题的技能技巧至上，不仅育人意识淡薄，而且做法上也违背教学宗旨。任何教学都具有教育性，没有教育性的教学是失掉灵魂的教学，苍白无力。别的暂且不说，仅以学生崇拜的偶像而言，就促使我们深思、猛醒。前不久中国青少年研究中心公布的一项“少年儿童偶像崇拜与榜样研究”调查显示，有近七成的孩子最崇拜的偶像是文艺体育明星，把科学家作为偶像的只有2.3%。科学家排名：爱因斯坦第31位，钱学森第45位，爱迪生第47位，袁隆平第80位。偶像崇拜高度娱乐化。这项调查抽取对象是6省市的小学三年级到高中二年级的6466名在校学生。我们语文学科德育实训基地也于去年做过类似的调研，尽管样本不大，508名中小学生，但涉及14个区。结果显示：崇拜的偶像48.7%是演艺明星，7.7%是体坛人物，道德楷模仅1.2%。社会上金钱至上，一夜暴富、娱乐化文化大肆鼓吹、大肆宣扬，对未涉世、缺少文化积淀、缺少正确的文化判断力的青少年儿童所产生的负面作用是显而易见的。这些思想观念通过具体的、生动的、包装得新奇的声、光、电等手段施加影响，而且持续不断，学生容易入目入耳，最后就入了心。至于理想信念、民族自信、诚信意识、社会责任、勤奋自强、和谐相处等，都有不同程度的不足或缺陷，这既不能漠然无视，更不能掉以轻心。学生是我们真正的宝贝——家庭的宝贝，国家的宝贝。从小施以怎样的教育，直接影响到他们将来如何立业、立人。如果做人的根基打不正，打不牢，就会“地动山摇”。

健全的心灵寓于健康的身体。身体是否健康关系到一个人一辈子的生活、工作、学习。儿童、少年、青年是长身体的关键时候。施以怎样质量的体育教育，对他们的身体成长、体质强健起至关重要的作用。当前，学生的体质不容乐观，视力下降，耐力、爆发力差，许多体育锻炼项目不会、不适应、不参加。这同样令人忧虑。我们不是要培养玻璃娃娃，用圈养的方法让他们碰不得，摔不得，不能经受风吹日晒雨淋；我们要培养的是体格健壮、精力充沛、意志坚强、有抗挫能力的建设者，永远甩掉“病夫”的历史屈辱。

德智体美全面发展不仅是我们培养的目标，更是我们社会主义国家青少年受教育的权利。片面的乃至扭曲的教育质量观、违背学生身心健康发展规律的学生观，指挥着、左右着我们的教育教学行为，损害着未成年人应该享有的幸福权利，抑制了他们花样年华的生命活力与光彩。一个人只有一个童年，一个青春，青春是无价宝，哪个孩子都伤不起，更何况今天的教育质量就是明天的国民素质。这不仅是基础性的问题，更是带有全局性的战略意义的大事，怎能不让人揪心！

认清乱象产生之诸多根由，是改变教育困境的第一步

教育行政部门对种种乱象从未停止过整治，如学业负担过重问题、铺天盖地的教辅问题、五花八门的考证问题等，均作规定，下文件，但收效不理想，有些地方有令不行，还变着法儿顶着干。怎么会这样呢？乱象形成非一朝一夕，愈演愈烈有各方的利益驱动，破解困境谈何容易。

就业压力巨大，又瞄准了权与钱，高学历成了选择高待遇职业的必要台阶。就业问题必然牵扯到学历；要获得高学历，必然要经历无数次考试的关，而升学考更是诸多“关”中的关键，考试指挥棒能强有力的指挥就不足为怪了。围绕考试产生的种种乱象，最深层次的根由即在于此。

家长对子女教育的高度重视前所未有，这是一种进步，是好事。但相当数量的家长期望值往往高得不切实际。由于社会上金钱至上、享乐主义思想影响，期望又往往聚焦在出人头地、做“大事”、赚大钱上，于是各种负担

往子女身上压，双休日也得在各种班里连轴转。家长望子成龙、望女成凤的苦心又支撑了乱象的“合法性”。常听到的一句话是：“家长有此需要嘛！”不管孩子受不受得了。

应试教育乱象中起推波助澜作用的莫大于教辅读物，渗透到每个地方，题海、题库，无一名学生幸免。教辅读物是出版部门的大产业，然而不是出版部门的也在搞，都在学生身上打主意，赚的是家长的钱，耽误的是孩子的青春。没完没了的机械训练，挤压了学生自主阅读、社会实践的时间与空间。利益驱动的巨大力量使应试教育的乱象久盛不衰。

领导部门常按照考核经济的办法来考核教育。考核经济看 GDP，考核教育看升学率，看百分比高不高。教育是育人的事业，有其特殊性，要在未来才能看到效果，用现在的考分评价未来的事情，科学吗？合适吗？再说，当前办学以应试为准则，能反映学生德智体美发展的真实情况吗？能反映学校真正的教育质量吗？这一招很厉害，“给你钱投下去，产出呢？”升学率以数字说话，检测最方便。于是，一级压一级，区县压到教育局，教育局压到学校，校长压到教师，教师压到学生。不仅是教学压力、学习压力，由于功利思想作怪，弄虚作假乱象也随之而生。

凡此种种，不一而足，社会给教育的压力太大了。教育自身呢？对乱象的存在与发展有没有责任呢？

大家最看得见、影响最直接、最有指挥力的是招生考试制度，尤其是高考制度。基础教育办学基本上是瞄准这一点来干的。

以升学率为目标，有些学校的管理层面设置众多规定，从学生入学开始就层层把关，把教师和学生捆绑在考试的战车上高速运行，学生、教师均苦不堪言。这种办学方向本应纠正，可悲在往往被默认，说的是一套，做的是另一套。说的是素质教育，创新做法，行的是考、考、考，分、分、分。拿高升学率说话，谁也不敢把这类学校怎么样。举例来说，中考考六门课，其他课程就不教，无法无天到如此程度，没人管，因为升学率高。此类事大家心知肚明，心里不服，又不敢直言，其负面作用是对教育失去信心。对考试步步为营的做法大大巩固了应试教育的阵地。

说大话，说空话，说假话，搞花样，搞形式，以名利为导向的“面子工程”也是乱象滋生根由之一。开口应满足学生需要，开多少多少门课程，上百、几百，师资似乎比大学的名教授还要棒。浮夸，说过似乎就已经做过。一谈论教育，就是外国名词术语一大串，而且不断花样翻新以表示走在最前沿，国情、校情、师情、学情反倒不上心，似乎学校就是国外教育思想观念的大汇聚，教育措施的实验地。为招揽生源，与国际接轨，开设外国课程，语文、历史不开设，“去中国化”。凡此种种，形成一种导向，形成一种追逐的风气。一般学校还难有这样的底气，有头有脸的学校才有能量。

教师绩效考核、职称评定、荣誉表彰都要与考分、升学百分比挂钩，有些学校还挂得十分紧密。考试一结束，教师的名次就按分数高低排列出来了，精确到小数点后一位、两位，0.1 分之差就有高下之别。分数不仅是学生的命根，也是教师立身的命根。教师对高分的追逐滋生了对学生语言暴力、操练打压的种种乱象。

由于以分数评价教育质量，以升学率高低判别学校，于是有些学校拼命提高学生入学的门槛，如识 1500 字方能进入小学一年级就读。一传十，十传百，家长很快就把子女的识字、算术延伸到幼儿时期，揠苗助长。正由于要在起跑线上领先，且保持继续领跑的优势，各种考证兴起，声势浩大，奥数的价值位列头等。学校择生，家长择校，如有些小学招 4 个班级学生，其中一个班级几乎都是“条子生”。钱不敢收，有所顾忌，“条子生”招架不住，各种各样关系，谁也惹不起。教育的公平、公正就被各种各样的权力人为地破坏了。这是腐败!

教育乱象产生的根由错综复杂，有教育理念的问题，有体制机制的问题，有利益驱动的问题，教育内部、教育外部矛盾交叉，相互作用。谈这些情况不是抹杀我们改革开放以来教育取得的巨大成绩，而是面对现实，增强忧患意识，坚定破解难题的勇气、信心和毅力，真正做到党的十八大报告中指出的“努力办好人民满意的教育”。

深化教育改革，依法治教，以德兴校

破解教育中碰到的种种难题，用单打一的方式确实难以奏效，须进行综合改革，各方协调，上下配合，真抓实干，扎实推进。

进行综合改革，要有各个层面的科学设计。就是顶层设计，也一定要从现实情况出发，倾听基层呼声，接地气。就基础教育而言，要进行有效的改革，先要重视精神状态的改变。无能为力、无奈、等待、随大流等是常见状态。明知学校教育应全面贯彻教育方针，全面实施素质教育，立德树人是办学的责任与使命，但面对应试教育的强大压力，觉得胳膊扭不过大腿，无能力突破。于是深感无奈，心里想育人，行动上在育分，不想做也得勉强做。但心里还是充满了希望，等待哪一天改革成功，招生考试制度、评价体系为基础教育松绑，那就蓝天白云，上上大吉了。更有甚者是不思改革，在应试教育轨道上走惯了，轻车熟路，何必自讨苦吃，随大流可少费神。

我认为，办教育的人，从管理者到一线教师，都要有点精神，要有中国人的脊梁骨。教育承载着学生的现在与未来的发展，承载着国民素质的整体提高，承载着中华民族伟大复兴的千秋大业，是民族振兴和社会进步的基石。为之奋斗，是责任，也是莫大的光荣与幸福。与以往经费短缺、寸步难行比，今日不知要好多少倍。今日教育战略地位的确立，坚持优先发展教育，为创建有中国特色的教育开辟了无比广阔的道路。问题、困难是发展过程中的挑战，拿出奋斗的勇气、不屈不挠的精神，努力施展才华，难题就会一个个解开。

破解难题最为重要的是依法治教，以德兴校。教育有一系列的法律法规，从《中国教育改革和发展纲要》、《中华人民共和国教育法》、《中华人民共和国义务教育法》（修订）、《中华人民共和国教师法》、《中华人民共和国未成年人保护法》等，一直到《国家中长期教育改革和发展规划纲要（2010—2020年）》，对办中国特色教育的方方面面均作了明确的规定，按时代需求，发展的线索也十分清晰。按理说，从政府顶层设计层面、管理层面，一直到基础学校层面，均应依法治教。法制观念淡薄，主观臆断，追逐教育时尚，随意性滋生，乱象也就随之堂而皇之地出现。按法律法规办事，既是政府部门的事，也是所有从事教育的人的事。学校校长、教师都要自觉遵纪守法。在法律面前校校平等，这所学校特殊，那所学校特殊，不表态就是默认，默认造成有恃无恐，出现无法无天的情况也就不足为奇了。加强法制观念，以法律法规约束，许多乱象可以受到抑制。

学校是培育学生成人成才的神圣场所，以德兴校是办学者应尽的天职。以德兴校是对学生生命与发展成长的敬畏，是对教育事业的忠诚。尽管社会上有市场喧嚣、急功近利、金钱至上的观念存在，但学校弘扬的必须是社会主义核心价值，营造真善美的文化氛围。坚持以德兴校，能比较有效地抵御社会不良风气的侵袭，创建学生健康成长的精神家园。这不是要关门办学，而是在改革开放的条件下，牢牢抓住以德兴校，有助于去功利、去包装、去虚假、去炒作，让教育回归育人的本原，让学校成为比较洁净的地方，显示社会主义精神文明的引领力量。

要切实提高办学水平，切实提高教育质量内涵，课堂教学须攻坚。学生到学校求学，一天要上 7 节课、8 节课乃至 9 节课，课堂教学的质量直接影响学生生命的质量、成长的质量。有几个问题必须面对：一是课堂教学外围战打得热闹，真正沉到教学第一线的研究很少。教学竞赛、项目展示、论坛高论，与广大教师第一线的教学距离甚远。“你干你的，我教我的”，什么公开课、展示课、竞赛课，为了获得比赛名次，反复修改，反复操练，预演许多次，追求形式，违背课堂教学真实、朴素的宗旨，教师并不认可。只是热闹一阵，谈不上有多少吸引力、辐射力。二是课堂教学由于“技术至上”，把情感、态度、价值观与知识和能力剥离，教书育人有机结合未能落到实处。这一堡垒攻不下，“育人为本”实质上就被架空，课程改革的三维目标也就形同虚设。学科德育的实施正是为了让课程改革以学生为本，知识与能力、过程与方法、情感态度与价值观融为一体的课程目标真正得到落实。三是课堂教学质量往往以分评判，教师压力很大，不少教师有逃离课堂的想法。有人这样调侃：有本事的进机关、当校长，还有本事的当教研员，再差一点当学校主任，我们是五流，只好站课堂。那么多不上课的人对上课的评头品足，掌握考试大权，掌握教师能不能升迁的大权。有些青年教师觉得教学太苦，总想离开课堂。这些想法和说法不完全正确，但对教学第一线的教师缺乏应有的尊重与人文关怀也是屡见不鲜。管理者似乎高过实践者，教研员成了考研员，脱离教学，与设置该岗位的初衷差距很大，教师心态不平衡。课堂教学质量的提高靠的是合力，要各司其职，兢兢业业，多一点在教学实践第一线实干的，少一点脱离实际指手画脚的指挥者，关系和谐，有利于促进对教育事业的热爱，齐心协力提高教学质量。

学校经常要被评估，被检查，但又往往政出多门，基层有时应接不暇。有的校长诉艰难：一个学期要接待 18 次，有的文字报告长达 3 万多字，不胜负担。学校教育工作须静下心来思考、实践，干扰多，必然精力分散。大家忙得团团转，但常走不进核心工作深入钻研。“大道至简”，简单就是智慧，过多的程序，层层叠叠的要求，简单问题复杂化，必然束缚下面人的积极性和创新精神。有个制度是否可建立？那就是问责制度。不抓枝枝节节，就抓学校是否全面贯彻教育方针，是否以学生为本、德育为先，从办学指导思想到具体措施到实际效果，提纲挈领，把学校教育教学统整起来，回归教育的本原。“问责”不是发生错误才“问”，而是促进教育思想的提升，得出正道办学的经验，从不同层面学校的实际出发，共同回答“我是谁”“我是干什么的”“我怎样干”“为什么我这样干”“干的效果怎样”“如何才能继续发展”等问题，呈现办学多姿多彩的局面，使每个学生都能幸福成长。

最后，说一点自信力的问题。教育经费、教育布局、教育法规等，只要是政府行为，都很有中国特色、中国气魄，但一到教育专业领域，“言必称希腊”，我们一下子就成为矮人了。学习外国绝对没有错，但绝不是照搬照抄，食而不化，妄自菲薄。外国教育的名词术语、操作、评论笼罩了我们基础教育的方方面面，以“言必称希腊”“行必做希腊”为荣，这也是一种悲哀。中华民族从来是一个海纳百川的民族，善于学习与吸收外来文化，但绝不是囫囵吞枣，简单移植，而是用拿来主义的眼光，取其精华，弃其糟粕，在“化”上下功夫。照搬照抄，良莠不分，其结果是失去了自己。有人开口闭口教育要与国际接轨，须知，中国当今的教育不是在零起点上，是有传统的。教育的优秀传统是我们培养学生成长、成人、成才的根和本，忘了根脉，离开了本真，不可能长足发展。不要说两千多年前孔子教导的“有教无类”“因材施教”“学而不思则罔，思而不学则殆”的大智慧，千百年来“君子教育”的丰厚内涵，就有许多可圈可点、值得骄傲之处。且不说自强自信、艰苦奋斗的创业精神，单是教育目标的定位，教育措施、教育方法等积累的经验就十分宝贵。如理想教育渗透到学习求知当中，既教育学生从小要树立胸怀大志的根，又不断引领学习的目标、方向、动机，激发旺盛的求知欲。又如，小学启蒙阶段良好学习习惯、良好卫生习惯、良好道德习惯的养成有一整套行之有效的教育方法。再如，学校千方百计促进学生德智体美全面发展。为使学生体格健壮，早锻炼必不可少；课堂上有些学生质疑的深度令教师既吃惊又欣慰；下午课后，简陋的操场上龙腾虎跃，热火朝天；文学讲座、科普讲座，座无虚席，全神贯注。那时学生求学的美丽风景线至今令人兴奋，令人神往。而今，有些人一谈到传统，就把我们否定得一钱不值，把负面的东西夸大再夸大，这是很不严肃的，缺乏实事求是的科学态度。

时代在发展，教育当然要改革，要去除落后的，改革不适应时代发展的。我们要做的事是不忘本来，吸收外来，面向未来。不能把我们的教育打扮得跟外国的教育一样，所谓“跟国际接轨”。要研究自己教育的历史与现状，扎根本土，才会有真发展。学习西方是为了发展我们自己的教育。在专业领域从宏观到微观、从理念到举措，跟在别人后面爬不会有出路。要走自己的路，树自己的旗，尽心尽力办中国特色的教育，创建中国特色的教育高地，这样，有民族自信、国家自尊，才能真正走向世界。

一名草根教师椎心忧思的表白，是期望从事教育的同志能直面现实，共同兴利除弊，促进教育事业的健康、繁荣，走出一条让世界瞩目又钦羡的中国特色的教育之路，让教育回归育人本原，让每个学生在改革开放环境中幸福成长。

○ 语言文字是民族文化的根[①]

有教师曾这样调侃："如果高考、中考不考语文，语文学科可真是岌岌可危了。除了刷题还稍能挤进一点学生学习的圈子，其他语文素养的要求七折八扣已是上上大吉。"语文教学的艰难处境，非一日形成。"百年中文，内忧外患"，几乎是不争的事实。西方强势语言的侵入，与出国、就业、高薪等紧密挂钩，金钱至上助推它的吸引力、辐射力，因而，学前幼儿学迪士尼英语，小学初入学的孩童尚不识几个中国字的情况下就要学英语，课堂里口语交际全用外语，已是见怪不怪、习以为常了。这种教育现象世界罕见，除非原本是殖民地国家。

多元文化大潮滚滚而来，社会急剧转型，急功近利思想泛滥，对中学语文教学的确冲击很大。学生语文能力、语文素养的提高靠阅读、写作的积累，靠思维、思想的发展与成熟，用突击的方法不可能一蹴而就。既然不能一蹴而就，当然只能靠边站。"内忧"不仅在不识母语教学的重要与必要，还在于干扰很多，说三道四、指桑骂槐，比比皆是。只要识几个中国字，都

① 2008 年 10 月在上海市语文德育实训基地的讲话。

是语文教育家，都可以评头品足。至于各路“专家”更不必说了，有时还真是“一言九鼎”，左右方向与实施。

面对语文学科教育生态，语文教师更要有定力，用意志与毅力坚守岗位，用智慧与本领破解一个个难题，把热爱祖国语言文字的火种撒播到学生心中，孕育，萌发，成长，点亮前进的路程。

我们的语言文字太值得热爱了。单是古人仓颉造字的传说就十分迷人。说他抬头看到月亮的圆缺，低头看到小鸟和野兽在地上留下了足迹，可以当作区别事物的标记，从而得到了启发，创造了一个个文字。在人类所创造的各种文字体系中，汉字是极富魅力的文字样式。它既非音节文字，也非字母文字，它兼有表意注音的特点。汉字的艺术性很强，汉字是平面的、二维的、方块的，非常有画意。如“川”像是水在流动，“鸣”就是一只鸟张着口，你好像听到了黄鹂的叫声。汉字是双脑文字，不仅有逻辑思维，而且有想象，对人脑的发展，特别对孩子双脑的发展非常有好处。

鲁迅先生说过，汉字“意美以感心”，“音美以感耳”，“形美以感目”。形美，汉字是平面的，同时，又是多角度的。比如，有的字笔画是平行的，有的是横竖交叉的，每个笔画有自己的特点。错综复杂的笔画组合起来又很优美，有的雍容华贵，有的非常隽秀，给人以多重美感。字有平、上、去、入四声，说话、读书，有节奏感、音乐美。汉字的结构组成与阅读者之间会产生心灵感应，这是其他文字很少有的。比如，看到“从”，就想到两人相随；看到“夯”，就觉得自己也在用力。

汉字不仅美，而且信息量大。汉字可以用较少的篇幅容纳较丰富的内容。信息论研究者冯志伟教授在 12370 个汉字容量的范围内测出包含在一个汉字中的熵（信息量）为 9.65 比特；而采用拼音文字的语言包含在一个字母中的熵为：英语 4.03 比特，法语 3.98 比特，德语 4.10 比特，俄语 4.35 比特。可见汉字的信息量远胜过其他文字。

汉字造成后，《淮南子·本经训》里曾说，“昔者仓颉作书而天雨粟，鬼夜哭”，可见汉字的威力之大。有了文字，人们脱离愚昧，走向文明，因而鬼神再也不能作威作福，只好哭泣了。别的不说，单就促进中华民族团结统一方面，汉字就功不可没。中国历史悠久，地域广阔，朝代更迭频繁，不同阶级、阶层和政治力量斗争激烈，不同语言、方言众多，这些都给中国统一的多民族国家的形成和发展造成各种问题。而在维系中华民族团结统一的诸因素中，汉字成了超越历史和地理、超越民族和语言的统一中国的持久、深厚的力量。汉字也是世界上历史最悠久的文字之一，现存最古老的汉字是商代的甲骨文和青铜器铭文，迄今约有3500年的历史。中华数千年文明能传承下来，汉字起不可磨灭的作用。今日，汉字已十分漂亮地融入了高科技发展，经受住了高科技冲击的考验，事实证明，汉字具有旺盛的顽强的生命力。

民族的语言文字是本民族的文化地质层，它无声地记载着这个民族的物质和精神的历史。爱自己的民族就应该热爱母语，它是民族文化的根。母语的盛衰，意味着一个民族生命力的盛衰；母语被粗暴对待，实质上是对一个民族心灵的直接挫伤。从事母语教学的语文教师，站在这样的高度认识所教学科的价值与意义，面对错综复杂的语文教学现状，才能头脑清醒，判别是非正误，知道路在何方。

在教学实践中，我们常受到的干扰很多，但最具负面作用的以下几项，不得不重视，不得不认真破解。

一是以考定教。考试原本具备的功能是检测与选拔。检测意在了解教与学的状况，并有针对性地加以改进，以提升教学质量。选拔功能更是一清二楚。检测也好，选拔也好，都是手段，语文教学的目的在培养学生的语文素养、自如地运用祖国语言文字表情达意的能力，有一定的文化底蕴、审美素养。以考定教，有意无意地让考试指挥棒左右教学内容与教学方式，脑子里尽是知识点、考试点，就错把手段当目标了。检测性考试、选拔性考试，本身并没有错，也不能把教育走偏的责任都推在考试身上。适时的恰当的考试是保证教育质量、选拔人才的有力举措，必须存在。问题在有些办学者、执教者认识走偏、定位错位了。学校教育、学科教学本应着力研究教与学的规律，研究如何引导学生德智体美全面发展，如何有效地在不同层面的学生中切实培养各学科学习的核心素养。而今，把考纲当作神圣，有些课教知识点已不放心，不过瘾，全力以赴的是考点的落地、落实。这样做，实际上是把语文课堂教学阵地拱手让给了考试。不读书，少写作，机械操练，学生怎可能学到语文真本领？按照规律学语文，学得真本领，怎么可能考不好呢？押考题，走捷径，碎片化的教学难以形成真正的良好的语文素养。再加上金钱利益驱动，各种训练题泛滥，更是推波助澜。高中语文课标里每周语文仅有可怜的 3 节课，到了高中三年级，少则 8 节课，多则 12 节课，一名语文教师教两个班，一周多达 24 节语文课，押考点，刷题，这种奇观反映了师生的不堪重负。破解这道难题有诸多途径与方法，其中很重要的一条是教师自身要解放思想，做语文教学专业的主人，摆脱“考奴”的身份与困境。

二是割裂思想，剥离做法。教语文，一定先要想清楚语文是什么，它的本质属性是什么。早在 19 世纪，马克思和恩格斯在《德意志意识形态》中就指出：“语言是思想的直接现实”，“语言和意识具有同样长久的历史；语言是一种实践的意识，既为别人存在并仅仅因此也为我自己存在的、现实的意识。语言也和意识一样，只是由于需要，由于和他人交往的迫切需要才产生的”。显然，语言是人类最重要的交际工具，意识、思想是通过语言来表达的，故而说“语言是思想的直接现实”。语言是人类独有的，只有人类自身才拥有的工具。这一工具和装载的思想、文化不可分割。语言符号因意义而存在，离开意义，符号就不成其为符号。这就是说，语言不但有自然代码的性质，而且具有人文代码的性质；不但具有鲜明的工具属性，而且具有鲜明的人文属性。20世纪80年代世界人文科学的一次最大的革新就是语言科学的突破。语言不再是单纯的载体，语言是意识、思维、心灵、情感、人格的形成者。显然，语言文字不是单纯的符号系统，它有丰富的文化心理特征，而汉语言文字更是有深厚的文化历史积淀，既有工具性，又有人文性，二者是一个统一体的不可分割的两个方面。没有人文，就没有语言这个工具；舍弃人文，就无法掌握语言这个工具。工具性与人文性的统一，是语文学科的本质特征，本应清楚明白，但有股力量总认为语文课就是教语言文字工具，就是实用；有的则脱离语言文字，架空讲文本内容，还美其名曰强调人文。究其原因，均在“割裂”与“剥离”。哲人黑格尔曾经以洋葱头比喻文化，他说，剥掉一层皮，就是剥掉一层肉，所有的皮剥掉，肉也就没有了。语言文字的工具性和人文性何尝不是如此？语言文字的“体”和人文的“魂”要融为一体，魂要附体，体中要有魂，硬剥离开来，语言文字成为僵死的符号，魂也无处安身。这种割裂、剥离也不是一时的异想天开，而是有历史的印迹的。1904年，清政府终于批准建立新学制，独立分设学科。学制、课程、教材，当时大都从东西方先进国家引进，但语言文字设科，须自己探索，因而，中国文学一科应运而生。《奏定学务纲要》中说“其中国文学一科，并宜随时试课论说文字……以资官私实用”；又断言“中小学堂于中国文辞，止贵明通”。就是把握文辞的训练，达到实用的目的。叶圣陶在《国文教学的两个基本观念》中这样表达：“国文教学自有它独当其任的任，那就是阅读与写作的训练”，“所以，国文教学选材能够不忽略教育意义，也就足够了，把精神训练的一切责任都担在自己肩膀上，实在是不必的”。在当时对西方科学顶礼膜拜、技术至上的思想下，对国文教学产生如此的影响不足为怪。时至今日，社会的发展、育人的要求有很大区别，只是“训练”与“实用”大概远远不能适应。至于脱离语言文字，空讲内容，无限拓展、延伸，不是对人文的误解，就是故作高深。教学是老老实实的事，尊重文本、尊重学生是底线，来不得半点虚浮。

三是信奉拆拼，忽视积淀。求学就要读书，就要积累，有些经典诗文应熟读成诵，内化为自己的文化积淀。学生读 12 年语文，胸中有多少语言精华、思想精华？语言的贫乏、粗糙、无味，比比皆是。原因在：一说记忆，立刻扣上死记硬背的帽子。学习，既要理解，也要记忆。腹有诗书气自华，从小读精品、佳品，有一两百篇诗文打底子，熟记在心，与腹中空空者的语言、气质就大不一样。而我们的课堂教学往往信奉拆拼，词句、段落等分析再分析，拆拼再拆拼，零件一大堆，支离破碎，不见整体，该积累什么很少考虑。教学生语文，切不可只顾近期效益——得多少分，要考虑到它的长期影响。语文积淀、语文能力、文化素养对人的一辈子都会产生影响。

干扰当然不止这一些。面对这些难题，语文教师要有勇气破解，要用智慧践行，要以毅力坚持。语言文字是民族之根基，积淀了数千年中华优秀文化的精粹，引领学生学习语文，热爱语文，吮吸中华优秀文化与人类进步文化的滋养，学生会一辈子受益不尽。

○ 对母语，应该有血肉亲情

——我的伤感与希望①

语文的地位被人为地降低了

看到大多数学生对语文抱着一种无所谓的态度，确实有点伤感。对一件事情无所谓，那就是说他认为这件事在他生命当中是没有价值的。学生还在求学的过程中，应该有旺盛的求知欲，应该对所学的学科都有兴趣都有感情，这也是我们培养人的教师所期望的。现在这样的局面很可悲、很可怕。

坦率地讲，这些年来语文的地位已经从所有课程中的第一位下降到第五位，在一般的高中里排在外语、数学、物理、化学后面。在一些中学的理科班甚至只要数学和外语，语文成绩实际上是不看的。那么为什么语文这个学科会在孩子们的心中这么没有地位呢？我觉得有大环境的原因，也有学校的小环境的原因；有教师、家长的责任，当然也有孩子的一些认识上的误区。

现在整个社会上都有一种急功近利的思想，表现在学校里，就是重技能技巧，而对人的培养，对“求学为什么”，没有足够的关心。在现在的学生

---

① 本文发表于《中文自修》2004 年第 5 期。

及家长眼里，求学的目的远远不是为了懂得做人的道理，为了在社会上做一个正直的人、有用的人，而是为了做一个白领，用比较少的劳动取得高的回报。这就说明整体的社会风气对语文的影响很大。语文这个东西是逼不出来的，就像种庄稼一样，无法急功近利。别的可以补课，可以突击，语文不可以。它就是要耳濡目染、日积月累、细水长流。语文是与功利相悖的一门学科，所以它现在不受重视。我想如果我们高考不考语文的话，大概一大半中学校长会把语文课去掉，不要了。我觉得，这是我们人为地把这个学科的位置降下来了。

对母语，应该有一种血肉亲情

但是语文这个学科实在是与做人密切相关的，它不仅仅是语言文字，而是“读书做人”。杨振宁是著名的物理学家，但是我看了一个报道，说他初中二年级的时候就在数学上表现出很高的天赋，但是他的父亲不是给他找家教补数学，而是专门找人给他补语文。一个半暑假读了一部《孟子》。他说，他受到了中国文化的深厚影响，懂得了做人的道理。现在我们忽视语文，实际上是对民族文化、对汉语言文字的不重视。汉语是中华文化的根，一个民族的语言里积淀着民族的韧性、民族的精神，乃至民族的思维方式。比如曹操讲的“日月之行，若出其中；星汉灿烂，若出其里”，就传达了一种博大的胸怀。如果从小接触这些，就会在无形中受感染。但是我们现在的母语教学比原来差远了，比英国、美国，比什么都差。胡锦涛同志讲我们要重视民族精神、民族凝聚力，而母语对每个孩子都是一种民族情结的教育。对自己的母语不热爱，很难有浓烈的民族情、爱国情。

面对这样的情况，《中文自修》能够组织这样的一次讨论，我觉得很好。我们可以通过这样的媒体大声疾呼：一个中国人，特别是求学的学生，对自己的母语应该有一种血肉亲情。为了走向世界，必须学好外语；但是如果你没有母语的底子，你连根都没有了。中外历史告诉我们，侵略者侵略一个国家的时候，第一是通过武力，第二就是语言。《最后一课》讲的就是这样的事情。“你牢记住自己祖国的语言文字，你就掌握了打开牢门的钥匙。”语言就是民族的情结、民族的血缘。

实践要加强，课堂也要重视

认识到母语的重要性之后，要培养自己学语文的兴趣，要勉励自己去加强语文实践，也就是读、写、口语交际。如果你不读，你就无法体会那里头的奥妙。我们经常是在“围城”外，而没有走到城里，其实你一旦进入这里面去，就会看到无穷的东西，会有无穷的乐趣。你读书读到觉得这个字站立在纸上跟你说话了，就行了，你就可以与它心灵交融了。

平时我们就生活在母语的大环境中，这是一个“大语文”，如果有兴趣的话，张开自己的感官，随时都可以看、可以听、可以说。大语文是丰富多彩、光怪陆离的，但也是泥沙俱下的，有好有差。比如网上有很多糟糕的东西，市井里有很多平庸的、不规范的东西。这就需要我们对语言文字有一种辨别能力。而语文课上主要就是学习规范的、优美的、有文化含量的东西。这对提升人的精神境界、文化品位以及陶冶人的情操都能起到很重要的作用，使人具有正确的价值观和一定的免疫力，从而当面临大语文的环境时，能够辨别美丑，取其精华，弃其糟粕。这样我们的语言才能够越来越丰富、越来越强大，人的全面素养也能够得到提高。因此，既要培养对大语文的兴趣，又要培养对语文课的兴趣。

教改要触及本质，不要粉饰太平

现在因为有考试的束缚，语文课上有很多死板的、僵化的、扭曲的东西出现，把语文的灵魂去掉了，使学生对语文课失去兴趣，所以教育非改革不可。教改说了很多年，但大都是一些形式上的东西，没有真正触及本质。这个本质是什么？就是“以人为本”，千万不能再像现在这样“以分为本”了。过去三点半以后操场上全是打球的，现在呢？除了分数，其他都是粉饰太平的。为了分数，中学生整天与作业为伴，与《一课一练》为伴，没有星期六、星期天。说是在读书，其实就是操练，学生怎么会对书有感情呢？现在的学生厌学情绪很重，因为他是不得已地学，而不是因为爱而学。

而且现在孩子的活动天地太窄了，没有空间，没有时间，所以他无法认识到语文对他终身的作用。我以前所有的学生都说，到社会上才觉得语文是中学里读过的最有用的学科。不管你从事什么职业，都需要一个好的语文功底。语文水平好的人阅读能力强，应用文字的能力也就强，工作的适应性就很好。如果你有良好的文笔，工作上就更顺利。所以说语文是陪伴人一生的，可惜我们的孩子现在确实体会不到。

另外我觉得标准化试题的考试让语文教学进入了死胡同。本来文章有深邃的思想，有精辟的见解，有些文章是有超凡智慧的，这种语言的魅力由于不断地考考考，只剩一个躯壳。文章没有灵魂了，还学什么？学生当然没有兴趣了。

要爱惜孩子的青春

我看了学生的调查问卷，《陈情表》不喜欢，《出师表》不喜欢。我们读书的时候，谁读了《出师表》不感动得涕泪往外流就是不懂得忠，读了《陈情表》不感动就是不懂得孝。现在这种感情都没有了。教师如果反反复复只是讲一些套话，学生还听些什么呢？好文章学生不喜欢，那我们的教学就有问题。

当然光埋怨教师也是不行的。教师都被绑在考试的战车上面，他教这个课，一切都是为了学生的分数，他也没有自由。但是我觉得，老师对自己所教的语文要有满腔热情满腔爱。语文不是雕虫小技，它是通过语言文字把人类的精神文明、精神养料传送到学生的心中，对学生是一种精神的哺育。

教师还要研究怎么激发学生的学习兴趣。语文要激发学生的学习兴趣不是太难的，因为那些文质兼美的文章本身就有感染力，关键是要让这内在的感染力发挥出来。老师应该钻研文本，找到文章的灵魂，感动自己。对孩子的教育是以情激情的，要以真来教育孩子求真。

教师还应该多读书。教师要教得情趣横生，自己就得有东西。孩子被调动起积极性以后，他们会有很多话要问，教师真要能信手拈来。教师应该积极投身到教改中来，要爱惜孩子的青春。一个孩子毕竟只有一个青春，如果致使他对这门学科漠然，这个损失以后是很难补的，可以说是根本补不起来。

第3章

改革探索

○ 弘扬人文　改革弊端

——关于语文教育性质观的反思[①]

一、扑朔迷离的现状

眼下，语文教育现状常遭到种种非议。高校教师反映：学生语文水平不行，语文入学分数高，而读、写、听、说能力低，写作能力尤低的情况似乎越来越明显。中学教师也反映：语文能力强的常得不到高分，得高分的又常是极其一般的，不懂。社会上反映：别说中学生了，有些大学生写的东西也不太像样。语文是中学打基础的事，当然很难要大学负责。但教学质量不尽如人意几乎是众口一词，到了不得不正视、不得不认真对待的时刻。

20世纪70年代末吕叔湘先生曾在《人民日报》上发表文章，郑重指出语文教学“少慢差费”情况严重，亟须改变。语文教育工作者因此而震动。此后，语文教改之风兴盛，百家争鸣，各抒己见，对于文与道、语与文、语文讲练与思维训练关系的认识取得不小的进展。然而，遗憾的是好景不长，许多做法还来不及开展充分的实验，许多课题还来不及上升到理论上做科学探讨时，就被席卷各门课程的“标准化题”笼罩了。中华人民共和国成立

① 本文发表于《语文学习》1995年第6期。

前、中华人民共和国成立初期、粉碎“四人帮”后不久，语文升学考重点是一篇作文，语文教育有相当的弹性。改制为“标准化题”，初衷是扩大考核面，增强客观性，岂料各式各样的变异题型应运而生，汇成题江，汇成题海。初三、高三毕业班的语文教育几乎是以题带教，以题代读代写，教师非自愿，但不得不为，不敢不为，学生在题海中浮沉，不堪其苦。如果师生如此辛苦，质量上乘，倒还情有可原；可惜事倍而功半，在新的基础上重演“少慢差费”。出路在哪里？不时有人发表这样那样的见解，但是未能引发有焦点、有力度、有规模的论争，未能对语文教育实践产生显著的推动作用。现状扑朔迷离，与良好的愿望相左，须集思广益，寻点根，刨点底。

二、关键在性质观

现状令人忧心，不少人都怪罪高考地位特殊，认为它指挥了整个中学语文教育，影响所及，甚至到小学低年级。这种责怪并不十分公平。升学考试从来是指挥棒，其他学科如此，国外也如此。问题的实质在于，操纵这根指挥棒的是只无形的手，那就是语文教育观念。

教学行为受教育观念支配。群体性的教学行为往往受到某种思潮的教育观念的支配。语文教育观念是对语文教育诸问题的看法，从语文教育性质到目的任务，到教材教法，到师生作用，到质量评估，到考试方法，到课外教育等，构成体系。教育观念附着于教育者脑中，形成心理定式，有意识地或不完全有意识地指挥教学行为。在语文教育观念体系中最为核心的是性质观，它统率语文教育的全局，决定语文教育的发展方向，由此而引发出目的观、功能观、传承观、教材观、教法观、质量观、测试观、体制观等一系列观念。

作为对“文革”期间语文课上成政治课的一种拨乱反正，20 世纪 70 年代后期，语文教育十分强调工具性，甚至有些纯工具论的倾向。于是，产生了继 20 世纪 60 年代的新的文道之争。不过，这场争论并未掀起大波，思想教育不能外加，应渗透于语言文字的教学之中的看法较快地得到认同。多数论者认为，任何一篇课文都是思想内容和语言形式的统一体，思想性是语文的固有属性，它蕴含在语文教材里，贯串在语文训练中。语文学科的思想性与工具性一样，都得到了认可。1992 年颁布的《九年义务教育全日制初级中学语文教学大纲（试用）》（以下简称《大纲》）从不同的角度对这二者先后加以肯定。即："语文是学习和工作的基础工具。语文学科是学习其他各门学科的基础。"在"教学目的"中提出"在教学过程中……培养健康高尚的审美情趣，培养社会主义思想品质和爱国主义精神"。

在特定的社会文化背景下，对语文学科的性质作出以上的理解和判断，无疑是有十分积极的意义的。我曾经乐观地认为，从此语文教育的航向已够清楚明白，只需循章行事便是。然而，现在看来，20 世纪 80 年代涉及语文学科性质的讨论，主要是在语文教育界内部，在操作层面上展开，未能吸引相关学科的共同参与，未能利用国内外语言学、心理学、教育学、人类学、社会学等领域的新的研究成果，未能对母语教育和外语教育进行系统的比较研究，视界不够开阔，学理缺乏底气，若干有价值有新意的理论观点又没有得到充分的论证和及时的整合。在多种因素的作用下，"语文课就是基础工具课"的思潮广泛地支配着群体教学行为。

三、准星发生偏差

按照《大纲》的精神，工具性与思想性在语文教育中应是统一体，互相依存，不可分割。可是在阐释与实施的过程中偏移了，正好像瞄准靶子打枪一样，准星发生偏差，当然发出去的子弹乱了套。近些年来，工具性的砝码越来越重，许多文质兼美的文章的思想意义在相当程度上形同虚设，只是寻词摘段，用解剖刀肢解，作为训练语言的例子，学生在知、情、意方面有多少收获要打个问号，与《大纲》的要求相距甚远。若不信，请看下面的事实。

1994 年语文高考写作占 50 分，据广东省抽样统计，全省平均为 29.07 分。各项得分率是：内容 51.39%，语言 60%，结构 60%，书写 69%。从统计看，内容项的分最低。考生在作《尝试》这篇作文时，写了学骑单车、学走路、学说话、学煮饭、学炒菜、学洗衣服，甚至学谈恋爱、学做小偷等，不一而足。很明显，文中所反映出来的生活与高中生的实际生活是很不相称的，所表现出来的肤浅甚至丑陋的思想是不可等闲视之的。

作文的思想性当然不能也不必由语文教育包揽，但是，思想性的失落，与语文教育在导向上的偏差密切相关。

在简单片面的语文教育工具化思潮的冲击下，尽管作文的题型花样翻新，套路一套又一套，但作文教学与往昔比，不是日益发展、日益红火，而是有点萎缩。首先是重视程度减弱。作文是语文能力、认识水平的综合反映，要拿高分不易，须细水长流，难收突击之效。下功夫不上算，考试只要题型对路，就可应付。其次是写得太少。刀不磨不锋利，笔少用必笨拙。一学期写四五次作文，有的只写一二篇，学生怎能练得出过硬的本领？这且不说。学生写，怎么指导，标准是什么，大有讲究。标准似乎越来越低，“读普通文，写普通文”，只要成为“生活工具”就行。学习上有个十分平凡的道理，就是取法乎上，由于种种原因，有时也仅得其中。写文章总要往高处看，有基本要求，抽去内容或忽视内容讲文字形式、文字技巧，学生学了干什么呢？“诗言志”“文以载道”是写诗文的基本道理。凡是经得起时间考验的优秀诗文，无不具有深刻的思想力量，给人以无尽的启迪。我们虽不要求学生都能写出优秀文章，但文章要有充实健康的内容，总是应该的吧。

早在 1958 年，郭沫若在《关于文风问题答〈新观察〉记者问》中就明确指出：“文章是人写的，因此，首先是人的问题。古语说‘文如其人’，这是说什么样的人，就写什么样的文章。文章要写得准确、鲜明、生动，首先要看写文章的人的思想、立场、作风怎样。你的思想正确、态度鲜明、作风正派，那么，你写的文章也就有一定的准确性和鲜明性。这是基本问题。”学生习作重点不在于探讨文风，而在于懂得作文与做人的关系。作文教学训练学生写作能力时应二者有机结合，否则，一手（文字技巧）“硬”（其实并非真硬），一手（思想内容）“软”，质量无法保证。这种情况看来似乎是方法问题，实质上是错误的语文教育性质观在起作用。

作文教学如此，阅读教学呢？“不闻读书声琅琅，但见习题如海洋”恐怕是极形象的概括。将文质兼美的文章肢解成若干习题，抠这个字眼，抠那个层次，文章的灵魂不见了。有些佳作名篇，学生学过后对文章的脉络、作者的写作意图、文中思想的闪光点竟然不甚了了，脑子里如马蹄杂沓，堆砌了许多字、词、句的零部件，这个知识点，那个知识点，用以“备考”。

肢解也非易事，见段不见文，见层不见段，有些教师实在手不熟，赶不上趟儿，于是种种命题专业户诞生。不管什么文体的文章，都能排出一套套题目以飨师生，你推波，我助澜，一时间遍及城市农村。阅读教学究竟该担负怎样的任务？阅读教学走向何方？许多教师困惑了。至于语文的听说训练、思维训练、课外教育，也因准星发生偏差而大受影响。

四、究竟怎样定位

语文教育的“位”究竟定在哪儿？有老师发出这样的疑问：语文教学是什么？语文教学干什么？ 现在仍然在扯皮。把语文教学看作文学教育，看作文化教育，看作审美教育，看作政治教育，看作道德教育，看作思维教育的议论与做法真是说不清，道不完。（见《语文教学通讯》1995年第2期《反传统，不在于方法，而在于思想》）

这位老师的想法和情绪是有代表性的。在我看来，这恰恰反映出进一步认识语文教育学科性质的重要性和紧迫性。人类文明发展史上，任何一门学科的成长，总是与“自身到底是什么”的争论相伴随。人文学科中，哲学、文艺学、美学、历史学、语言学、心理学、教育学，有哪个门类不是至今还在讨论定位问题？特别是在一门学科面临突破性进展的时刻，更要对自身的性质进行深入的反思。著名语言学家张志公先生早就提出，现有汉语语法学“基本上不符合汉语特点”。（《闲话语言》，《扬州师范学院学报》1980年第2期）不久前，他向《语文建设》记者发表谈话，指出中学语法难教“根本原因在于语法系统无论哪个流派哪个学派都是从西方引进的”，“实事求是地说，到现在为止，恐怕还没有任何一部是真正汉语的汉语语法”，“语法学乃至整个语言学，是一门应用科学，不是纯理论科学……如果不是为了应用，不是为了提高应用能力，那就不必研究语法，不必教语法，不必学语法”。（见《语文建设》1995年第2期）张志公先生对汉语语法学、语法学乃至语言学的状况和性质所发表的意见，正预示着学科内部孕育着深刻的变革。时处世纪之交，语文教育的社会文化背景变化迅猛，语言环境日趋复杂。语文教育现状不理想，对《大纲》的阐释有歧义，师资队伍和教育对象出现许多新情况、新问题，现代教育技术日新月异……所有这些，都在要求语文教育须对自身性质进行新的探讨。矛盾是回避不了的，分化，综合，再分化，再综合。语文教育学科建设，将围绕以性质观为核心的教育观念的讨论，在多元化的观念和实验的碰撞中，在否定之否定的辩证行程中，赢得螺旋式的上升。

给语文教育定位，先得给语言定位，给汉语定位。长期以来，语文教育界强调语言的工具性，这是无可非议的。然而，它绝不等同于一般的生产工具，如机器或犁锄；也绝不等同于一般的生活工具，如筷子或拐杖。语言是表达思想进行交际的工具，是思维的物质外壳，是信息的载体。这种工具、外壳、载体，都是只有人类才拥有的符号。在符号的意义上把握语言的工具属性，恐怕较为恰当。问题更在于，“语言是思想的直接现实”（马克思、恩格斯《德意志意识形态》）。各民族的语言都不仅是一个符号体系，而且是该民族认识世界、阐释世界的意义体系和价值体系。符号因意义而存在，离开意义，符号就不成其为符号。这就是说，语言不但有自然代码的性质，而且有文化代码的性质；不但有鲜明的工具属性，而且有鲜明的人文属性。

西方学者把语言看作开启人类社会文化起源和发展的奥秘的钥匙（意大利，维科），认为语言是一种创造性的精神活动（德国，洪堡特)，不仅视语言为一种文化现象，称语言基本上是一种文化和社会的产品（美国，萨丕尔），还把语言看作文化建设中的一种力量（德国，魏斯格贝尔），认为语言和文化相互塑造，相互渗透，相互从属（美国，沃尔夫）。如果说，世界各民族语言都具有人文性，那么，汉语汉字的人文性可说是特别突出。在中国古人看来，“人之所以为人者，言也”（《春秋谷梁传》），“不知言，无以知人也”（《论语·尧曰》）。著名的名实之争，文道之论，言意之辩，在某种意义上，都关涉到汉语人文性的阐发。朱熹说：“道者，文之根本。文者，道之枝叶。唯其根本乎道，所以发之于文，皆道也。三代圣贤文章，皆从此心写出，文便是道。”（《朱子语类·卷百三十九》）从此类论述中，可以体悟古人是如何把语言同人性、天道、事理联结在一起的。中国现代学者对于汉语的人文性，也多有创见。20 世纪 80 年代后期关于中国文化语言学的理论探索和争鸣，论争双方都为如何理解汉语的人文性提供了丰富的思想资料。汉语言文字不是单纯的符号系统，它有深厚的文化历史积淀和文化心理特征。汉语和其他民族语言的工具性和人文性，是一个统一体的不可割裂的两个方面。没有人文，就没有语言这个工具；舍弃人文，就无法掌握语言这个工具。

弄清楚语言的特质，语文教育是什么，具有怎样的性质，也就迎刃而解。法国学者加斯东·米亚拉雷曾指出："学校的语言首先是占统治地位的文化的传播工具。因此，所谓母语教学的问题从来就不是一个纯技术问题……在母语教学中，社会学和政治方面的因素占举足轻重的地位。"（《世界教育史（1945 年至今）》）人们在给语文学科定位时，使用的"性"超过 10 个。我想"人文性"较之"思想性""情意性""科学性""文学性""社会性""政治性""民族性"等，似乎更为合适。语文学科作为一门人文应用学科，应该是语言的工具训练与人文教育的综合。

五、弘扬人文，改革弊端

语文教育人文性是一个古老而年轻的课题。汉语文教育有优秀的人文传统，培育出一代代道德文章彪炳千秋的文人学子，哺育出千千万万的美诗佳文，传播中华民族的优秀文化。今日的语文教育对汉语文的人文性未给予足够的重视，甚至感到陌生。要走出困境，提高质量，须弘扬人文。

不承认语文的人文性，必然是只注重语文形式，忽视语文内容。文化内涵本是语文的固有根基，教材中的任何课文都是思想内容和语言形式的统一体，不可分割。只讲形式，就架空内容，语言形式就失去灵气，失去光泽，变成任意排列组合的僵死的符号。对这个问题，叶圣陶先生从修改文章的角度谈到过："修改文章不是什么雕虫小技，其实就是修改思想，要它想得更正确，更完美。"语言文字是载道明理的工具，"道"与"理"不讲究，这个工具又怎样有生命力，怎能完美呢？忽略语文的人文性，必然只强调语文工具而看不到使用语文工具的人。学语文不是只学雕虫小技，而是学语文学做人。语文教育就是教文育人。语言文字是文化的载体与结晶，教学生学语文，伴随着语言文字的读、写、听、说训练，须进行认知教育、情感教育和人格教育。只强调语文工具，用解剖刀对文章进行肢解，枝枝节节，只见树木不见森林，闪光的启迪智慧的思想不见了，吸引人、凝聚人、感人肺腑的情感被肢解得无踪影了，留下的是鸡零狗碎的符号，充塞学生脑海。

弘扬人文，不是照抄过去，而是在继承的基础上出新，赋予时代精神。今日的语文教育要有中国特色，就要弘扬优秀的民族文化精神，就要有面向新世纪的浓郁的时代进取精神，变语言形式教学的单一功能为知、情、意教育统一的多功能，变低效率为高效率，尊重和发展教的个性与学的个性，探索与现代教育技术结合的途径，开创百花齐放的新局面。

要变语文自我封闭性为开放性，开发语文教育空间，面向生活，面向社会，面向活泼泼的中学生，不用机械训练消磨学生的青春。

要坚持汉语文教育自身的特点，学西方语言，学西方测试，要在“化”上下功夫。照抄照搬，不仅淡化甚至有悖民族文化精神，而且会把许多语文教师引入误区，带入考试怪圈，使其局囿其中，脱身不得。

对语文教育性质观的反思，目的在求得语文教育健康发展，使五千万莘莘学子深受其益。

○ 立足于促进学生的发展[①]

《语文课程标准》如一股清新的风吹进语文教学实践园地。新的语文教育理念，教学内容和要求的调整，新的教学评估的导向，等等，使关心语文教改，致力于提高学生语文素质的教师兴奋不已。但兴奋之余，又有这样的疑问：教学中如何实现这些要求，有无牵一发而动全身的关键能把这些要求串起来，一通百通？

疑得对，也问得好。如果把要求当成一把芝麻撒出去，散在地上，那就捡不胜捡，费时费力，效果不好。应捏起来，善于综合，寻找出贯串其中的红线。抓牢这根红线，教学就有主心骨，就能有条不紊，巧作安排。这根红线就是——一切教学活动要立足于促进学生的发展。

教育，说到底就是培养人，促进学生德智体美全面发展，形成健全的人格，将来成为报效祖国的合格公民、优秀公民。语文学科在促进学生发展方面有得天独厚的条件。语文教育的重要任务是指导学生正确地理解和运用祖国的语言文字，而语言文字不仅仅是交际工具，它本身就是人意识、思维、

① 本文发表于《中小学教材教学》2001 年第 2 期。

心灵、情感、人格的形成条件。教学生学习语言文字，只要站在高处，教育理念正确，做有心人，就能促使学生在知识、能力、思维、情感等诸多方面获得发展。

既然要“发展”，就不能短视，不能急功近利，事事求立竿见影。要长短结合，立足现在，着眼未来。要让学生把握现在，一步一个脚印，养成良好的学习语文的习惯，活跃思维，学会学习，为终身学习与发展创造条件。为此，教学中要做到以下几点。

一、夯实基础

对语言理解和运用能力的习得与提高，主要靠在实践活动中锻炼、感悟，因而，教学全过程应突出学生的实践活动。教师“讲”不出学生的语文能力，单背知识条文也形不成语文能力，要放手让学生阅读、表达。读，当然要识字，认清字形，读准字音，理解字义，但不能局限于枝枝节节，要讲究整体感知课文，从内容到语言到写法，能有自己的体会、自己的心得，能读出味儿，读出探究的兴趣。厚积而薄发，“读”抓得扎实，方法指导得正确，该背诵的古诗文认认真真背，久而久之，表达就言之有物，言之有序，言之有文。积累得多，基础打得扎实，不仅今日学习语言的精华，受精湛语言的熏陶，而且身上有文化的含量，日后发展的后劲就足。

二、鼓励创新

语文教育最具有创造性，特别是文学教育，可仁者见仁，智者见智。即使在常规下运用语言文字，也并不都是二元逻辑，非此即彼。因而，教学生学语文，特别要重视培养学生的创造性思维。学语文，一定要开动脑筋“思”，也只有爱思、善思、深思，才可能真正尝到学习语文的甘甜，真正进入学习的角色。教师在教学过程中要千方百计开启学生思维的门扉，引导他们联想、想象、分析、综合，对有创意的见解与心得予以鼓励，并适时地将这些智慧的火花在全班点燃，使大家共享学习的欢乐。

三、发展个性

课堂不是车间，不是标准化零件的流水作业，而是要了解、尊重每个学生的个性，从他们的实际出发进行教学。语文教育的质量不是整齐划一的，而是在实现教学要求的过程中，因材施教，引导每个学生在原有的基础上获得明显的提高，使他们学有信心，学有兴趣，学有追求，个性获得健康的发展。

四、完善人格

语文教育对学生语文能力培养的显性效果容易被人重视，实际上它对学生的隐性教育更为重要，更为长期。“随风潜入夜，润物细无声”，伴随着语言文字的学习、推敲、运用，高尚的思想道德情操、高尚的审美情趣熏陶感染，点点滴滴渗入心田，学生在潜移默化中提高文化品位，提高思想修养，积累，感悟，熏陶，语文素养整体得到提高，人格逐步形成与完善。

把握住促进学生发展这根红线，使知识、能力、情意相通相融，语文教学就会增添灵气、秀气，出现百花争春的美景。

○ 语文教学与素质教育[①]

实施素质教育的根本宗旨是提高国民素质，重点是培养学生的创新精神和实践能力，培养目标是造就有理想、有道德、有文化、有纪律的德智体美全面发展的社会主义事业建设者和接班人。学校各学科教学当然都须研究如何从本学科的实际出发，对学生进行高质量的素质教育，语文学科教学更是责无旁贷。

语文教学对学生思想道德素质、科学文化素质的提高有其得天独厚的优越条件。语文教育是母语教育，是汉民族统一规范的祖国语言文字的教育。语言文字伴随着人类社会的形成而产生，又伴随着社会生活的变化而发展。语言文字在人类社会形成和发展的长河中，经历了千万年，它发生了，成型了，丰富了，洗练了，发展了，它是一个民族中任何阶级任何集团都可以使用的一种交际工具。这种交际工具不是独立于人而存在的，是人类，也只有人类自身才拥有的。北京大学一位著名哲学家贺麟曾这样说，人与禽兽的区别，虽有种种的说法，但根据科学的研究，却只有两点：一、人能制造并利

① 1999 年 12 月在华东师范大学召开的“中国语文与人文素质教育”国际研讨会上的报告。

用工具，而禽兽不能；二、人有文字，而禽兽没有文字。其实文字亦是一种工具：传达思想、情感、意志，人与人精神上内在交通、传久行远的工具。说粗浅一点，人是能读书著书的动物。显然，语言文字和其装载的文化不可分割。也就是说，语言不能凭空存在。我们常说“语言是思维的外壳”，这“外壳”与“内核”其实是一个不可分离的整体。因为语言文字是人类文化的主要载体，直接地、全息地记载和传递着人类有史以来的思想和活动，只要进入语言和文字的“时间隧道”，就能穿越几千年历史的积淀层，认识历史，认识社会，感悟人生。20世纪人文学科最大的突破之一是语言学的突破。思想、情感、语言是同时发生的。语言文字不仅仅表达思想，不仅仅是载体，而且是意识、思维、心灵、人格的组成部分。

语文与语文教学本是两个不同的概念，但是又有着紧密的联系，只有对语言文字的属性有了切实而准确的了解，才能谈语文教学。就像数学离开了数字，离开了1、2、3，谈数学就失去意义一样，离开了语言文字，谈语文学科或语文教学也就无从说起。中学语文学科是一门基础学科，打文化的基础，是非常实用而且内容丰富多彩的一门学科，人文性很强。民族的文化是民族的根，语言文字本身装载着文化，语言文字是文化的根。它记载着本民族的物质文明和精神文明，是本民族文化的地质层，母语教学必须与民族文化紧密相连。语言文字和文化在母语教学中不是两个东西，而是一个整体。说语文学科具有人文性，绝对不是排斥它的科学精神；说语文学科具有工具性，也绝对不是削弱它的人文精神。不存在限制这一个、张扬另一个的问题。二者不能割裂，而应沟通交融，互渗互促。

语文教学要有更高的起点、更新的观念、更宽的视野。对母语的认识应建立两个基本概念：一个概念是民族的智慧积淀在民族的语言文字中。母语教学不能如同外语教学中的“商业对话”训练，不是“英语900句”，不能老在词句上兜圈子。教母语，同时也是在教民族的思想与感情。“先天下之忧而忧，后天下之乐而乐”，寥寥数语，人生观包蕴其中；“两情若是久长时，又岂在朝朝暮暮”，短短两句，爱情观渗透在内。语言文字多奇妙，它是春风化雨，润物无声的。教学中千万不能把语言文字看成僵死的符号，它是装载着丰富的情和意的，是活泼泼的，有灵性的，有表现力的，有迷人的魅力的。比如“春风又绿江南岸”，一个“绿”字用得多么传神。满眼的绿，生机勃发的绿，那种喜悦，那种对生命的礼赞与讴歌，如果就词论词，就句作机械的讲释，学生不会感悟，不会生发，又叫什么学语文呢？学习民族语言文字，就是要继承和发扬民族优秀文化。与此同时，须广泛阅读世界名著佳作，开阔视野，吸收人类的进步文化。还有一个概念，随着信息网络化，世界变小了，地理区域性特征不再鲜明了，母语仍是维系民族团结的纽带。对内它是黏合剂，对外它是有力的屏障。说文化是综合国力的一部分，是因为文化这一资产是长期积累的，维护它，珍爱它，一个民族就不会垮。母语学习，从来就是一个民族对其后代的精神哺育。

语文教学要对学生有效地进行素质教育，须在认识和做法上解决“重术轻人”的问题。语文教学目的在于培养与提高学生正确理解和运用祖国语言文字的能力，具体地说，即培养学生阅读现代文和浅易文言文的能力、写作能力、口语交际能力和初步的文学鉴赏能力，教会学生掌握学习语文的基本方法，养成自学语文的良好习惯，培养发现、探究、解决问题的能力，为继续学习和终身发展打好基础。而在教学过程中，要培养学生社会主义思想道德、爱国主义精神和高尚的审美情趣，发展健康个性，形成健全人格。十分明确，中学语文教学目的是教文育人。培养的学生要具备适应现代社会实际需要的语文能力，又要具备现代社会需要的学会学习、学会探究的本领，还要具备良好的思想道德、爱国主义精神和高尚的审美情趣，要发展潜能，发展个性，形成健全人格。语文教学当然要培养学生的语文能力，但与人的培养是紧密结合在一起的。“重术轻人”恰恰是只重视语言技能技巧的训练，而忽视或淡化了人的培养。语文对人有教化与陶冶的功能，由于“重术”，只重视某些词句、段落中的技能技巧，把一篇篇寓意精辟深邃的佳作，一篇篇声情并茂的美文，肢解得鸡零狗碎，震撼心灵的智慧不见了，感人肺腑的感情消失了，语言文字的生命力荡然无存，原本诗意的、审美的，即以形象思维为内核的语文教学向标准化、机械化转向。语文课人文精神和审美情趣缺失，语言文字表情达意的光彩暗淡乃至消失，学生学起来味同嚼蜡。也正由于如此，催发了语文教学的匠化和应试训练的泛滥。加上出版业的利益驱动，《一课一练》之类的本本充斥市场，推波助澜，对语文教学产生了负面影响。

语文教学“重术轻人”的最大弊病是学生学语文的主动性、积极性、创造性受到抑制，不能成为学习的主人。阅读教学程式化、作文教学模式化、能力训练机械化框住了学生。学生常常成为操练的机器，兴趣、爱好、特长、个性的发挥，不能说没有，但确实已凤毛麟角，十分罕见。语文学科是一门最开放的学科，语文与生活同在，应用性极强。把最开放的学科禁锢在考试的小圈子里，把最广阔的天地压缩为一个狭窄的角落，对其“敲门砖”的功能放大再放大，学生怎敢越雷池一步？这种被动学习的状况、形成的后果与现代社会素质教育要求培养的目标距离甚远。现代社会即将步入知识经济时代，在知识经济时代，知识是最重要的生产力，资本和财富的优势将变得次要。英国哲学家培根提出的“知识就是力量”的名言，再一次得到形象而深刻的诠释，而大量的知识都是以信息的形式出现的。现代社会的人，如果没有独立的、比较强的阅读能力，没有理解分析、判断推理的能力，怎么能适应时代社会的需要？就表达来说，现代社会虽不要求倚马可待，但也确实要求人们思维敏捷，反应快速。表达绝不仅仅指学生在学校写几篇文章应考，更重要的是培养他们具备观察生活、认识生活、运用语言文字表情达意的能力。

看问题视野要开阔，不能只看到课堂、考卷和考场。有些情况拿来参照，看一看，想一想，能活跃思路。20 世纪 90 年代初，美国劳工部就业技能委员会对 20 世纪最后 20 年来美国教育的现状和 21 世纪美国社会对人才素质的需求，进行了全面的调查和深入的研究，提出了 21 世纪全体美国就业人员应具备的五大能力和三大基础。三大基础是能力基础、思维基础、素质基础。能力基础指有较高的读、写、算、听、说的能力；思维基础指能进行创造思维，有决策能力和解决问题的能力，有想象能力、学习能力和推理能力；素质基础指有责任心和自尊心，善交际，能自律，为人诚实正派。显然，这里所说的基础要言不烦，着眼于对人的品德、意志、才能等方面的较全面的要求，以适应现代社会的发展。“他山之石，可以攻玉。”语文教学对学生进行素质教育，一定要把“人”放在首位，让学生真正成为学习的主人。

教育观念要更新。任何一所学校、任何一名教师，不可能在学校、在课堂把人一辈子需要掌握的知识与能力都教给学生，即使在科学技术迅猛发展的今天，要做到这一点也是不可思议的。但是，教他们学会学习，学会做人，学会发展，学会创造，是一丝一毫也不能马虎、松懈的。学生学会了这些，就能心灵丰富，潜能发挥，有真才实学，一辈子受用不尽。语文教学中教学生学会学习、学会做人的意义尤为重大。语文是实践性强的一门学科，单靠课堂，单靠教师讲授是解决不了问题的。教师的“教”要为学生的“学”服务，启发，诱导，点拨，开窍，引导与鼓励学生自己读，自己写，思考，比较，辨别，感悟，提高阅读与表达的能力。读写是语文的两翼，读得少，对语文能力的培养来说，无疑是独木难支；写得少，鲜活的思想、美妙的语言文字怎可能流溢笔端？哪来较好的表达能力？要让学生有充分自主学习语文的天地，引导学生做学习语文的有心人，广泛开展语文读写活动，练就掌握语言文字的真本领。

当前语文教学对学生进行素质教育有两点尤为重要。

一是让学生重视积累，学会积累。文化的积淀靠的是积累，语言文字能力的提高也同样需要积累，不能考过试以后，学生学的就还给老师了。较长时间以来，我们的语文教学重分析，轻积累，有的文章甚至被分析得支离破碎，这不能不说是一种严重的失误。所谓“厚积而薄发”，学生腹中佳词美句、佳作美文储存极少，“积”得很少，又“发”什么呢？我们这样的泱泱大国，需要千千万万素质良好的劳动者。我们培养的学生，不管他将来从事什么职业，我们总希望他身上具有一些文化的气质，有点文化底蕴，成为现代社会的文明人。这不是一朝一夕所能解决的问题，因为素质不是一种技巧，可以轻松掌握。素质是一种心灵的塑造，在塑造人的心灵过程中，中华优秀文化确实能起到以一当十的作用。如果没有积累，语文能力的提高就是空中楼阁，语言表达上的贫乏也就不足为奇了，良好素质的培养也随之受到影响。

二是创新意识、创新精神的培养。语文教学最能给学生创造的空间。只要教学中教师不囿于某一模式、某一标准答案，不画地为牢，叫学生就范，学生就能积极思维，开展想象，有独特的感受与体验。教材中的每一篇作品都包含着作者独有的人生经历、思想方式、情感体验，尤其是文学作品更是各有各的风格，各有各的个性，各有各的语言特色，可说是异彩纷呈。学生解读，可根据自己的年龄特点、知识素养、生活经验，作出多种多样的理解，得出各自不同的感受。《孟子·万章上》：“故说诗者，不以文害辞，不以辞害志。以意逆志，是为得之。”也就是说，在解说诗文时，用自己的认识体会去揣摩作者思想感情。学生阅读、咀嚼、品味、体验、感受，激起求知的欲望，引发对人生的思考，这本身就是一种再创造。在教学中，不能满足于使学生获得知识，更重要的是指导他们掌握学习方法，培养探究精神，探究知识形成的过程，开拓他们的想象力。学生在课堂上主动学习，自主学习，教与学双边多向活动，学生就能闪现智慧的火花。课堂上要善于营造积极思维，大胆想象，知无不言、言无不尽的生动活泼的气氛，让学生思想舒展，精神愉快，学有所得，学有趣味。教师在引导和组织学生阅读欣赏、通畅表达时，还需注意非智力因素的培养，注意学生兴趣的激发、情感的陶冶、意志的锻炼。创新教育是素质教育的灵魂，创新能力是一种智力特征、人格特征，是一种精神状态、综合素质。学生通过学习语文，与智者对话，与高尚的情操交流，受人文美、语言美的熏陶，感知、想象和理解等各种心理机制都处于活跃的状态下，他们的创造力就会爆发出来，常常在阅读、表达中出现“神来之笔”，超水平发挥。

素质教育作为一种教育指向，它具有方向性、导向性，但不可能有一个统一的模式。素质教育本身就是开放的、多元取向的，语文教学中只要认清和牢记培养目标，明确实施素质教育的重点，从本学科的性质、特点出发，解放思想，深化改革，大胆创造，必能积累更多的成功经验，不断提高语文教学质量，培养和造就适应现代社会需要的一代新人。

○　我看新课程标准[①]

一位资深的中文系教授询问我对《语文课程标准》（实验稿）的看法，我毫不犹豫地脱口而出："理念新，有重大突破。"这位教授开玩笑地说："大概是与你原本对语文学科的看法做法很接近或很相似的缘故吧！"我惶恐了，个人的认识与实践充其量只是一瓢水，怎能与语文教育的海洋攀比？我对新课程标准的赞同只是自己粗略学习的直觉，虽未深入研究，已觉受益匪浅。教授嘱我谈点看法，我只得应命简述一二。

《语文课程标准》反映了教育本质的呼唤和时代发展的迫切要求。教育在本质上是更增强人的精神力量。柏拉图在《理想国》中，借苏格拉底之口，通过"洞穴中的囚徒"这个著名的隐喻，说出了教育的真正含义，那就是把人，把人的灵魂、精神引向真理世界。"真正的教育"是引导灵魂达到高处的真实之境，这种灵魂的牵引，实际上就是人生境界的提升；而知识、技能是帮助灵魂攀升的阶梯。古今中外的教育家研究教育无不聚焦在对人的精神世界的培养上。教育，说到底，就是培养人。任何学科教育的第一要义

① 本文发表于《中学语文》2003 年第 1 期。

都应牢牢把握这个根本。然而，较长时期以来对语文学科性质认识的不周全，急功近利思想的浸染，潮水般标准化练习的吞噬，“重术轻人”等左右着教师的教育理念与实际操作，“人”是虚的，淡化的，“术”是实的，须强化来应考的。面对这种现状，《语文课程标准》切中时弊，鲜明地立足于促进人的发展。从前言到实施建议，处处表现出对学生的尊重与关爱，为学生的发展着想，让学生和教师按照人的发展规律和语文教育规律学语文、教语文，有自主发展、积极创造的空间。人从技术主义束缚中解放出来，这无疑是教育本质的回归，是教育理念上的重大突破。

新课程标准的育人目标不是凌空的、概念化的、泛泛而谈的，而是具体的、实在的，反映时代的迫切要求，富有时代特征。它开宗明义指出：“现代社会要求公民具备良好的人文素养和科学素养，具备创新精神、合作意识和开放的视野，具备包括阅读理解与表达交流在内的多方面的基本能力，以及运用现代技术搜集和处理信息的能力。语文教育应该而且能够为造就现代社会所需的一代新人发挥重要作用。”语文教育课程目标、内容、教学观念、学习方式、评价目的与方法等一系列改革，正是围绕这一点进行的。比如，强调要引导学生在语文实践中学会学习，要积极倡导自主、合作、探究的学习方式，要注重开发学生的创造潜能等，均是为了给学生打下终身发展必备的基础，以适应社会的需要。学生在学校只可能学习和掌握有限的知识，而新知识如潮涌，学生学会学习，懂得如何探究，与人合作，掌握获取新知识的能力，一辈子受用不尽。人的语文能力是构成人学习能力的基础要素，是人生存与发展的基本能力之一，不可小视。学生与母语有着天然的千丝万缕的联系，文化的积淀，民俗的生成，生活的环境，使学生在这方面蕴藏着巨大的潜能，良好的教育能开发宝藏，使潜能变为现实中的本领。如果我们的观念仍然停留在重术轻人，或者仍然把学生视为被灌输知识的容器，那就与时代的要求不合拍了。

《语文课程标准》遵循了母语教育规律，致力于学生语文素养的形成与发展。对学科性质的探讨与研究是十分严肃的事，它关系到学科建设的全局，影响教育质量能否提高。新课程标准对语文课程性质作了明确的阐述，这绝非主观臆断，而是在调查研究的基础上，回顾以往走过来的路，考察国内外母语课程发展的现状与趋势，面对现代社会对语文教育的要求，经过世纪末的痛苦反思而获得的真切认识。千年的积淀，百年的辛苦探索，由于语文教育内外多种因素的干扰与影响，我们的认识不是左右摇摆，就是割裂分离。追求真理，接近真理，应是语文教师的共同心愿。而今，“语文是最重要的交际工具，是人类文化的重要组成部分。工具性与人文性的统一，是语文课程的基本特点”，这科学的阐述引领语文教育走出困境，指导语文教育深化改革，在母语教育轨道上健康地前进。这种认识，这种阐述，不是从零开始，也不是重起炉灶，而是在前人不断探索、作出历史贡献的基础上的发展和自我完善。

语文教育人文性、实践性很强，对学生语文素质的形成与发展起着多重作用。语言文字理解和运用能力的培养，要靠学生大量的语文实践。必要的语文知识须掌握，但要强主干、删繁枝、去烦琐、除重复。学习的内容应眉目清晰；藤攀枝蔓，学生就会被缠绕其中，难以脱身，学习的主动权不知不觉就受到抑制。新课程标准提倡学生多阅读多写作，重视积累、感悟，注重基本技能的训练，让学生在丰富多彩的读写及口语交际等语文实践活动中，感受，体味，揣摩，把握，培养良好的语感，提高阅读与表达的能力。这显然尊重并把握了母语教育的规律，有利于学生语文素养的形成与发展。语文属于人文学科，对人们精神领域的影响是深广的。语文教材本身是多义的，具有丰富的内容和很强的启发性，因而，在培养学生语文能力的同时，须重视语文的熏陶感染作用，“提高学生的品德修养和审美情趣，使他们逐步形成良好的个性和健全的人格，促进德智体美的和谐发展”。显然，语文教育对学生的培养是多方面的，有知识技能的，有思维情感的，有态度价值观的。有的显性，显而易见；有的隐性，润物无声。既要重视它的实用功能，又要重视它的发展功能；既要重视它的审美功能，又要重视它的教育功能。这多重功能不是人为外加的，而是语文本身固有的。工具性和人文性的统一，决定了语文教育必然发挥多功能的作用。语文课程有丰富的人文内涵，学生对语文材料的反应、理解不尽相同，是多元的，有独特体验的。在咀嚼、品味、推敲语言文字的同时，人文因素会潜移默化地浸染思想情操，给学生以感染熏陶。为此，应注意教学内容的价值取向。新课程标准正是把握了语文教育的特点，从知识与能力、过程与方法、情感态度与价值观三个维度的融合上，来全面提高学生的语文素养。应该说，从教育理念到操作层面均有很大的突破，有时代气息，符合素质教育的要求，令人耳目一新。

新语文课程标准充满了改革精神、创新意识，而这种改革又不是枝枝节节的，而是系统的、整体考虑的。站在时代的高度、战略的高度、国家基础教育课程总体改革的高度，审视新语文课程标准，就会从字里行间感受到终身教育思想、大众教育思想、学习化社会思想、主体教育的观点、建构主义的理论、多元智能的理论等教育新理念焕发的光彩，感受到语文教育中时代活水流淌，生机蓬勃。

○ 语文课程标准与语文教师①

《普通高中语文课程标准（实验）》即将公布，令人欣喜。它是在做了大量的前期调查研究工作，广泛听取方方面面的意见，从理论和实践结合的高度探讨、筛选、提炼、研制后诞生的，充满了改革意识与创新精神。我无能力对它作较为全面的解读和评述，只能从一名历经语文教育风雨的教学第一线教师的角度，谈一点学习的肤浅认识和体会。

研制从义务教育阶段到高中阶段的语文课程标准是一项系统工程，是对学生进行长达十二年语文教育的依据。语文素养是人全面发展的基础，也是终身发展的基础。因为人的语文能力是构成人学习能力的基本要素，而学习能力是人生存和发展的基本能力之一，语文能力、语文素养陪伴人的终身。基础教育中语文课程改革与其他学科改革一样，是大事，关系到莘莘学子的成长，关系到全民族素质的高低，具有战略意义。

《语文课程标准》的制定与义务教育的衔接，非少数专家的主观臆断，

① 本文发表于《语文学习》2003 年第 5 期，是作者在“语文学科教学论教师国家级培训”华东师范大学培训班上的讲话。

而是源于这样的基础：千年的民族文化积淀，百年的曲折探索，世纪末的规模宏大的讨论，新世纪社会需求的思考。

一、价值与意义

通读课程标准，把各个部分前前后后联系起来思考，形成了一个突出的印象，即在新世纪重构语文教育模型。这个教育模型就是“素养—养成”。学生的语文素养和整体素质在学习过程中养成和提高，语文课程的育人功能充分发挥。这种教育模型的构建离不开以下几个方面的探究。

纵向继承。继承传统语文教育中行之有效的合理精华，而不是在零的基础上重起炉灶，以期标新立异，炫人耳目。千百年来，语文教育在培养学生理解和运用语言文字能力，培养学生文化素养，增厚文化积淀方面积累了许多有效的经验，应当回顾、审视，取其精华，为我今日所用。如诵读、感悟、涵泳、体味、积累等诸多方法，都反映了尊重汉语语言文字的特点，对学习起到良好的作用。重视继承，并不是回归传统走老路。现代教育与传统教育有巨大差异，无论是教育目的、教育内容、教育方法等，均不可能等同，如若刻舟求剑，必然行不通。

横向借鉴。借鉴国外教育，尤其是国外母语教育的先进理念与有效做法，汲取养料，为我所用。国外许多教育专家、学者提出的种种学说都聚焦在“如何培养现代化的人”这一理念上。这个理念对我们来说，实在太重要了。教育，说到底是培养人。把学生从自然的人培养成为合格的社会公民，是教育应负的责任。然而，我们却常常忽视教育中这个首要问题，有意识或无意识地重术轻人，重技能技巧，轻人总体素质的培养，把“人性”置于“技性”或“物性”之下。而今的课程改革，一改以往以知识为本、以知识体系为本，而是以促进学生的发展为本，这种对人的尊重，对学生的尊重，抓住了教育的本质，这种变革应该说是革命性的变革。教育，应是进行人力资源的开发，学生要成为人力资源，当然要促进发展。

国外母语教育在培养学生文化构成、公民意识、价值观形成以及民族凝聚力等方面不断进行研究，使之起十分重要的作用。例如，美国在 20 世纪末，曾开展大规模的“阅读挑战”，组织 100 万教师指导学生阅读，提高阅读能力，增厚文化底蕴；动用了 10 万名大学生半工半读，帮助中小学生提高阅读水平。据 1999 年调查显示，学生的阅读能力显著提升，文化构成明显改善。这是为进入 21 世纪适应时代发展而做的一项教育准备。又如，美国劳工部对 20 世纪 80 年代至 90 年代本国教育现状及 21 世纪社会对人才素质需求全面调查，深入研究，提出就业人员应具备五大能力和三大基础。三大基础：能力基础——有较高的读、写、算、听、说的能力；思维基础——能进行创造性思维，有决策能力和解决问题的能力，有想象能力、学习能力和推理能力；素质基础——责任心，自尊心，善交际，能自律，为人诚实正派。这些显然是综合素养的要求，与基础教育、母语教育密切相关。

其他如建构主义理论、对话理论、后现代课程理论等对语文教育的改革均有相当的启发。借鉴不是照抄照搬，要筛选、判断、消化，借他山之石，攻我之玉。学习别人，绝不是丢失自己。

植根于汉语本土，有浓郁的时代气息。汉语言文字特别具有灵性，创造的空间特别大。它是具象的、灵动的。由于字由形、音、义构成，学起来可左右脑并用，因形求义，因声求义，打开书本，如步入画廊，兴味无穷。与“单脑文字”拼音文字比，汉语在开发智力、陶冶情操方面具有更多的优势。汉语的文化性特别强，词汇和词组系统蕴含的民族文化非常深厚，审美的矿藏十分丰富。遵循汉语的特点与规律，课程标准从前言到目标到实施建议，渗透了母语教育的特点，注重语文应用、审美能力的培养，发挥语文课程的育人功能。课程标准强调共同基础与多样选择相统一，促进学生有个性地发展，注重探究能力的培养，积极倡导自主、合作、探究的学习方式，评价的目的、基准、功能、多元化的阐述，先进信息技术的运用，教师和语文课程同步发展等，无不贴近当代生活实际，无不具有浓郁的时代气息和鲜明的时代特征。

针对语文教育现状及存在的主要问题改革弊端，弘扬人文。任何语文教育模型的出现都有它特定的时代背景。我国经历过“知识—传授”“能力—训练”等语文教育形态的潮流，它们都是一定时代的产物，起过积极的作用。当告别了“知识越多越反动”的荒谬年代，学生对知识的渴求犹如久旱逢甘霖，知识传授在相当程度上满足了学生学语文的需求。然而，很快我们发现，教育不是培养学生成为书口袋、书橱，而是要培养他们理解和运用语文的能力。于是，20 世纪 80 年代初期，培养学生读、写、听、说能力就成为语文教育的主流。能力怎样形成呢？通过训练。在当时而言，应该是一种进步。回顾走过来的路，有两点值得深思。一是任何一种做法不可能只有利没有弊。把握“度”，透视底里，至为重要，超过“度”就“枉”，真理超越一步还会成为谬误。语文能力的形成要通过读写、口语交际的训练，本在情理之中，而题海、题库，连篇累牍的机械操练，再伴以商业炒作，高利润驱动，除了贻误学生青春，已无学理可言，语文教育出现了变异。二是随着科技发展，时代进步，社会发展对人才的需求不一样，学科教育必须与时俱进。别的不说，就是科技转化为生产力的速度也令人惊叹不已，从弄清摄影技术原理到制造出照相机，花了 112 年；电话仅用了 56 年；电视更短，仅用 12 年；太阳能电池仅用 2 年。科学技术迅速转化为生产力，对教育就提出了挑战。社会经济正进行变革，知识经济初见端倪，这种经济类型建立在知识的生产、知识的交换、知识的分配、知识的使用和知识的消费基础上，知识是最重要的生产力，教育是知识生产力。社会不是以某种能运用的技术为基础，而是以整个知识进步为基础。对人才的评价，主要不是看某一方面的技能运用，而是看人才的整个知识结构、容量、水平，知识积聚和更新的能力。显然，人的培养不以获取知识为唯一目的，而是要全面发展，有良好的综合素质。用先进理念审视语文教育现状，就会发现许多问题，许多不适应乃至相违背之处。比如学语文的目的，相当程度是为考而学，教师又不得不为考而教；学习过程，尤其是毕业年级，几乎是被机械操练笼罩，学生不读书不体验不积累的，比比皆是。效果不尽如人意，总体水平不高可想而知。相当数量学生对语文无感情，有的几乎是胸无点墨，一问三不知；喜欢语文的爱好文学的，面对标准化试题往往一筹莫展，个性化发展受到制约。语文教育失去了育人的灵魂，偏离了语文固有的规律，学生不爱学、不会学、学不好，应在意料之中。作为基础教育的核心课程之一，语文在有些学校落到“小三子”“小四子”“小五子”的地步，由于它不能立竿见影，地位可想而知，这不能不说是悲哀。教师并不愿意这样做，特别是有思想的优秀教师，“置身于考试的漩涡之中，内心充满了矛盾与苦闷”，“我不想做一个没有头脑和主见的匠人，可是现实的压力又驱使我机械地服从，去做一些我怀疑的事情，甚至是莫名其妙的事情”，“语文，本该是让心灵和意志得到最自由舒展的学科，可是现在它在很大程度上已经异化了。它消磨了众多青年师生的时间和青春，更可怕的是，它正在以一种悄悄的，也是残酷的方式，把一个个头脑变得标准和麻木”。读了这些发自肺腑的心声，我作为一名老教师，心中一阵阵震颤。为了学生语文素养的提高，为了优秀教师的健康成长与涌现，语文课程非改革不可。

综上所述，可知制订语文课程标准非主观臆断，而是由于：

1. 教育本质的呼唤

教育事业是具有理想性的事业，教育本质是增强人的精神力量。柏拉图在《理想国》中借苏格拉底之口，用“洞穴中的囚徒”隐喻说出了教育的真正含义：“真正的教育”是引导人，引导人的灵魂、精神达到真实之境，从黑暗引向光明，从意见世界引向真理世界。这种灵魂的牵引实际上就是人生境界的提升；知识、技能是帮助灵魂攀升的阶梯。我国的经典《大学》，开宗明义指出“大学之道，在明明德，在亲民，在止于至善”，学习的目的，在于彰明内心美善的德性，在于使人自新，使人处于最美善的道德境界。陶行知的“千教万教，教人求真”，也就是追求人的精神世界的高尚。英国史学家汤因比和日本的池田大作在关于21世纪的对话中谈到当代教育时，认为教育的本质不应以谋利为动机，而更应寻求存在于宇宙背后的“精神存在”之间的心灵交流，开启人的心灵与富有的大脑。显然，古今中外研究教育的大家都认为教育的本质是完善人的精神世界。现代教育使教育对象受教育的长度增加，即实施终身教育；与此同时，不能忘记教育的深度，教育最终是为人的精神生活服务。教育的本质呼唤课程制定必须对学生的成长负责。

2. 全面贯彻教育方针的现实需要

要造就新一代高素质的劳动者、建设者、管理者和领导者，必须树立正确的教育价值观念，全面贯彻教育方针。教育的浅层次价值观是教育个体发展过分注重对谋生、谋取物质利益、博取功名的追求，忽视或轻视个性充分发展及高尚境界形成的深层次价值。学校教育要使每个学生都得到比较全面的发展，全面发展是教育方针所规定的，也是实施素质教育最本质的反映。人的生命体本身蕴含着多方面发展的潜能，教育的任务就是把学生的潜能变成发展的现实能力。学生都能得到发展，不仅是民主的基本理念，而且是每个学生的基本权利，学科教学要保护并尊重这种权利，并创造条件实现这个权利。课程标准排除片面教育质量观的干扰，不停留在浅层次的价值观，是全面贯彻教育方针的现实需要。

3. 时代发展的迫切要求

社会要求学校向学生提供优质教育，培养现代化的人。人的现代化是社会现代化的根本保证。引进作为现代化最显著标志的科学技术，移植卓有成效的管理方式等对于社会的发展非常重要，但毕竟这些只是空的躯壳，关键在于运用的人。只有提高人的综合素质，有实践能力、创新精神，才能使引进的、移植的东西有生命力，在自己的土地上开花结果，才能保证社会现代化。优质教育的重要内容是各学科教育的高质量。因此，语文课程调整目标和内容，变革学习方式和评价方式，为学生的不同发展倾向提供更大的学习空间，当然就责无旁贷。

语文课程标准的研制，从语文本身的特点出发，抓住了教育的本质，着眼于全面贯彻教育方针，适应时代的迫切要求，在当今学校教育中确立语文的育人价值与意义，使语文教育健康发展。对学生和语文教师而言，应该说是一个福音。

二、核心与支柱

语文课程标准从理念到设计，从目标到实施，有许多突破性的进展，我认为它的核心是“提高学生语文素养”。课程的具体目标由此生发开来。这个核心有三根支柱支撑，这三根支柱是：“知识与能力”“过程与方法”“情感态度与价值观”。三根支柱构成语文教育的立体空间，三者整合、交融，贯串了课程标准的各个部分。

1. 体悟内涵

语文素养的支柱之一是“知识与能力”。不言而喻，语文学科要传授学生语文知识，培养学生语文能力。对此语文教师可说是轻车熟路。然而，课程标准所指的“知识与能力”不是烦琐、割裂、支离破碎、机械重复的再现，而是对以往的知识运用正确的教育理念进行筛选、提炼，取其精要加以整合。必修课程中“阅读与鉴赏”“表达与交流”等21条目标，选修课程中诸多学习的目标，其中不少阐明了这方面的要求。学生在五个方面应获得发展——“积累—整合”“感受—鉴赏”“思考—领悟”“应用—拓展”“发现—创新”，给人以耳目一新的感觉。语文能力培养方面众多，而用“应用”来总领，简明扼要，尽在不言中。

“过程与方法”是语文素养的又一支柱。与其他学科教育一样，过去往往重结论，轻过程，重教法，轻学法。这对学生自主学习、探究学习、个性发展均有相当的约束。语文教育本身应是一个动态的过程，学生学、思、议，学生读、写、口语交际。师生互动、生生互动的教学情境必然是生动活泼的，学生于其中不仅增长知识，增强能力，而且智力获得发展，情感受到熏陶。拘囿于现成结论的抄写、背诵，是绝不可能收到如此良好效果的。须知，从静态的维度看，知识是人类社会实践经验的总结；从动态的维度看，知识更是认知的过程，是探求知识形成的过程、重视教育的过程，学生能充分发挥学习主体的作用，在探求知识、寻求结论的过程中，掌握学习方法，学会学语文。

“情感态度与价值观”不能停留在表面理解，要深入一点，广泛一点。情感，既指学习动机、学习兴趣与学习热情的激发，更指内心体验的注重和心灵世界的丰富。态度，既指学习态度、学习责任心的培养，更指求实的科学态度、乐观的生活态度、宽容的人生态度。价值观，既要考虑个人价值与社会价值，又要考虑科学价值与人文价值，还要考虑人类价值和自然价值，强调它们之间的统一与和谐，追求真善美的境界。情感、态度、价值观，犹如心灵世界的阶梯，由低级向高级发展。

三根支柱不是孤立的，而是相互渗透、融合，构成语文教育丰富多彩的整体。

2. 把握实质

核心与支柱的确立，由语文课程的特点所决定。

对语文课程的特点，从不同的角度观察，可以有不同的认识。说得最多的是工具性、人文性、实践性、综合性。语文是最重要的交际工具，是人类文化的重要部分，工具性与人文性的统一，是语文课程的基本特点。众所周知，汉语言文字不是单纯的符号系统，它有深厚的文化历史积淀和文化心理特征，是认识世界、阐释世界的意义体系和价值体系，符号因意义而存在，离开意义，符号就不成其为符号。因而，它不仅具有鲜明的工具属性，而且具有鲜明的人文属性。二者是一个统一体的不可分割的两个方面。没有人文，就没有语文这个工具；舍弃人文，就无法掌握语文这个工具。通俗地说，语言文字是表情达意的，把“表”“达”与“情”“意”割裂开来，或厚此薄彼，乃至只承认此不承认彼，又怎能算是语文呢？语言是生命之声，语言活动是生命的活动，无论是口头的还是书面的，都是表“情”达“意”，离开了“情”和“意”还有什么语文可言？谢慧英先生说得好：“母语的学习必然承载着这些历史的、人文的复合因素，深刻地影响着学生的精神世界。因此，从长远看，语文教育应承担着改造国民素质、重铸人文精神的重任。认识语文教育必须超越实用主义的局限，从精神的拓展、从人的发展的高度去把握，才能领会语文所包蕴的丰富的内涵。”这段洞悉事物底里的论述符合时代的潮流，符合世界许多国家母语教育的走势，有助于加强对语文课程性质的认识。

其实，语文教学中教育性的问题并非是什么新课题，并非是别出心裁想出来的，更不是要语文负载外加的累赘。语文育人的优秀传统且不说，就是20世纪90年代初初级中学语文教学大纲“教学目的”中也这样表述：“在小学语文教学的基础上，指导学生正确理解和运用祖国的语言文字，使他们具有基本的阅读、写作、听话、说话的能力，养成学习语文的良好习惯。在教学过程中，开阔学生的视野，发展学生的智力，激发学生热爱祖国语文的感情，培养健康高尚的审美情趣，培养社会主义思想品质和爱国主义精神。”20世纪90年代中期的高中语文教学大纲也有类似的表述。只是在教育实践中由于种种因素（如升学考试等）影响与干扰，把第一句话推到极致，丢掉了第二句话。而正由于对后者的忽略与丢弃，让前者的预期效果难以实现，“养成学习语文的良好习惯”往往成为一纸空文。

人们的认识总是在实践中不断开拓前进的。从语文应担负的目的任务提高到对学科性质的认识，不能不说是思想的飞跃。这种思想的飞跃基于先进教育理念的冲击、语文学科本身的发展、大量教育实践的反思、社会发展的需求、国外母语教育的借鉴，其中学理的探求、反思的苦痛、利弊得失的权衡，非语言能一下子表述清楚。但是，它清晰地表明，这种性质的界定是有依据的，它坚定地着眼于以促进学生发展为本，科学地遵循语文蕴含的固有规律。抓住了语文课程的基本特点，教师的思考从线性走向多维，语文教育全盘皆活，就能以其丰富性哺育学生成长。学生在语文素养养成与提高的过程中，既获得了扎实的语文基本功，又获得了科学精神、人文精神的熏陶，潜在能力、创新能力也得到了开发。

三、实践与探索

语文课程标准的诸多理念、做法要在教材中得到体现，教材编写者不仅要认真学习，具体领会，更要创造性地实施。教师要依据语文课程标准进行教育，当然须有学习理解的过程。理解得越深，自主性越强，越能有创造性，越能取得良好效果。

认识指导实践，但实践毕竟是检验真理的标准，加强实践与探索，不仅有助于对理论的认识与领悟，而且能丰富乃至修正认识。当前的语文教育恐不应等待新编教材出来才改革，而是应以语文课程标准的精神为指导，进行有目的的实验，提高认识，积累经验，逐步改变语文教育在某些方面某种程度上被扭曲的状况。是否可先从以下三个方面考虑：

1. 牢固树立以促进学生为本的思想

李政道先生在讲述西南联大办学功绩时，深情地说："西南联大是以培养人为中心的。"应该说，"培养人"三个字道出了教育的根本，掷地有声。然而，办学者、教师真正做到却绝非易事。见"技"不见人，见"分"不见人已司空见惯。学科教育的终极目标是培养人，教育过程是培养人，知识技能是培养人的有机组成部分，是人的成长不可或缺的阶梯。

要目中有人，树立以促进学生为本的思想，须注意解开三个思想疙瘩。一是外塑与建构的问题。学生是学习的主体，学习的质量如何、语文素养如何，不能只靠教师外塑，还要靠学生主动性和积极性的发挥。任何高明的教师不可能代替学生学习，代替学生成长。学生的认知离不开他已具备的知识基础、能力基础、学习与生活的经验。学生的认知过程就是学生认知结构在认识与实践中不断主动建构的过程。教师确实不能包打天下，而且也包打不了，教师施教之功是调动学生学习语文的内驱动力，促进他们发展。二是师生定位问题。学生是活泼的生命体，不是无生命的容器，听凭灌输；教师不是语文知识、语文能力的二传手、搬运工。要让学生走进语文，不是只听客观介绍，隔墙看花。《牡丹亭》里杜丽娘说："不到园林，怎知春色如许？"确实如此，"朝飞暮卷，云霞翠轩；雨丝风片，烟波画船"，"生生燕语明如剪，呖呖莺歌溜的圆”，不亲眼看、亲耳闻，怎会有亲身体会？如历其境与身历其境是有极大差别的。学生应亲历语文之境，进行语文实践，提高语文能力，增强语文素养。教师是语文教育的组织者、指导者、启发者，既参与，又指路，有时也可领跑示范。三是少数尖子生与全体学生的问题。尊重与爱护学生是新世纪教育改革的新起点。最新研究成果表明，每个常人身上蕴含着有待开发的巨大潜力，这是面向全体学生，提高每个学生语文素养的前提与依据。人是多样性的，在智能方面往往各不相同、各有所长。学生有差异，每个学生都是独一无二的，因而，教育者对学生的个体性、独特性、多样性应给予充分的尊重。要提高全民族素质，就不是只培养好少数，而是要面向全体学生；不是让所有学生适应“标准化”的语文教育，而是语文教育通过自身的改革，以其丰富性、多样性去适应与满足学生的需要。

解开思想疙瘩，师生也就逐步从技术主义的桎梏中解放出来，按照人的发展规律与语文教育规律去教语文、学语文，师生都有了自我发展，有了自主教与学的空间。

2. 掌握语文教育个性特点，发挥语文课程的多重功能

较长时间以来，语文教育的实用功能受到重视，并通过多种方法加以落实。而对它的发展功能、教育功能、审美功能等，既缺乏足够的认识，更谈不上认真落实。从这次课程改革的前期调查研究来看，课程目标在学生身上的体现是，有较好的基础知识和基本技能，而社会责任感和道德水平、价值判断的能力和批判性思考较差。这不能不说是学科教育的缺陷。语文作为育人功能独特的学科，当然不能推卸责任。

语文由于其个性特点，在培养学生的任务中必然有多重功能，关键在于教师意识到没有，施教时有无自觉性。

语言的发展与人的成长、发展密切相关。语言是人的重要智能，语言的

发展能很好地促进人的观察力、记忆力、想象力、思维力、创造力的发展。语言和思维、情感同时发生，语言规范、生动、严密、流畅，思维的敏锐性、逻辑性就能获得锻炼与发展，情感也会日益丰富。进行语文教育，只要重视、发挥发展功能，紧扣语言文字特点，那么，开发学生智力，激发学生情感，应该是水到渠成的。

语文的教育功能、审美功能也是显而易见的。语文教材中精选的优秀诗文、经典名著都诉说着一定时期的文化，表现特定人物的思想与情感，引导学生阅读它们，就是让学生穿越时空，和圣者、智者对话，和先驱者、跋涉者交流，感受伟大的心灵、深邃的思想、超凡的智慧和创造的力量。进行语文教育，带领学生在咀嚼、品味丰富多彩、文情并茂、文质兼美的语言材料的同时，必须在“情”“质”上下功夫，发挥语文熏陶感染的功能。学生在学习语文的过程中，既感受、体验到语言文字表达情意的表现力、生命力，又受到优秀文化的熏陶，有利于开阔视野，提高审美情趣和精神品格，形成奋发向上的人生态度。在多元文化并存、外来文化扩张冲击下，母语教育更要坚守育人的重任，以丰厚灿烂的中华民族文化精华哺育学生健康成长，培育民族自信力，铸就一颗中国心。

发挥语文课程多重功能，既由语文性质所决定，又是实现课程目标的必由途径。它能去除教学中的“匠气”，展现教师的天职。

3. 倡导自主、合作、探究的学习方式

学习方式的转变是时代的呼唤。有个性的自主学习的方式，是语文课程改革的重要组成部分。构建这样的新的学习方式，首先须清醒地认识到，信息化社会来临之际，信息急剧膨胀，新知识新技术如潮涌，学生在学校学习，不可能掌握与储备日后必须用到的众多知识与技能。学校教育只能传授他们终身发展必备的基础知识和能力，更重要的是引导他们学会学习，具备获取新知识、新信息的能力。语文陪伴人的一辈子，书是读不完的，关键在培养学生求知的浓厚兴趣与内在动力，激发他们酷爱读书，指导他们学会读书。学生如果没有主动学习语文的态度，不会自主地阅读、表达、学习，就不是真正学会学语文。

其次，要着力构建新型的师生关系。新型师生关系是这种学习方式的基础。教师是学生学习的组织者、引导者，“师傅领进门，修行在自身”，教师指导学生在语文天地中遨游，辨别、品尝、探源、究根，心灵解放，能量释放。师生之间是平等的关系，不是以往的灌输与接受、指令与服从。

应该说，教师的语文素养总体是超过正在求学的学生的，但教师不可能全知全能，在每个方面都超过学生。平等对话，思想碰撞，就会溅出火花。当思想高度集中时，有些学生就能超水平发挥，不仅同学之间受鼓舞，教师也会深受启发。

教学过程是师生共同参与的脑力劳动过程，教师与学生之间、学生与学生之间平等对话，共同琢磨讨论，学生的发现能力、质疑能力、思考探究能力、口语交际能力就会得到有效的锻炼，文本阅读、学习就不会浮在表面，而会纵向深入、横向扩展，形成发自内心的独特体验与感受。新的学习方式一旦建立，课堂上就会形成思想、知识、情感、能力、态度、价值观等交流的网络，在合作、探究过程中，学生增加了选择性，常会出现“神来之笔”，令人振奋。开辟了个性化学习天地，课堂上就不是只有一个“发光体”——教师，而是“能者为师”，每个学生都会发光。学语文成为一种生命的活动，充满了激情和智慧。

语文课程标准内容丰富，理念先进，留给教师极其广阔的创造空间。教师深入学习，在实践中尽心探索，必能使学生深受其益。

○ 聚焦在文化认同上[①]

《教育新观察》2005年3月在《谁动了我们的“母语权”》一文前有这样一段话：

汉语的丰厚悠久和诉诸直觉的灵性，几乎令世界上其他文字无法望其项背。然而，中国人从来没有像今天这样几乎疯狂地学习英语。蓦然之间，我们发现汉语似乎已经不再重要，人们的求学和晋升必须依靠一门本不属于我们的语言。汉语沦为二流语言了吗？我们没有说母语的权利了吗？谁动了十三亿中国人的“母语权”？

话说得很重，到了触目惊心的程度。然而，它反映的又是不争的事实。幼儿园的孩子要熟练地用英语背唐诗；双语班外文和中文的学习比例小学为8∶2，中学为6∶4；英语证书是求职的敲门砖；英语是评定职称的门槛；大学生求学花在外语上的工夫大大多于攻读专业课程的时间，凡此种种，不胜

① 本文发表于《中学语文教学参考》2005年第8-9期。

枚举。形成这种局面，原因复杂多样，非我辈能左右。但我们语文教师必须直面这种情况，认真思考，寻觅良策，提升语文的价值与功能。

站在文化的平台上

教语文，必须站在文化的平台上。

忽略了这一点，语文教学就会在有意无意之间降格为技能技巧的操作，就会有悖于实施素质教育的宗旨。

汉语是联合国的六种工作语言之一，也是世界上使用人数最多的语言，我们理应为之骄傲与自豪，无须感到自卑。然而，由于外语的过分炽热，汉语被冷落，我们不那么重视母语了。由于母语和外语的本末倒置，有些研究生组织不好一篇像样的论文，锦绣文章更是罕见，汉语运用中的粗糙化、低俗化比比皆是，屡见不鲜。汉语的纯洁性及其蕴含的极其深厚的中华文化面临着严峻的挑战。

世界上各民族的语言都是本民族的文化地质层，它们记载着这个民族物质和精神的历史。讲语言，必然与文化血肉相连。语言本身是一种工具，但同时，它又是一种文化，一种语言是一种文化的承载体，对于培育民族精神，孕育民族情结，发扬民族文化有极强的凝聚作用。汉语言文字记载着中华数千年的古老文化，这个“形体”不是无生命的僵硬的符号，而是蕴含着中华民族独特性格的精灵，它本身就是文化。汉字是象形表意的文字，常诉诸视觉形象，能给人以丰富的感性认识，与西方拼音文字迥然有别。西方文字着力于听觉与抽象概念。只要稍加比较，就清楚明白。自古至今，文化随着文字的记载、文字的运用而传承和发展，文化是语言文字的命脉。

有人说：“母语是父母给的，母语是家给的。家给的语言，是一种有形无形、有声无息的存在，是历史流注的民族精神，是万方辐辏的智慧融合。

她宽厚地孕育涵养着每一个子民，全息地体现着民族流动不息、丰富多彩的生活。”确实如此，母语教育绝不是识多少字，背多少词，做多少练习，写几篇文章，而是使学生在理解祖国语言文字的同时，受到民族文化的教育、民族精神的熏陶和民族情结的感染。余光中先生说得好：“中文乃一切中国人心灵之所托，只要中文长在，必然汉魂不朽。”

就拿字来说，传说仓颉造字，弄得鬼神不安，竟至于“天雨粟，鬼夜哭”。文字的魔力可谓大矣！其实，教学生识字，辨别字形、字音、字义时，就是在传承先民造字的文化。字的造型是了不起的文化，有了文字，人类社会的文明就大大跨前了一步，它传达思想、情感、意志，传久行远。如“山”是象形字，甲骨文字形正如山峦起伏的样子：“”，像隆起的三座山峰；到小篆，“山”成了“”形，是地面上隆起的地貌，有一定的高度。“嶽”（“岳”的繁体），形从“山”，声从“狱”，形声字，表示高大的山脉。“嵩”，由“山”“高”二字组合而成，表示山大而高，是会意字。“岔”是会意字，由“分”“山”二字组合而成，表示山被分开歧出，为“山岔”，引申指河流、道路的分歧。“峡”，由“山”“夹”二字组合而成，表示两山夹着水，河道在两山之间，也用来表示两山之间狭深的地方。可以看出，无论是象形字、会意字还是形声字等，都反映了先民认识事物、思考问题的文化。站在文化的平台上来看，一个个字都是鲜活的、有生命的，可以从那一幅幅画、一个个故事中受到多种多样的启发。学生掌握了字形，理解了字义，读准了字音，就不会求助于无数次的机械操练，而是通过辨别、思考，在理解的基础上记忆。

有时一首小诗看来通俗易懂，稀松平常，但诗中涉及的时间、地点、人物的背后往往会有令人深思乃至令人震撼的故事。杜牧的《清明》诗，儿童都能背得滚瓜烂熟。“清明时节雨纷纷，路上行人欲断魂。借问酒家何处有，牧童遥指杏花村。”清明时节，行路人路上遇雨，盼望能找个酒店，避雨，歇脚。“清明节”，都说是祭扫祖先的日子，它是怎么来的呢？有文化内涵。两千多年前的春秋时期，晋国公子重耳逃亡国外避祸，流亡时饿极，其随从介子推不得不从自己腿上割下一块肉让他充饥。十九年后，重耳做了晋国的国君，即晋文公。他即位后，介子推带着母亲去绵山隐居，拒受封赏。介子推孝顺母亲，晋文公认为放火烧山，会把介子推逼出山来，哪料介子推母子均被大火烧死。后人更传说介子推死前写下遗诗一首：“割肉奉君尽丹心，但愿主公常清明。柳下作鬼终不见，强似伴君做谏臣。倘若主公心有我，忆我之时常自省。臣在九泉心无愧，愿政清明复清明。”此后，晋文公下令，把介子推烧死那天定为“寒食节”，严禁烟火，只吃冷食，并规定祭奠介子推；有说以“清明节”来纪念介子推。至于以后如何演变到人人祭拜各家祖先，就无可查考了。然而，根据史料记载，或根据传说，就可领悟到人的思想、道德、愿望、追求，人的行为、语言，人与人之间的关系，如主从关系、母子关系、君臣关系等，这些都在人文范畴之内，都洋溢着浓郁的文化气息。

一首小诗中提到一个民俗，就可让人知晓其中的感人故事，其他如端午节、中秋节等无不如此。中华文化深厚，源远流长。从这个层面上认识我们的语言文字，理解要学习的诗词文章，不仅能准确地把握文学的“形体”，而且能洞悉“形体”内蕴藏的“神韵”，形神俱备，教学就会打动学生的心灵。

我们常带领学生诵读、背诵山水诗。凡有名胜之处，几乎都有古迹，中华文化平铺在祖国九百六十多万平方千米的土地上。如杜甫的《登岳阳楼》，诗的意境十分广阔宏伟。杜甫晚年游洞庭湖名胜，登上岳阳楼古建筑，亲眼看到这一片湖光山色的美景。诗的首联是：“昔闻洞庭水，今上岳阳楼。”

究竟是怎样的美景呢？诗的颔联这样描绘：“吴楚东南坼，乾坤日夜浮。”洞庭湖广阔无边，划分开吴国和楚国，日月星辰都像漂浮在湖水中一般。仅仅十个字，就把洞庭湖水势浩瀚的形象、豪迈的气势给描绘出来了。杜甫晚年漂泊西南，居无定所，故接着一联写道：“亲朋无一字，老病有孤舟。”泛着一叶扁舟，到处漂流。尽管政治生活坎坷，壮志难酬，但杜甫毕竟是杜甫，尾联仍然表现忧国忧民的广阔胸襟：“戎马关山北，凭轩涕泗流。”眼望着万里关山，想到天下到处兵荒马乱，诗人倚凭栏杆，北望长安，禁不住涕泗滂沱，声泪俱下。游览与抒怀、喜悦与伤悲交织，自然界的宏奇伟丽与社会上百姓的颠沛流离相映，诗人的多难遭遇与“致君尧舜上，再使风俗淳”的抱负的强烈反差，构成了诗的意境、诗的灵性、诗的精神。看似写山水，实则借景抒怀，有深厚的文字底蕴。吴、楚历史是铺垫，一个“东南坼”，活画出洞庭湖的气势。前人写诗，日月在湖中、在海中的物象，信手拈来，就炼成“乾坤日夜浮”的佳句。有名胜，就有古迹。洞庭湖浩浩荡荡无边无际之势，均为登上古迹岳阳楼所见，滕子京重修岳阳楼是后事。“戎马关山北”是现实，写山川含历史，讲现实含文化，也就成了历久不衰的名篇。历代许多名家写山川古迹的作品，意味隽永，是语言文字的宝库，也是思想文化的宝库。

随文渗透，不露痕迹

改革开放的深化，为我们创造了一个更为开放的环境。多元经济并存，多元文化碰撞，有利于学生开阔眼界，增进对世界文明成果的了解。尽管我们的学生对实现中华民族伟大复兴的事业充满热情与期待，但多元经济、多元文化承载的不同的意识形态、价值观念和生活方式，也潜移默化地影响着学生的思想观念。一些学生不同程度地存在国家意识淡漠，民族自信心和自豪感减退，对民族优秀文化传统漠视，对中华民族的归属意识不强等现象；在行为表现上，诚信、社会责任感、勤俭自强精神、和谐相处能力等也有相当薄弱之处。面对新情况下出现的新问题，我们要研究教育的针对性，寻觅和创造行之有效的对策，真正做到以促进学生的发展为本，让学生身心均获得健康的发展。学科教学是培育学生成长、成人的主渠道，学生在学校的大量时间在课堂里度过，接受怎样的教育，直接影响知识、能力的增长，情感态度与价值观的形成，我们千万不能掉以轻心。语文教育从事的是母语教育，有传承和弘扬中华优秀文化的天然优势，当然应该义不容辞地担当起民族精神教育的责任，尤其在文化认同教育方面应有所作为。

首先，要十分重视民族语言文字的教育，切实落实课程标准中“应培育学生热爱祖国语文的思想感情”的要求。教学中要引导学生了解语言文字是民族意识、文化传统和道德观念的载体，关系到国家的统一、民族的团结、社会的进步和国际的交往。学生在学习、使用祖国的语言文字时，要感受语言文字丰富的文化内涵和审美价值，提升自己的文化品位，深化热爱祖国语言文字的感情。这种教育可进行专题讲座，可开展课外活动，但主要应在课堂内进行，随文渗透，相机而行。比如带领学生学习都德的《最后一课》，学生往往被这篇短篇小说的悲剧美所感动，从小弗朗士和韩麦尔先生的身上，清晰地看到了亡国使法兰西人民宁静、自由的生活遭破坏，取而代之的是占领者施加的无比沉重的痛苦。更使学生感动的是文中有关语言的阐述。“法国语言是世界上最美的语言——最明白，最精确”，“我们必须把它记在心里，永远别忘了它，亡了国当了奴隶的人民，只要牢牢记住他们的语言，就好像拿着一把打开监狱大门的钥匙”。紧扣这两段话，可从两个方面渗透民族语言教育。一是移情，移到对祖国语言的赞美。用学生的问题激起波澜。有学生读到前一句话时突然发问：“韩麦尔先生说法国语言是世界上最美的语言，是这样吗？那我们中国的语言呢？”教室里沸腾起来，大家七嘴八舌，教师相机行事，肯定学生的认识，举一两个典型例子让学生沉浸在民族自豪的感情之中，盛赞祖国语言的优美。二是带领学生推敲第2段话蕴含的深意时，可辅之以一些名言助学生深入思考，如梁启超说：“欲新一国之国民，必新国民之精神，欲新国民之精神，必新国民之语言。”法国总统戴高乐说：“语言是一个民族最宝贵的财富。”苏联作家帕乌斯托夫斯基说：“根据每个人对待本国语言的态度，不仅可以非常准确地断定他的文化程度，而且还可以断定他的公民价值。”还说：“没有对本国语言的爱，对自己国家的真正的爱就是不可思议的。”引导学生理解语言是一个国家、一个民族存在与发展的标志，如果某种语言消失，就意味着这个国家、这个民族的彻底灭亡。因而，韩麦尔先生的那段话十分深刻，说到了语言的本质，说到了民族语言和国家、民族的血肉联系。

至于教本国的诗歌、文章，语言文字的美可说是无处不在。比如写字，汉字具有诱人的形态美。同样是方块字，写起来却可千姿百态。一个字犹如一幅画，有粗，有细，有直，有曲；结构的方式多种多样，有上下的，有左右的，有内外的；各部分之间讲究比例，讲究间架，讲究匀称，讲究整体美。那种一节课下来，黑板上一个字都没有，只会打电脑，只用多媒体的课堂，汉字教学无形中被弱化，就语文教学而言，是不可取的。又如词语的辨别，要让学生体会到汉语同义词的丰富和近义词之间极其细微的差别。就拿“看”这个最普通的字来说吧，与它意义相近的词可列出近百个，有常用的口语“瞅”“瞟”“瞧”，有书面用语“睥睨”“谛视”“骋目”“凝眸”，有看的角度不同——“觑”“俯视”“仰望”，有看的程度差异——“瞪”“瞥”“扫”“盯”，有看的范围大小——“顾盼”“环视”“纵观”，等等，不一而足。在怎样的语言环境里选用怎样的词语，须深入理解，辨微析毫。只要认真咀嚼推敲，不仅能选准表意中的“那一个”名词、动词、形容词，而且可以进入词汇宝库觅宝，其乐无穷。随文辨析词语，能让学生从具体、生动的例子中体悟到祖国语言文字反映了数千年中华民族深厚的文化，增强对母语热爱的感情。

其次，要随文进行民族历史教育、革命传统教育和人文传统教育，以中华民族在文明创造过程中展现的执着追求的精神风貌陶冶学生情操，使他们明确自身肩负的历史使命；充分利用语文学科中包含的中国哲学、历史、文学、艺术、教育、民俗等多方面资源，对学生进行优秀人文传统的教育和熏陶，引导他们热爱民族文化遗产，传承中华民族的传统美德，继承中华民族的人文传统。

例如，孟子的《鱼我所欲也》这篇文章，选自《孟子·告子上》，孟子的性善学说主要表现在此篇。文章重点论述了“舍生取义”是人的本性。人生有各种机遇，也存在各种抉择，何舍何取要合乎做人的准则。孟子在文中阐明：为了“义”，生命也可放弃，在任何时候，都不能迷失人的“本性”——“非独贤者有是心也，人皆有之，贤者能勿丧耳”。文章先以比喻说理，提出“舍生取义”的观点，然后进行逻辑推理，得出结论，当二者不可兼得时，人们会舍生而取义；论述了人人皆有的本性不能迷失。再用事实证明观点，正反论证，再次证明“舍生取义”是人的本性的中心论点。什么是“义”，如何对待“义”，古圣先贤在不同时代不同情况下作了诸多精辟论述，许多志士仁人为国为民身体力行，实践着舍生取义的壮举，留给后世无尽的思考和永恒的怀念。孟子站在人性的高度，用层层对比的方法生动形象地阐明“义”比生命更重要，批判、抨击见利忘义的种种行为。数千年来对生命的价值与意义的探讨、寻求，形成了中华文化优秀传统中的宝贵财富，时至今日，不仅有历史意义，而且有现实的教育意义。

带领学生学习这样的课文，在疏通文句、重点把握几个文言词语和句式的同时，至少在以下几个方面可引导学生：1. 借语言的形象、生动，推理的精密，例证的褒贬，让学生反复诵读，读出文章的精魂，让“义”——生命的价值与意义，让“非独贤者有是心也，人皆有之”在学生脑中留下深刻印象。2. 紧扣有关语句，化概念为具体，增添感性认识，帮助理性思考。如“所欲有甚于生者，故不为苟得也”，“所恶有甚于死者，故患有所不辟也”，让学生明白哪些“欲”“甚于生”，哪些“恶”“甚于死”，褒扬高尚的思想、高尚的情操，斥责卑鄙、枉法、贪赃等黑暗心理、卑劣行径，使学生在熏陶感染中提升辨别能力，追求美好。3. 让学生在诵读、理解的基础上，联系实际，评价文中观点的意义。探讨在社会转型期，青少年究竟应该树立怎样的价值观；哪些人仍然把“义”作为自己的主心骨，甚至舍生取义。

不管从哪个角度切入，都要尊重课文本身，挖掘其丰富的内涵，培养学生赏析、判断的能力，绝不是穿靴戴帽，外加什么东西。深入阐发内涵，不泛化，不面面俱到，突出重点就行。至于是感情的激荡，理性的思辨，还是二者结合，须视教材特点、学生对象而定，没有固定程式。

语文教材中许多诗文都从某一个侧面反映了中华传统美德。在金钱至上、见利忘义的社会，人情必然薄如纸，一碰就破，乃至不碰就碎。传统美德十分看重人与人之间的情义，父母情、兄弟情、亲朋情、师生情、故乡情、山水情等，举不胜举。有时一篇短文写家常琐事，因为浸透真情，故而非常感人。如归有光的《项脊轩志》，文字平淡，但其中蕴含着极为真挚的人情。今昔盛衰的悲凉，物在人亡，睹物思人之惆怅、悲凉渗透纸背。老祖母的垂问、关爱，“吾儿，久不见若影，何竟日默默在此，大类女郎也”“比去，以手阖门”的细节令祖孙情跃然纸上；母亲时刻关心儿女饮食起居，一听到哭声就叩门扉，“儿寒乎？欲食乎？”，慈母情刻骨铭心；“庭有枇杷树，吾妻死之年所手植也，今已亭亭如盖矣”，睹物伤情，夫妻恩情尽在不言中。长辈和妻子对自己情深意切，因而，忆往事如在昨日，“泣”“长号不自禁”，悲从中来，泪湿阑干。对妻子的感情更是深沉含蓄，以至“室坏不修”。把文中语言、动作、情态蕴含的真情挖掘出来，以情激情，滋润学生的心田，就会培养出对长辈的感恩之情，对同辈对他人的深厚情谊。一个人如果对长辈对家里人都缺情少意，怎可能有心怀天下的胸怀，爱祖国爱事业呢？在熙熙攘攘追求个人利禄的时尚风气下，把爱撒播到学生心中，犹如甘霖洒到禾苗上，让他们茁壮成长。

思想内容和语言文字应力求随文渗透，不露痕迹。实际上这二者水乳交融，浑然一体。语言文字的表现力、生命力得到准确的阐发，文章的思想就闪出光芒；文章蕴含的思想、情感得到准确的阐发，语言文字的魅力也就充分显现。问题在于，我们有时把“二而一，一而二”的东西人为地割裂开来，其结果不是这里缺失，就是那里缺失，价值与功能都被弱化。比如有些教材教育功能十分显露，只要方法得当，学生就能受到熏陶。革命传统教育教材《清贫》即如此。方志敏身为“高官”，经手的款项有数百万元之巨，自己却一贫如洗，“确实是一个铜板也没有”。这种舍己为公的共产党员的美德是通过“一桩趣事”来揭示的，因而事情的来龙去脉，具体场景，人物对话、表情、动作等，要让学生通过朗读去体会、感受，特别是方志敏的语言，要读出浩然正气，读出从容、坦然。在朗读、理解的基础上，思考这些语言的分量，思考为什么要用诙谐的口气说明自家的“传世宝”。一个人的言行是思想道德的反映，受思想道德的支配，为什么方志敏能一向过着清贫、洁白朴素的生活？今日他的价值与意义何在？组织学生展开讨论，各抒己见。学生能懂得什么是共产党员美德，什么是优良传统，懂得丢弃优良传统是背叛的开始，心灵由此受到洗礼，“矜持不苟，舍己为公”“清贫，洁白朴素的生活”等观念就会印在脑子里。

课教得清楚明白已十分不易，要教到学生心灵深处就更难了，靠的是“随风潜入夜，润物细无声”，点点滴滴入心头。

变无意为有意

只要是美文佳作，其中包蕴的文化内涵、人文精神必然可圈可点，因为这是文章的客观存在，并非什么人任意外加。然而，为什么有些充满激情、充满智慧、充满深刻内涵的佳作，学生学起来并不振奋、味淡趣寡呢？关键在文章的精神没教出来，人为地使文章“失魂落魄”，站立不起来。对学生进行语言文字的教育，培育学生阅读、表达的能力，这是天经地义的，丝毫不能放松。然而，文章的精魂出不来，又怎能充分发挥它的育人功能呢？当然，也包括语言文字使用的准确、精当、深刻、含蓄，鲜活的表现力与生命力。倒不是执教者故意如此，而是这方面缺少强烈的意识，无意探究底里罢了。

要使所教的文章如其原样站立起来，学生从课文的学习中受文化认同之益，教师就要变无意为有意。钻研教材时从语言文字到思想内容的探究，从思想内容到语言文字的咀嚼、体味，都要反复推敲，文章的精、气、神就会显露无遗。我们常说，学生浅阅读对长知识、长见识、长能力、长思想帮助甚微，如蜻蜓点水，总难领略水的温存、水的多变、水的活力。学课文也是一样，如果只是浏览，粗知大意，或只在文字上做些表层的推敲，就会像浅阅读一般，一篇篇文章如流水般流走，留不下痕迹，更不用说镌刻在心了。

变无意为有意，首先要树立一个高度。任何一个学科教学都是为培养人这个大目标服务的，语文学科也不例外。把带领学生学习语文，学习一篇篇课文看作育人必不可少的有机部分，眼睛就会明亮起来，就会发现文字背后的宝藏，就会聆听到文字向你诉说的深意。因此，站在育人的高度钻研教材，就能慧眼识别文章的真谛，向学生输送育人的琼浆。其次是要弄明白什么是文化认同，它有哪些内容；所教课文蕴含的文化认同内容是哪些；学生在相应的问题上鲜活的思想动态是什么；应设计怎样的教学过程以实现中华文化的认同感、归属感。弄清楚这些问题，就能把握住所教课文的个性特征，确定重点，因势导引，而不会乱联系，乱发挥，乃至无中生有，把语文课弄成“四不像”。

例如，《向中国人脱帽致敬》是一篇弘扬民族精神、坚持文化认同的显性课文，要让学生懂得文章记述的这堂对话课绝非一般的师生对话，而是斗语言艺术的课，斗智慧的课，斗民族志气、民族自尊的课。即使这样显性教育的课文，同样不能空讲大道理。课文的特色是语言艺术，而这语言艺术又是通过环环相扣、步步紧逼的材料组合来实现的，故而须牢牢抓住这个特点。“刁难”“我”的教授问了一系列问题，这些问题分为几组，由问工作入手，进而问来自哪里，再进而问中国富强的标准；每一组又有若干小问题，特别是对于台湾问题揪住不放。这些问题怎么问，又怎么答，如不深思熟虑，成竹在胸，就不可能问得“刁钻古怪”，答得义正词严。这就不能用一般朗读的方法来处理，而是要创设对话场景、氛围，用说话的口气来表现。起始的问答比较平和；发展进程中犹如“拉锯战”，几度纠缠，气氛开始紧张；触及国家尊严是问题的实质，紧张气氛加剧；最后气氛急转，由紧张而缓和而轻松。一方步步紧逼，一方寸步不让，说话的意图、气势、分寸、分量，生动形象而又准确无误地表现出双方各自的思想、气质，敏锐、深沉，语言锋芒旗鼓相当，而答方的睿智、不屈、自尊自傲更胜一筹。表面看来，一攻一守，其实，答方守中有攻，节节取胜。比如，“先生，我没有听清楚您的问题”，表现了欲擒故纵；“只有一个中国，教授先生，这是常识”，这是反击，严肃中有几分调侃，几分奚落；“最起码的一条是：任何一个离开国门的我的同胞，再也不会受到像我今日承受的这类刁难”，更是字字铿锵；再伴以“我”“竟恨得牙根儿发痒，狠狠用眼戳着这个刁钻古怪的教授”，捍卫国家尊严、大义凛然的形象如在眼前。捍卫国家尊严的人必然受到尊重，这位教授大声宣布“向中国人脱帽致敬”，不是向一个学生，而是向中国人，不仅“致敬”，而且“脱帽”以表示真诚。显然，抓住文章的个性特点，挖掘语言的内涵，文章的精髓就会闪光，给学生以熏陶感染，乃至形成对心灵的冲击力。

讲究文化认同，绝不是排外。中华民族历来有吸收外来文化的优良传统，择优秀者兼收并蓄，在“化”上下功夫。今日改革开放的新时代，善于借鉴，善于吸收，更是非常必要。然而，在借鉴、吸收的同时，必须“以我为主”，有中华文化的主心骨。如果学习外国而丢失了自己，那必然事与愿违，结局可悲。作为语文教师，确实要清醒地认识这一点。

○ 语文教育要致力于拥有自己的话语权[①]

我们首先要想一想，为什么我们的语文教学一定要培养孩子的读写能力。这“读”大家讲得很多，我就不重复了。但是这个“写”我不知道我们年轻的同志考虑了没有，写的能力是一个话语权的问题。

从19世纪、20世纪初以来，西方的话语权随着它的军事扩张、经济扩张，一直到今天的思想霸权、金融的扩张，是波及世界的。我们过去读历史往往只看到西方经济上的殖民、军事上的殖民，实际上文化上的殖民也是非常厉害的。现在的母语教育为什么那么困难？因为我们的孩子基本上是在“三片”这样一个西方文化氛围中成长起来的。

第一是“好莱坞大片”。有了好莱坞大片以后，就有好莱坞文化，从此文学艺术就被拉下了神圣的讲坛。好莱坞文化就是娱乐化。娱乐化发展到今日，很多人娱乐至死，游戏人生，娱乐人生。我们整个社会的高雅文化非常难坚守，而对低俗的娱乐文化，没有生活经验、少有文化积淀的孩子，几乎

① 本文发表于《语文学习》2013年第1期，是作者在第八届上海市中青年语文教师论坛上的发言。

照单全收。

第二是“薯片”。记得20世纪80年代看到一则消息，法国的厨师上街游行，抵制美国的垃圾食品，当时很不能理解。现在看来饮食文化其实是非常重要的。人每天都离不开饮食文化，现在有广告说“肯德基是家乡鸡”——肯德基怎么能说是中国的家乡鸡呢？薯片文化已经覆盖了我们的餐桌，肯德基、麦当劳等。我们现在的小孩子的口味不一样了，这是从薯片开始，从薯片文化开始的。

第三是“芯片”。美国比较早就进入知识经济社会，一个比尔·盖茨的微软帝国支撑了多少年啊。什么叫知识经济社会？它是以知识的生产、交换、分配、使用和消费为特征的，知识就是重要的生产力，教育是生产知识的生产力。知识是生产力，比尔·盖茨没有盖多少大的厂房，但他一个软件就可以覆盖全世界，支撑了美国经济多少年！现在全世界都怕美国搞金融透支，把它的危机转嫁到世界各国，我们中国当然也深受其害。有意思的是，比尔·盖茨用一个软件来覆盖全世界，他的两个女儿却被规定每周只能玩多长时间电脑。接下来还有一个“苹果”——乔布斯，不得了！过去结婚“三大件”，现在是上大学也有“三大件”，其中有个大件就是苹果手机。苹果手机不见得比原来的手机增加多少功能，它是一种虚荣，是适合年轻人群的一种虚荣。刚才我们七位老师讲到网络文化对我们青少年的影响，这种影响很难被阻止，我们要学会因势利导。要完全禁止是不可能的，毕竟这是时代的潮流。

在这样“三片”文化包围之下，我们还有多少话语权？

作家白先勇讲过：“百年中文，内忧外患。”“外患”，西方强势语言大量入侵，这是一个方面；还有我们内部的，我们对自己的民族语言的意义价值缺乏深刻的理解，这是“内忧”。就是我们教师队伍当中，也有人（还不是一般的教师，而是有身份的教师）曾经这样说：“学什么《论语》啊，学生不懂就不要学，学生不喜欢中国的文章，那就全部选外国的。”我听了，心里有说不出的滋味。母语，祖国的语言文字，汉语言文字是中华民族文化的根，根没有了那是要地动山摇的。我们培养孩子的读写能力，培养孩子学会吸收、输出，当然是希望他们能够成为自立自强的人，但在更深的意味上去理解，我们培养自己的后代，必须会用祖国语言文字表情达意，只有这样，才能在全球竞争中拥有自己的话语权。

我们中国教育一定要有自己的话语权。我们不能一举例就只有孔子，永远只有一个孔子，其他就没有了。过去，我们一边倒向苏联，开口闭口“凯洛夫”，现在则是倒向欧美。中国有那么多的教师，那么丰富的经验，但在教育领域，我们没有话语权。我梦寐以求的是中国有自己的教育学。没有自己的话语权，我们只能输入。从1840年以来，大量的外国文化进来。我们要不要？要的，但是刚才几位同志都讲了，要批判地吸收，“拿来主义”不是抄袭，不是移植，不是模仿。模仿了你就没有自己了，移植了你就没有自己了。所以学习祖国语言文字，学会精确地表达工作学习所得、所思所想，这本身就是培养你必须具备民族话语权的本领。对于母语教育，我们总是把它看成一个技术层面的问题，而没有看到更深层的，这是令人忧虑的。读写结合可以从这更深的层次来考虑。

我们毕竟从事中学语文教学，要思考在中学语文教学中，读写如何结合，让它们能够比翼双飞，能够和谐地、协调地发展。刚才很多老师讲得很好，读促进写，写也促进读。刚才有老师提到考试的影响，考试是绝对没有错的，素质教育也要考试。在素质教育中，考试只是检测选拔的手段，它起选拔、检测的作用。但我们现在往往是错把手段当目标，把这个检测的手段当目标了，对分数看重得不得了，顶礼膜拜！像原始社会的图腾一样，顶礼膜拜！任何分数都不能真正衡量一个孩子的综合素质，也不能精确地反映一个孩子的学科素养。学生就好像种子一样，他是有生命力的。我们的读写教育，要使有生命力的种子能够发芽，能够不断地茁壮成长。学生不是机器，是有生命的。我们读写结合的这些做法并不是说要把这些方法变成工业原料填到机器里头，让它能够运转。

我觉得刚才的讨论比较欠缺的就是对学生的研究分析少了一点。不同学校的学生层次并不相同，我们要以学生为本，以促进学生发展为本。如果我们的教育，从教育官员到我们每一个教师都能树立这样一个核心理念，那是太好不过了。但从理念到扎根实践，大概需要两万五千里长征。要树立一个正确的教育理念并不难，但理念不是口号，不是标签，它要落实在教育进程当中，从政策的制定，从各种各样的制度的设计，到每一个教育行为、教学行为，都真正把孩子当成人了，这谈何容易！而这一点是我们必须做到的。尽管我们对教育有许许多多说法，但说到底就三个字——培养人，就是培养人啊！我们所做的一切就是为培养人服务的，千万不能把孩子变成储存知识的容器，这一点是非常重要的。我这个老教师工作了一辈子，我最难受的就是用考试把我们的孩子标准化了，标准化是不可能出现出类拔萃的人的；而我们许许多多的做法，把教师也标准化了，这是非常可怕的。独立的思想，自由的精神，这是很重要的。学生一个人一个样，教课也是一个人一个样。因此，教学策略指导恐怕要因教师而异，因学生而异。

母语教育几千年的传承，传统文化的传承，这里有很多好东西。我们的语言学之父赵元任，曾在海外留学，口头语言能力极强，可以说许多种语言。他到德国去，跟德国老太太讲她的家乡话，老太太以为他就是德国出生的老乡，这确实是大师。陈寅恪先生上课，绝了。他教课“四不讲”，前人讲过的不讲，近人讲过的不讲，外国人讲过的不讲，自己讲过的不讲，每节课讲的都是自己独立思考的新认识、新体会。刚才我们好几位老师都讲读写是要体验的，不是外部创造条件你就会好的。如果仅靠外部创造条件就会好，刘阿斗就不会成为亡国之君。不管诸葛亮怎么鞠躬尽瘁，死而后已，阿斗也扶不起来。人还得要自身内心的觉醒。

刚才袁老师讲“文化唤醒”，我觉得是对的。对学生确实要培养“文化唤醒”意识。我想我们语文教师教阅读课的时候，首先要唤醒文字。

因为语言文字是躺在书上的，你要唤醒文字，你要把文字看成蝌蚪，看成一条条鱼在游，是灵活的，然后是闪光的，你把书、把文章读活了，真正理解这些语言文字表的情达的意，你上课就可以如数家珍，左右逢源，就能吸引住学生。课有吸引力了，学生就不断地点点滴滴记心头，久而久之就具备了领悟语言文字表现力、生命力的能力。写作是一种综合能力，等到用的时候，就可以从仓库里拿出来用。

我想，就事论事很难提高，因为它是在技术层面。必须登高望远，从根本上来提出一些问题。我对青年教师可以说是情有独钟，为什么？我像你们这个年龄的时候是傻瓜一个，懵懵懂懂，现在的年轻教师比我们那个时候聪明得多，获取的信息量大得多，思维不知道要活跃多少。我们成长的那个年代没有个人价值，只有社会价值。校长一句话、书记一句话就是圣旨。但是在 21 世纪的社会，学生不能独立思考，他的生存空间就越来越小。我不是说所有的独立思考都是非常精彩的，都是非常正确的。人总是从曲曲折折的道路上成长起来的。

不知大家还记不记得多少年前罗中立画的《父亲》，这幅画曾震撼人心。罗中立现在是四川美术学院院长，他学校里铺的一条路就不是平坦的，而是高高低低的，他是让学生知道，你要走的这条人生的路是高低不平的，你会有困惑有困难，甚至有迷茫，但是，凭你的智慧，凭你对事业的忠诚，你就能够化险为夷，走出一条有价值的人生道路，我相信。

第 4 章

创新初试

○ 课堂教学三个维度的落实与交融①

国家第八次课程改革，较之前七次，力度是最大的，很多观念有了深刻的变化。因此，怎样来学习和理解新的课程标准，把握精神实质，化为我们的教学行为，有一个艰苦的历程。现在，我就“课堂教学三个维度的落实与交融”这一问题，讲讲自己的体会。

一

长期以来，各个学科的教学思考问题的方式常是线性思维，其实，世界不完全是线性的，而是多维的、立体的，我们的思维方式也应是多维的。新课标明确提出三个维度作为课程目标、课程内容、实施评价的标准，体现了一种新的哲学思考。

第一个维度是知识与能力。语文教学当然要传授语文知识，培养语文能力，这是天经地义的。知识与能力是一个非常重要的支柱，这是反映我们学科特点的，是语文学科的基本任务，但是我们对知识与能力的认识，应该

① 本文发表于《中学语文教学》2004 年第 1 期。

是与时俱进的。长期以来，我们的语文是古今中外无所不包，文字、语音、语法、修辞、逻辑，文史哲等所有的学科似乎都可以纳入中学语文中，这样我们的语文教学就变成一个大拼盘。比如语法教学，把大学里的汉语语法压缩到中小学，成了压缩饼干，因此常常消化不良。再加上我们的语法基本上是舶来品，从《马氏文通》以来，引进得很多，而从汉语言现象本身提炼出的法则规则，那是不够的，我们语文老师经常处在困惑、为难之中。中学语文就是中学语文，不是以学科为本，不是以某科知识为本、以知识体系为本，而是以学生的发展为本，这是一个很大的变革。初高中的基础教育就是培养学生扎实的语文能力，立足于运用，并不是要成为语言学家，也并不是要成为文学家、作家。学生今后不管从事什么样的工作，都要有运用祖国语言文字的真本领，即正确理解和正确运用的能力。这样定位，就要淡化原来的很多知识体系，“择其要而学之”。过去语文教学大纲的审查、教材的审查，我也参加了，当时在审的时候也有很多困惑，比如知识点和能力点，这里面有很多交叉，怎么分？如果分不出来，老师在教的时候就非常困难。现在回过头来审视，对原来的一些知识，应该分一分哪些最有用，哪些可以舍弃不用。其实，张志公先生在他生命的后期就讲过“语法要讲得精要，要管用”，这就不是按照原来的体系，而是中学需要什么，就从那里拿来，为我们所用。对知识和能力要用现在素质教育的观念、促进人的发展的观点去加以审视，取其精要加以整合，去掉烦琐的、基本无用的。说知识全部无用，那是误解，是不对的。新课标就是取其精要加以整合。比如高中，把它整合为阅读与欣赏、表达与口语交际这两点，这就是语文知识与能力。我们的义务教育，语文学科有十条总目标，十条总目标本身就是三个维度的，知识与能力是其中的一根支柱，非常重要。义务教育阶段分四个学年段，把知识与能力分解成若干个要求，这些要求是在原有的基础上，加以审视、选择与整合的。没有继承就不可能有发展。课程标准和教学大纲的制定，不可能从零开始。确立知识与能力这个维度就是对原来的加以审视、整合，使线条更清晰，用六个字来讲就是“强主干，删枝叶”。在教学上枝枝丫丫，学生学起来十分困难，因此要“强主干，删枝叶”。

第二个维度是过程与方法。这是针对我们目前各科教学的薄弱环节而言的，并不是只指语文教学。我们东方教育比较重视结论，西方教育比较重视过程。我曾经看过美国权威专家非常推崇的一节小学数学课：把一个枕头型的面包十二等分，整个过程就是让孩子们提出各种各样的分法。而我们一定是最后等于几这个结论最重要。任何一个结论的得来都有一个思维的过程，学生运用已有知识、已有经验，把握一定的程序，他就能够自主地学习。再比如方法，我们常比较注重教法，认为老师只要讲清楚了，学生就一定能学会。其实不然，“师傅领进门，修行在个人”，你讲得再清楚，一清如水，你班级里的学生得益也不完全一样，他们还有各自的主观能动性。至于对学生的学法究竟有怎样的规律，哪些是普遍性的，哪些是特殊性的，研究得不多。而现在的社会、将来的社会是学习型社会，学会求知、学会做事、学会做人、学会发展、学会学习就非常重要，你就要掌握学习方法。因此过程与方法对学生来说十分重要。我们应该保留与发展我们东方教育的特长，又能够吸取西方教育的优点，“他山之石，可以攻玉”。倘能这样，我们的教育就更完善了。其实，过程与方法是一种客观存在，只是我们没有意识到，现在把它挑明了，就更自觉了。教师不仅要研究教的方法，更要研究学的方法，教法和学法相互沟通，就能够教在点子上。所以，深刻理解“过程与方法”这个维度的内涵，可以使得我们原来的教育更加完善。

第三个维度是情感态度与价值观。情感的问题，实际上是指学生的学习兴趣、学习热情。如果学生对我们的语文没有兴趣，那么必然是事倍功半；

学生不热爱我们的语言文字，母语教育是不可能成功的。柳斌同志说过：“语文最最重要的就是让我们的学生非常热爱祖国的语言文字。”我觉得这句话非常重要。如果教师和学生对祖国的语言文字不是满腔热情，那怎么可能为之倾注心血，倾注智慧？母语教育跟其他学科是不一样的，是任何学科不能替代的。并不是因为我们教语文才这么说，而是因为母语教育凝聚着民族文化、民族精神；母语教育是用中华民族优秀文化、用人类的优秀文化来哺育我们孩子的成长，这个学科育人的作用是任何学科不能替代的。如果我们自己对这个学科很冷漠，把它看成冷冰冰的，那当然就没办法教了。就情感态度与价值观来说，母语教育首先是要培养孩子的学习热情、学习兴趣、学习动机，与此同时，还要培养孩子丰富的情感、高尚的情操。我们年轻的时候当老师，一篇好文章教下来，包括高三的学生都会激动得流下泪。现在却有一个很奇怪的现象，让孩子激动很难啊！如果孩子也漠视人生，那是很糟糕的。一个人情感不丰富，很干瘪，很空虚，不可能成功。而丰富学生的情感又不是架空的，是通过很多同义词、近义词的细微辨析，通过语言文字的研读、品味与揣摩来实现的。

至于态度，包括学习态度、责任感，我们尤其要培养学生的社会责任感。美国在 20 世纪 80 年代至 90 年代就 21 世纪就业人员需要怎样的素质与能力做过一次教育调研，最后的报告提出了“五大能力”和“三大基础”（能力基础、思维基础、素质基础），素质基础里面第一条就是责任感、责任心。一个人没有责任心，将一事无成。这次课改，有一个很重要的内容，即跟社会的生活联系，跟学生的生活联系，跟教师的生活联系，因为语言文字无处不在，无时不在。要培养学生乐观的生活态度、坦荡的胸怀和宽容的人生态度。从教育的本质来看，它是理想的事业，如果连教育都没有理想的色彩，什么都是功利的话，我们还要培养人干什么？真正的教育，就是培养人，牵引人的灵魂提升到真善美的境界。“大学之道，在明明德”，“大学之道”言求学目的是什么，“在明明德”是彰明内心的美和善，不断反省，自律自重，达到真善美的境界。所以我们在教知识与能力的时候，一定要把学生的感情世界、精神世界融合在里头。它既是一个知识链，又是一个情感链。情感往往是直觉的，经过理性思考，最后是价值观形成。我们无时无刻不在以自己的价值观判断客观事物。现在改革开放，非常讲究个人价值，但是个人价值一定要和社会价值统一。教育的功能有两个：一是社会功能，我们立足现代化，培养现代化的人、社会的人；二是人的自我发展、全面发展的功能。因此，在培养学生的价值判断的时候，一定要注意个人价值和社会价值的和谐统一。当然，也不要忘了自然的价值，如果你破坏了自然的价值，人就没有生存的空间。要让学生懂得人、社会、自然三者是和谐统一的。有这样一个正确的价值观，人的发展就更加广阔了，一个不会发展的人，他的生活空间会越来越小。

所以，三个维度的内涵是极其丰富的，它们紧密相连。三个维度，三个支撑，形成立体的三维空间，互相交融。一个人的情感能离开语言文字吗？离不开的。因为语言文字是表情达意的，只讲语言文字，不含情义、情感，没有态度、价值观，是不可能的。因此三维是互相渗透、互相交融的，我们要把握它的精神实质。

二

三个维度的落实和交融是不是外加的呢？不是，是我们语文教育本身的特点所决定的。语文综合性很强，要说它的性质，可以讲一二十个，它的实践性、综合性、工具性、思想性、情感性……语文教育观念有语文性质观、目的观、教材观、教法观等，因此语文学科是多维性质，不是单一性质，它和生活紧密联系，和人的思想情操紧密联系。正因为是多维性质，在教学当中，不需要外加什么东西，而是应该努力探求其本身个性特点如何充分发挥。抓住三个维度进行课堂教学，语文的个性可以发挥得淋漓尽致。教课，不仅是知识传授、能力培养，更是情感的感染。教学要有吸引力，就好像磁石吸铁一样，能够把学生都吸引住，要有感染力、辐射力。教学是真情流露。我们的教材一般说来是文质兼美的，教师应该全身心投入。语文教师要想充分发挥语文教育个性特点，十分重要的是把教材吃透，教材到底讲的什么，要研究清楚，而不应变成上课就是讨论，课堂就是茶馆，这就叫改革了。学生一定要学到东西，学有所得，他才有兴趣；学无所得，他怎么会有兴趣呢？花里胡哨摘些东西，怎么行？因此，要充分发挥语文教育特点，教师一定要胸中有书，教材要烂熟于心，要熟悉到如出我心、如出我口的程度。现在流行的话就是教师跟教材对话，跟作者对话，但对话不能停留在浅层次。读了以后有些不了解的问题，可以深入剖析，如教材的灵魂是什么，核心是什么，它用怎样的语言表达出来，它的语言的表现力在什么地方、生命力在什么地方……离开语言文字的表现力、生命力还叫什么语文？那是在上思想品德课啊！如果我们的语文课变成思想品德课，那就糟了，那就不叫语文了。文章怎样遣词造句，表达了怎样深邃的思想，它的灵魂、它的核心、它的结构都要烂熟于心，这样上课就能左右逢源。不管学生讲什么，问什么，怎么讨论，你都能够驾驭，都能够解答出来。所以要把语文教育的个性特点发挥得淋漓尽致，自己首先要是读者，是非常高明的读者，解读得十分精彩，有独特的体验。语文是工具，这个工具不是机器，不是拐杖，不是筷子，它是人表情达意的工具，离开了语言文字怎么交际呢？它是人类社会最重要的交际工具。古时候打仗，烽火也是交际工具，点燃烽火告诉诸侯有事情了，诸侯就来救了。人类社会最重要的交际工具就是语言文字，这是不错的，但是语言文字这个工具是人所独有的，因此它又具有人文性。有位哲学家说，人和动物有很多区别，最本质的区别是两个：一个是动物不会使用工具，人能够使用工具；另一个是人能够读书著书。人能不能够读书著书，读得多少、深浅，是文明和野蛮的区别。有了文字之后社会就进入文明阶段了，文明就传承下来了。因此，文字是人独有的，它本身就是具有人文性的。语言和思维、情感同时发生。比如教“故不积跬步，无以至千里；不积小流，无以成江海”。讲这个句子时，不思考行不行？不行。讲这个句子时，你一定是要思考的。你讲一个贬义的、褒义的、中性的词，你一定是有情感的。我们到马路上去看看招牌，98% 以上都是吉祥语，都想招徕顾客，都是情感啊。离开了情和意，语言文字只是一个符号，生命力何在？所以，语言文字的性质是多维的，工具性与人文性的统一是语文的基本特点。我们有时把简单问题复杂化，以表示学问很深，理论很高，其实是把最平常的问题都忽略了。语文是表情达意的，用语言文字来表达什么？情和意。它是一个事物的两个方面，离开了情和意，表达就没有生命了；而离开了表达，情和意是无法讲出来的，怎么和人家交流啊？你说我很感动，你感动，人家不知道啊；你说我很悲伤，你悲伤，人家不知道啊。没有语言文字，人家根本不清楚。因此语言表达和情意是一事物的两个方面，是统一的，是不可割裂开来的。我们这个三维本身是统一的，根本不是割裂开来的。教学一篇课文、一个单元都可以发挥得淋漓尽致。

语言文字有发展功能。小学生中学生发展的线索非常明确，年级越高，越能讲到细微之处。为什么？因为思维不一样。学生开始认识事物是比较笼统、比较表面的，往后思维逐步深沉起来，有广度，有深度，不仅可以单向思维，还可以多向思维，可以是正面的、反面的，也可以是纵向的、横向的，所以学语言文字本身就是在发展思维。我们在教学生一个词语、一个句子、一个精彩段落时，就是在发展他的思维，发展他的想象力。比如让孩子写景，开始他词语掌握不多，不能写出细微的地方，一旦掌握了，观察也就细微了，描写也就细致了。一个孩子写菊花：菊花害羞好像少女害羞一样，花瓣一半捂着脸，一半开了。他在用这个语言时，观察力也得到发展。一个孩子写作文，他说饿得要命，朝家里奔，门一开，妈妈正好端出一盆刚刚炒好的青菜，他说："啊，真好啊！热腾腾的青菜冒着气，细胞还活着呢。"多精彩啊，"细胞还活着"，用写作的概念术语是教不出来的。他把生物课学到的细胞知识运用到写作中，用观察力和生活经验，就可以写出这样带着生活露水的非常精彩的语言。所以说，学语言有发展功能，有教育功能。比如名句"先天下之忧而忧，后天下之乐而乐"，学生没有不认识的字，但是要教育学生懂得"先天下之忧而忧，后天下之乐而乐""不以物喜，不以己悲"使范仲淹超越了他同时代人的境界，因此历经千古而不衰，这种精神财富是永垂不朽的。学生从小有这样的忧乐观，那么他的精神世界就高尚了。要让学生把这个句子背出来并铭刻在心，使教育功能无处不在。

语言文字有认识功能。学生单靠读几本教科书是不行的。课外广泛阅读，打开人生的第二扇窗户，就可以了解很多很多的东西，和书中主人公一起乐一起悲，好像自己的命运和主人公的命运是一样的。从这里学生就受到感染和熏陶，认识社会，体悟人生。我们语文教材里古今中外、社会自然什么都有，读教材就是让学生打开认识的窗户，因此有认识功能。读先秦文学，就知道先秦社会是怎么样的；读莫泊桑的小说，就了解了法国社会；要知道沙皇俄国的荒唐、残暴，我们可以读一读契诃夫的小说。

语言文字还有熏陶感染功能、审美功能。写祖国的大好河山，我们感受到自然美；写人的精神的高尚、不朽，感受到人文美；而这都是通过语言文字的美来实现的。汉语言铿锵优美，特别是古诗词，那种韵味美不胜收。语文本身就是陶冶在美的氛围之中，是以美熏陶孩子的情感态度与价值观的，所以语文是多功能的，是可以发挥到淋漓尽致的。而这些多重功能都离不开知识的传授和语文读、写、听、说能力的培养，学生阅读的准确度、思维的精密度、比较阅读的方法，全都在里面了。因此三个维度的交融不是另外加什么乱七八糟的东西，不是添油加醋，穿靴戴帽，而是讲求我们语文教育个性特点的发挥，把它发挥得淋漓尽致。它是一个完整的真善美的东西。学生在学习知识获得能力的同时，又能有效地接受人文教育。20 世纪 80 年代我就提出这个问题，实际上我是从语文教学大纲中领悟到的。我们的语文教育就是以语文智育为核心，融合了德育、美育和体育。三尺讲台是塑造学生心灵的，是会影响人的一辈子的。课如果教在课堂上，会随着教师声波的消逝而销声匿迹；要教在学生身上，教到学生心中，成为他们素质的一个部分。为此，我们必须把握语文教学的个性特点，把它发挥得淋漓尽致，以求收到良好的效果。

○ 语文教学应以语言和思维训练为核心①

教学应该是师生共同参加的系统的脑力劳动过程。教师的脑力劳动应当与学生的脑力劳动相结合，而最终目的还是让学生开展积极的脑力劳动，从这个意义上说，教师应该是学生脑力劳动的指导员。语文教学的核心是从学生实际出发，按照教学大纲的要求，对学生进行语言训练。教师在对学生进行语言训练的同时，必须大力发展学生思维的能力。

在现代社会从事语文教学，当然不能采用嚼烂了知识喂给学生的陈腐办法，要学生死记硬背，不能用“零售”的办法把“散装”的字、词、句、篇送给学生，使学生难以捉摸规律，把思维方面应有的锻炼“转嫁”到记忆上。思维训练和语言训练应放在同等重要的位置。思维是对外界事物的概括的、间接的反映，思维是借助于语言来实现的。语言是思维的工具，没有语言的思维是不存在的；思维是语言的内容，没有思维就不可能有语言。学生要学好语文，提高语文能力，取得综合效应，思维方面应进行扎扎实实的训练。如果忽略这一点，学生不认真进行思维训练，读，就有口无心；看，就

① 本文发表于《课程·教材·教法》1994 年第 6 期。

浮光掠影；说，就不得要领；写，就内容干瘪，词不达意。学习困难的学生在思维方面往往有很大的弱点，比如提问题，他们不是不想提，而是提不出问题，发现不了问题。不会思考大大阻碍了他们学习的步伐。早在两千多年前孔子就说过：“学而不思则罔，思而不学则殆。”光学习不思考会迷惘无知。教师要想方设法让爱思考的学生多思、深思，让不会思考的学生爱思、会思。在教学过程中，教师要善于根据教学目的要求选用恰当的钥匙，不断拧紧学生思维的“发条”，使它转动起来，不断开启学生思维的门扉，引导他们发挥聪明才智。

教学过程实质上就是教师在教学大纲指导下有目的有意识地使学生生疑、质疑、解疑，再生疑、再质疑、再解疑……的过程。在此循环往复、步步推进的过程中，学生掌握了知识，获得了能力。基于这样的认识，我在教学中经常问：“为什么？”“怎么样？”“有何根据？”“理由何在？”不但要让学生理解并掌握现成的结论，更要让他们积极思维，懂得形成结论的过程以及怎样去掌握结论。

我经常的做法是：

一、激疑

众所周知，学源于思，思源于疑。疑是思之始、学之端。要学得知识，就得思考，而对所学的内容产生疑问则是思考的开端。“疑”是刺激学生积极思维的诱因，激发学习的动力。求知欲从某种意义上来说，就是解疑欲、解惑欲。为此，语文教学中要激发学生在求知过程中产生疑问，有所发现。教师不是把整理好的知识预先包装好，一包包地传授给学生，而是带领学生积极参加探求知识的过程，让学生用自己的头脑思考、辨别、分析、归纳，亲自获得知识。教师备课不仅要备知识，还要精心设计足以启发学生思考的问题，创设学生生疑的种种条件，启发他们积极思维。

1. 鼓励学生发现问题

在授新课前要求学生先自学课文，独立阅读，发现问题。学生初步自学课文时，要求做到“三看一查一提问”。三看就是看课文，看注释，看课文前后编者的引导与设计的思考与练习；一查就是查字典、词典等工具书；一提问就是提出自己阅读时不清楚的、有疑问的、不会解答的问题。学生自学前教师可提些启发性的问题。学生并不是一开始就会提问题，尤其是有质量的问题，发现问题的能力是逐步培养起来的。开始学生生疑往往只在文章表面，这个字怎么读，那个词什么意思，教师要指导他们深入篇章之中，把文章的前前后后、段落与段落之间联系起来思考。当学生生疑有所进展时，教师再开拓他们的思路，要求他们把阅读的课文与课外阅读、与自己的生活经验联系起来思考。这样步步诱导，持之以恒地培养，对有质量的问题加以鼓励、表扬，或组织学生讨论。学生发现问题的积极性增强，发现问题的能力也大大加强。几乎每篇课文学生都会提出几个有质量的问题，包括对思考与练习的异议。有些课文乍看似乎没有问题，但经过独立思考，学生会提出一连串的令人思索的问题。如学生初学契诃夫的《变色龙》时提出，赫留金说了这么一句话：“不瞒您说，我的兄弟就在当宪兵……”为什么他要有话没话地插上这一句呢？奥楚蔑洛夫为什么一会儿脱下大衣，一会儿又穿上大衣呢？整篇文章没有一处提到变色龙，为什么要用“变色龙”做文章的题目呢？文章注释里只说是蜥蜴的一种，皮肤的颜色随着物体的颜色而改变，字典还解释为比喻在政治上善于变化伪装的人，课文中明明是第二种意思，为什么编书的人不注解呢，是不是编者故意留给我们思考的呢？事情明明是从人玩狗和狗咬人引起的，为什么只写狗咬人这部分，而人玩狗却一笔带过？等等。问题不停留在词句的表面，材料剪裁、谋篇布局，乃至细节描写都涉及了。学生独立阅读，把问号装进脑子里是思维积极的表现，大大有助于阅读的深入。

2. 在学生不易产生疑问处设疑，启发学生动脑筋思考

有些课文，或课文中的有些词句，学生阅读时一晃而过，不觉得有问题，而这些地方往往是理解课文的关键所在，或者是容易发生差错的。针对这种情况，教师可故意设疑，激发学生思考。比如教《孔乙己》时，我故意设疑，问："作品的主人公姓甚名谁？"有的学生一愣，接着笑了，说："不知道姓和名字，绰号叫'孔乙己'。"这一"愣"很有好处，学生动脑筋想一想，理解就准确了。不塞不流，不止不行。要学生产生疑问，思维积极，教师用问题堵一堵，塞一塞，一堵一塞，学生思维就活跃起来。

3. 抓住矛盾加以展示，激发学生思考

对立的事物互相排斥，人们碰到这种情况容易引起思考，学习也如此。抓住课文本身的矛盾，抓住学生理解课文过程中所产生的种种矛盾，引导学生开动脑筋。魏巍的《我的老师》中写蔡老师"从来不打骂我们"，怎么"仅仅有一次，她的教鞭好像要落下来"，又打了呢？聂华苓的《人，又少了一个》中骨瘦如柴的女人明明活着，还"回过头来，冷笑了一声"，还"漠然望了我一眼"，怎么说"又少了一个"呢？挑起矛盾，让学生思想上碰撞，就能全神贯注地阅读课文，理解词句及文章蕴含的深意。

许多事实强有力地说明：大部分伟大的发现都应归功于喜欢问"为什么"，生活的智慧常常在于逢事就问个"为什么"，教学也是如此。教师要善于使读书无疑的学生有疑，有疑才生问，有问才积极思考，追根穷源。

二、辨疑、析疑

思维从发现问题开始，但要不断深入进行，却有赖于分析问题、解决问

题的逐步展开。教师激疑、生疑后，要注意设置辨疑、析疑的条件与气氛，引导学生谈看法、摆见解，比较，分析，判断，推理。学生提出的问题，教师不必急于回答，应该在头脑里立刻进行梳理，分清主次、轻重，按一定的顺序巧妙地安排在教学过程中逐一解决，引导学生相互启发，寻找答案。教师千万不能因赶进度而丧失启迪学生思维的良机。再说，教师不是所有的方面都超过学生，学生积极性调动起来以后，常常会产生很多意想不到的火花。这种火花是思维进入最佳状态的结晶，教师敏捷地抓住这些火花，把它在全班学生心中点燃，语言和思维训练的效果会大大加强，可以说是拨亮一盏灯，照得通屋明。

怎样指导学生辨疑、析疑呢?

1. 注意调动学生“仓库”里的旧知识

教学时要善于调动学生知识小仓库里的知识，使其运转，发挥作用。学生的基础不是零，他们有知识库存，即使是基础差的学生也是如此。温故而知新，启发他们运用旧知识，促进对新知识的理解和掌握。如《藤野先生》一文中描写清朝留学生的丑态时，有“实在标致极了”的句子。为了让学生理解“标致”的含义，要求学生列举与之相关的同义词、近义词、反义词，学生积极性高涨，举出美丽、漂亮、俊俏、婀娜、妩媚、潇洒、丑陋、难看等。讨论句中的“标致”应怎样理解时，有的学生说：这里是说反话，“丑陋”“难看”不足以表达作者的感情，应该是“恶心”，词的前面附加“实在”，词的后面还要加个“极”，实在恶心到极点，表现了作者对醉生梦死的清朝留学生极端厌恶的感情。在辨疑的过程中，学生感到自己有知识、有力量、有希望，求知欲更旺盛。学生在自己知识仓库中寻找适当的词句时，不仅思维得到锻炼，而且对语言的识别能力大大加强。

2. 灵活地运用各种比较方法，培养学生良好的思维习惯，发展他们的思维能力

从思维的类型看，可以分为形象思维和抽象思维；从思维的过程看，可分为分析、综合、判断、推理等。要发展学生这些能力，在教学语言文字时经常采用比较的方法可收到一定的效果。教学中比较的天地十分广阔，古今作品之间、中外作品之间、同一作者的不同作品之间，文章的遣词造句、材料的选择剪裁等，都可以通过比较对学生的语言和思维进行训练。

教学时可采用纵向比较的方法，促使学生进行垂直思考。古今作品比较、课文中前前后后的比较就属这一类。如教吴晗的《说谦虚》一文，学生对论述的深刻性不易理解，教学时就可采用古今比较的方法促使学生加深认识。一是从课文出发，与《尚书·大禹谟》中的“满招损，谦受益，时乃天道”进行比较；二是与民间长期流传的“半瓶水晃荡，满瓶水不响”等俗语比较，让学生领悟到“谦受益，满招损”的格言经受了时间与空间的检验，真理性很强，而作者再来论述这个问题，不是对过去认识的重复，而是旧题注新意，从马克思主义认识论原理出发，从揭示人们认识规律的高度来论述谦逊的必要性，大大超过古人。这样透过事物的表面现象，一下子深入事物的本质。通过比较，解决了学生心中的疑问——这种老题目有什么值得再谈的，是不是多此一举？

抓住课文关键词句或某些段落引导学生进行前后对比，可帮助学生把握事物的本质。如学《孔乙己》时，学生对孔乙己排出九文大钱的“排”字的生动性容易理解，但在刻画人物中究竟起多大的作用，学生往往理解不了，为此，教师要在培养他们思维深刻性方面导航。阅读时，可采用比较的方法指导学生深入理解教材，挖掘教材思想和艺术的内涵，探求作者的艺术匠心，弄清作者思想深刻之处。学《孔乙己》，要求学生不仅注意“排”，而

且要找出与它相应的字“摸”，并启发学生辨析：为何作者此处要把“排”改换为“摸”？对刻画人物精神面貌起怎样的作用？“排”与“摸”同是在咸亨酒店付酒钱的动作，但入木三分地反映出孔乙己处境的变化。“排”，活画出孔乙己冒充斯文的酸腐相；而腿被打折以后，他已够不着柜台台面，无法“排”了，到了欲充斯文而不能的地步。“摸”，用意十分深刻，刻画了孔乙己精神彻底被摧毁的悲惨情状。通过前后比较，学生对作者遣词造句的功力赞叹不已。

教学时也可采用横向比较的方法。也就是说在一个时间平面上同时将几个方面的问题进行比较，开阔学生视野，培养他们思维的广度，培养他们学会比较全面地、具体地分析问题，把握这一事物与那一事物之间的本质联系。同一作家的作品可以进行比较。如学习《有的人》时，引导学生与《论鲁迅》比较，认识同是纪念和评价鲁迅，但体裁、写法、语言等均不同，通过比较，思考问题的广度有所拓展，对作品的个性特征认识得更为清晰。

教学中可经常进行换词换句的练习，对学生语言和思维进行训练。用词的准确性，语句的言简意赅等，常可通过更换比较而显示其耀眼的光芒。如《一件小事》中有这样一个十分精彩的段落：“我这时突然感到一种异样的感觉，觉得他满身灰尘的后影，刹时高大了，而且愈走愈大，须仰视才见。而且他对于我，渐渐的又几乎变成一种威压，甚而至于要榨出皮袍下面藏着的‘小’来。”作品与学生相距大半个世纪，要学生深入理解作品中“我”内心的感动与觉醒，理解在车夫高尚灵魂感召下自惭形秽的思想感情，困难是大的。我采用了更换关键词句的方法进行比较，分解难点。按观察事物的常规，应该是近大远小，而此处作者用一反常规的视觉形象刻画自己心灵的震动。在学生初步理解的基础上，要求他们把“而且愈走愈大，须仰视才见”换成比喻句，描绘车夫高大的形象。学生积极动脑筋，以高山、青松、巨人等作喻，但立即又自我否定，领悟到没有一个比喻合适，领悟到此处用喻就把车夫的形象束缚住、限制住了，显示不出他本质的光华。而“愈走愈大，须仰视才见”，运用了连续摇动的特写镜头，留给读者丰富的想象余地，感染力极强。“榨”也是传神之笔，不仅极言外力之大，而且音调铿锵。

有时还可以进行有无之间的比较。如《论雷峰塔的倒掉》中“和尚本应该只管自己念经。白蛇自迷许仙，许仙自娶妖怪，和别人有什么相干呢？他偏要放下经卷，横来招是搬非，大约是怀着嫉妒罢，——那简直是一定的”一句，要求学生阅读时除去“偏要”“横来”“那简直是一定的”，比较用好还是不用好，用了起怎样的作用。通过有无的比较，学生体会到用了这些词和句，笔锋犀利，揭露深刻，剥开了法海的伪善面孔，让其卑鄙下劣的灵魂公布于众，语言的表现力极强。

有比较，才有鉴别；有鉴别，才能深入认识事物的特点，掌握其规律。故而在读写听说能力的训练过程中，把比较的方法用在节骨眼上，学生思维能得到有效的锻炼。

3. 鼓励创造精神

学生辨疑、析疑时，教师无论如何不能以自己思考问题的范围给学生“画地为牢”，叫学生“就范”。学生思考问题通常有一种习惯性的思路，如怎样根据种种事实下判断，怎样进行分析，进行归纳等。有时由于某些因素的触发，会突破习惯性思维的羁绊，闪发出创造性的火花。教学中教师要善于把握种种因素，培养和鼓励学生的创造精神。如教《变色龙》时，为了让学生理解文中主人公奥楚蔑洛夫多变的现象背后掩盖着谄上压下的不变的本质，我以一条波浪曲线和一条直线表述。有学生提出不同意见，认为波峰波谷不能等距离，前后振幅应有变化，当主人公确实知道那条小狗是将军哥哥家的狗时，巴结、拍马的心情更急切了，频率应加快。学生思维的火花令人兴奋，我立即鼓励、表扬，并请他修改黑板上的线条，说明修改的理由。一石激起千层浪，其他学生积极性高涨，七嘴八舌，不断提出修改的意见，读课文，谈看法，课堂上热气腾腾，语言、思维双锻炼。

学生十分可爱，教师要理解他们。他们最感兴趣的不全在长知识，更在于独立开展抽象思维过程本身，也就是喜欢长知识和长智慧相互结合的智力活动过程。学生学习语文过程中常有“吃不饱”的感觉，多半是由于教师对学生这一心理特征缺乏认识，有意无意对他们的创造性思维起了抑制作用的缘故。

在辨疑、析疑的过程中，特别要重视课堂上的“神来之笔”。因为此时此刻，学生情绪高昂，内心喜悦，求知的欲望倍增，语文能力、认知能力往往超水平发挥，推动教学往纵深发展。

三、重点突破

课堂上常有这种情况：举手、质疑、辩论常集中在某些学生身上，他们学习得特别主动积极，而有的学生主动性就差些。对后者，除须深入了解原因外，还要采取重点帮助的办法，为他们创造条件，促使他们开动脑筋，提高使用语言的能力。思考能力是逐步培养的，发表见解的能力是逐步锻炼的。

怎么突破呢?

在难易适度上做文章。教练员训练运动员要善于发挥每个运动员的才能，教师训练学生也是如此，要认清学生的差异，使基础好的、中等的、差的，思维敏捷的、迟钝的都开动脑筋，有所进步。对学习困难的学生尤其要保护他们的点滴进步，不挫伤他们的积极性。在设计课堂提问时应有难有易，有简单有复杂，高低兼顾。如教《哥白尼》一文时，对哥白尼学说的重大作用，设计了三个台阶式的问题启迪各类学生的思维，组织他们进行语文能力的训练。先要求学生找出表现哥白尼的学说对人类思想发生深刻影响的关键词语。学习困难的学生也能迅速找出，这就是“天翻地覆”。接着要求他们迅速改变词序而不变本意。“地覆天翻”“翻天覆地”，一般学生都能答上。然后要求学生说明怎样“天翻地覆”，中等程度的学生都能抓住由“天动”改为“地动”的要点，用完整的句子回答。最后要求学生组句，用这个关键词说明哥白尼学说对人类思想产生怎样的深刻影响，这就有了一定的难度了。“哥白尼的学说不只是在科学史上引起空前的革命，而且对人类思想的影响也是极深刻的，深刻到把人类的意识天翻地覆地倒转过来。”设计阶梯式的问题，由简到繁，由易到难，程度差的学生不仅能当堂积极思考，而且由于给他们指出了攀登的途径，攀登的勇气也就激发出来了。

变换训练的方式，不总是教师提问，学生举手回答。有时约定不举手，大家思维都处于兴奋状态，教师指人答。有时可七嘴八舌地答，有时采用轮流答、重复答、跳答。采用多种多样的方法的目的都是让学生的脑子动起来，转起来。

注意加温。教师教说、帮说，寻找学生优点，真心实意地表扬、鼓励。思考能力是逐步养成的，发表见解的能力是逐步练好的，学生每有进步，必予充分肯定。

总之，教师要妥善组织和安排好每一堂课，指导和鼓励学生通过自己的脑力劳动学习语言文字，千万不能依靠灌输与注入，学生在学习中要记住一些知识，但更重要的是理解。托尔斯泰在其教育论文集中说，靠记忆力来掌握未检验过的概括，是破坏思维进程的最大祸害。这一论断是很有道理的。培养学生能独立思考、独立解决问题，从来是教育学中一个重要课题。

○ 以情激情　体验感悟[①]

随堂听教师的课常会发现这样的情况：部分学生恹恹欲睡，提不起精神；教师提问，少数人应答，思维积极的往往仅有几个。教师确实在认真指导学生阅读课文，有些精彩的词句也在着力推敲，可学生不承情，没能打动学生的心。这样懒散的课堂气氛，浪费教育资源，师生的精力与时间也浪费了不少。原因当然有多方面，但这类课共同缺少的是一个“情”字。课上得冷冷的、冰冰的，缺少青少年的勃勃生气，缺少学习中的热情洋溢，教学效果可想而知。

语文教学中“情”的问题，语文课程标准多次提到。课程的基本理念的第一条就提到“语文课程应培育学生热爱祖国语文的思想感情”，在第二条正确把握语文教育的特点中说“应该重视语文的熏陶感染作用，注意教学内容的价值取向，同时也应尊重学生在学习过程中的独特体验”。在课程目标的总目标第 1 条、第 3 条、第 7 条中，都提出情感的培养、情感的体验。在教学建议中又明确指出要重视情感态度与价值观的正确导向，“培养学生

① 本文发表于《中学语文教学参考》2005 年第 7 期。

高尚的道德情操和健康的审美情趣，形成正确的价值观和积极的人生态度，是语文教学的重要内容，不应把它们当作外在的附加任务。应该注重熏陶感染，潜移默化，把这些内容贯穿于日常的教学过程之中”。显然，重视情感的培育是语文课程标准的新理念之一。语文学习的情感、态度、价值观、习惯、方法的发展目标和知识、能力一样，都是很重要的目标，不过以往在教学过程中容易被忽视，而今，十分明确地提出。知识与能力、过程与方法、情感态度与价值观，构成了培养学生获得基本语文素养的三根支柱，它们融合在一起，全面提高语文学习质量。情感因素不能简单地、机械地理解，须提到一个新的层面。情感，不仅指学习兴趣、学习动机、学习热情，更指内心的体验和心灵世界的丰富。课堂里有感情的浪花，师生就会精神振奋，独特的感悟、别有情味的语言就会如泉水叮咚，汩汩流淌。怎样才能扫除课堂学习中疲沓、厌倦的阴霾，引导学生投入情感、投入精力学习语文呢?

首先感动自己

教师在课堂上能否精神饱满，激情洋溢，激起学生浓厚的学语文的愿望、热情去读去思去说去写，在于教师自己是否情动于中，深入一篇篇文质兼美的课文之中，深受感动。只有感动自己，才能感动学生。

文章是客观事物的反映。写作者要反映大千世界中纷繁的客观事物，必然在观察、感受、思考的基础上有自己鲜明的态度，或爱，或恨，或悲，或喜，或赞扬，或批评，或同情，或厌恶……把这些用文字真实地表达出来，就是有真情实感的文章。情真意切的文章，流传千古仍有熠熠光彩，可见“情”在文章中的重要作用。大而言之，爱国之情，小而言之，乡情、亲情、师情、友情等，都是文中弥足珍贵的宝藏。白居易说：“根情，苗言，华声，实义。”“根情”，“情”是文章的根本，作者内心有饱满的感情，由衷地倾吐，笔端就会情满青山，情满大海。

教学中要凭借课文阅读来培养和提高学生的语文能力、语文素养，教师首先就要认真阅读课文。这种阅读，不是站在课文之外对作者指手画脚，评说是非，采取旁观者的态度，而是要走进课文，如英国女作家弗吉尼亚·伍尔夫所说的那样："要尽力与作者融为一体，共同创作，共同策划。如果你不参与，不投入，而且一开始就百般挑剔，那你就无缘从书中获得最大的益处。"传统的语文教学认为阅读仅是一种接受，今日新课程标准告诉我们，阅读教学是学生、教师、文本之间的对话过程。这是一种全新的理念，教学并非教师个人独白，而应该让学生有思考权、话语权、主动性、自主性。然而，学生与文本对话要有收益有成效，教师的组织、指导不可或缺。教师与文本对话的质量直接影响指导学生学习的质量。每篇优秀作品都是经过作者心灵的酿造加工而成的，教师阅读作品时，只有通过作品与作者进行心灵的对话，才能走进作品，真切感受和理解作品的思想、情感、语言，才能提高自身的素养和教学的能力。因此，真正意义上的阅读，不仅是接受，更是一种沟通、交流，使自己的认识深化，思想升华，感情净化。

例如，上海高三年级教材中有一首殷夫的诗歌《别了，哥哥》，阅读时，走进作品，和殷夫对话，自己的心灵会情不自禁地受到震撼，为这位执着地追求真理和正义的年轻人崇高的情感世界和光辉的人格而感动。这首诗是诗人心灵的直白，不隐藏，不含蓄，不留白，是写真纪实，又是政治宣言，情感的宣泄一泻千里。我禁不住问：殷夫，你在什么情况下写了这首诗？你为什么要写？既然你和哥哥在感情上诀别，又为什么要用饱蘸亲情的笔触，写下"我最亲爱的哥哥""你诚意的教导使我感激，你牺牲的培植使人钦佩"？既然还不忘"二十年来手足的爱和怜，二十年来的保护和抚养"，是什么给了你如此大的勇气与哥哥决裂，并称"再见的机会是在，当我们和你隶属着的阶级交了战火”？你知道前途“满站着危崖荆棘”，有的是“黑的死”“白的骨”“砭人肌筋的冰雹风雪”，仍旧毅然决然地往前走，以宝贵的生命相许？你早期的诗，情调也是缠绵悱恻的，追求诗的含蓄、隽永、哲理，想做一个纯粹的诗人，怎么诗的品格会有如此的改变……我反复诵读他的诗句，翻检他的诗文和生平事迹。鲁迅为他的《孩儿塔》作的序、为“左联五烈士”写的《为了忘却的记念》，细细体会，我仿佛看到一个热天穿着厚棉袍、汗流满面的刚出狱的年轻人向我诉说情感裂变的历程。四一二反革命政变的前几天，16岁的殷夫受到他大哥的警告，说“时局要变”，不准再参加革命活动，无斗争经验的他内心展开斗争，他描述说：“我颤战着，动摇着走回去，一路上有两个情感交战着，我们的劫难是不可免的了，退后呢？前进呢？这老实说，真是不可赦免的罪恶，我的阶级根性，完全支配了我，把我整个的思维、感觉系统，都搅得像瀑下的溪流似的紊乱，纠缠，莫衷一是。”然而，在他被关进牢狱、几被枪决的情况下，他坚强了，“机械的悲鸣”“劳苦群众的呼声”坚定了他追求的信念，他义无反顾地要做给人间以光明的普罗米修斯，哪怕是受尽折磨与苦难。铿锵的语言，深沉的忧愤，炽热的感情，把爱与恨、取与舍、大义与私情，表达得淋漓尽致。视名利为粪土，割舍手足情的不易，更显现了诗人对劳苦大众深挚的爱，对国家和民族未来的强烈责任感。20岁初度的青年有如此坚定的信念、博大的爱，怎不令人感动？想到他的“尽日尽夜地忧愁”，想到他的“热的心火会把冰雪溶消”，想到他两年后献身革命，以自己的实际行动实践了《别了，哥哥》诗中的宣言，我就坐不住，血就往上涌。龙华桃花是烈士鲜血染红的，殷夫的诗如鲁迅所言“是对于前驱者的爱的大纛，也是对于摧残者的憎的丰碑”，自己在与作者的对话中，受到具体生动的大爱大憎的洗礼，又怎能不情动于中呢？

要感动自己，不仅要和作者心灵交流，而且要和作品中的人物交流。俄罗斯小说家邦达列夫说："一个人打开一本书，就是在仔细观察第二生活，就像在镜子深处，寻找自己的主角，寻找着自己思想的答案，不由自主地把别人的命运、别人的勇敢精神与自己个人的性格特点相比较，感到遗憾、怀疑、懊恼，他会哭、会笑、会同情和参与——这里就开始了书的影响。所有这些，按照托尔斯泰的说法，这就是'感情的传染'。"读一篇篇文质兼美的课文，又何尝不是如此呢？理性的光辉、形象的光彩、语言的魅力，娱目，悦耳，激情，励志，融入生命血脉，怎可能不出现个性化的体验？教学时怎可能不激情洋溢？

字字句句总关情

上课，激发学生学习热情，体验感悟作品中个性各异的丰富的精神世界、情感世界，绝不是靠外加什么东西，穿靴戴帽，也不是为情而情，矫揉造作，装腔作势，更不是虚情、假情、浮情。教学，就是求其真，教师真爱学生，真倾心于语文，真受到课文中优美的景物、崇高的思想、精辟的见解、精彩的语言的感染，必然精神抖擞，真情实意伴随着语言的流淌，叩击学生的心扉，在学生心灵深处弹奏，引起悦耳的共鸣。《庄子·渔父》说："不精不诚，不能动人。故强哭者虽悲不哀，强怒者虽严不威。"虚情假意犹如剪刻的纸花，没有生命的活力。真情从何而来？除上述的真爱之外，关键在要沉到课文中，倾听作者的诉说，倾听作品中一个个人物的诉说，揣摩与体会他们的所言、所行、所思、所想，联系自己的阅读经验、生活经验，开展联想与想象，让自己和作品中的人物一样，就在那个特定的场景中。此时此刻，你会深刻感受到一个个文字站立纸上，有血有肉有生命，字字句句总关情。

诸葛亮的《出师表》就是语重心长、真挚感人的典范。从分析形势到进言劝谏，到出师明志，到临别寄情，全文624个字，句句恳切，字字真诚，感人至深。“亲贤臣，远小人，此先汉所以兴隆也；亲小人，远贤臣，此后汉所以倾颓也。先帝在时，每与臣论此事，未尝不叹息痛恨于桓、灵也。侍中、尚书、长史、参军，此悉贞良死节之臣，愿陛下亲之信之，则汉室之隆，可计日而待也。”作为刘备临崩托孤的老臣，对昏庸无能的幼主刘禅既说理又举例，百般启发、引导，期望之殷殷，情意之恳切，可昭日月，真是字里行间都是情。前人说，读《出师表》而不流泪的不是忠臣。今日学习，如果只拘泥于几个文言实词、虚词的掌握，挤掉“情”，丢弃“情”，文字便成了干枯的符号，文章也就站立不起来，感染力也就消失了。

有些文章看来平淡，但平淡中寓深沉，平淡中见真情，这就要仔细地从语言中去品味。如杨绛的散文《老王》，写的是一个忠厚而不幸的三轮车夫。记叙的均是日常琐事，无曲折的情节、起伏的感情，与生活在现代社会的学生有相当的距离。如何激发学生的学习兴趣，进入课文之中，与作者、与作品中的主人公对话、沟通、交流，并从中获得教益？这就要潜心研究课文，抓住文中最有情感含量、最能表现内心世界的语句，点燃学生思维的火花。文章的最后一句“几年过去了，我渐渐明白，那是一个多吃多占的人对一个不幸者的愧怍”，看似平常，但寓意极深，感情十分深沉，又十分沉重。学生进入课文，理清叙事情节，会理解老王是一个不幸者，是一个底层劳动者，是一个苦人儿。尽管生活艰难，但忠厚、本分，有一颗善良的心。且不说平时送冰等事，就是作者一家落难，众人躲避不及时，他也热情相助，出力，还为作者省钱。作者一家对这个好心人也不薄，充满了同情、怜悯之心。可为什么作者对他有愧怍之情，几年来内心一直翻腾，总觉不安，总觉得对不起老王？是什么事情使她挥之不去，而又原因莫名？为什么最后又以“愧怍”一词来表露内心深处的歉疚？

引导学生去体会老王临终前送香油和鸡蛋的场景，听老王说的，看老王做的，就会领悟到作者的叙事、描写，字字句句总关情。打门声——直僵僵地镶嵌在门框里——面色死灰——两只眼上都结着一层翳，分不清哪一只瞎，哪一只不瞎。这哪里是刻画人物形象？显然是笔下无限辛酸，“直僵僵”“镶嵌”，沉重得叫人气都透不过来。这哪里是活生生的人？从面色到眼睛到肢体，“简直像棺材里倒出来”的“僵尸”，人与鬼的界限模糊了，可悲；更令人悲从中来的是“骷髅上绷着一层枯黄的干皮，打上一棍就会散成一堆白骨”，生命极限的凄苦与恐怖震撼着作者的心灵。应该说作者怜悯的感情在胸中激荡，再伴以其他多种的情感，可尽情倾吐，然而竟然无从表达，只化为一句最普通的大白话——“啊呀，老王，你好些了吗？”是关切？是同情？是怜悯？是吃惊？是害怕？复杂的感情蕴含其中，而“关心”又是首要的，明明不好，还要问“你好些了吗”，令人潸然泪下。

就是这样一个临近死亡的苦人儿“直着脚”给作者送香油、送鸡蛋。对一个生活艰难困苦的劳动者来说，这些东西弥足珍贵，他为什么要送？又为什么要送到作者家？送与被送的人之间没有寒暄的话语，没有热情的气氛，他就那么极其简单的两句话——“我不吃”“我不是要钱”。两句话里有千钧重的情谊，那是对好心的读书人的一片真情，将自己仅有的一点最珍贵的东西赠给最敬重、最信赖的朋友。然而，当时的“我”毫无感觉，毫无领悟，“没请他坐坐喝口茶水”。和老王最后晤面的情景一直定格在作者脑中，心中一直不安。几年下来，才深悟到自己的麻木，没有意识到这位有金子般善良的心的人对友情的企盼与渴望，对他没有以友人的真挚情意平等相待。在下意识中，自己对社会底层的劳动者采取了居高临下的态度。“愧怍”，显然是心灵深处的自责，是人性的觉醒。人只有职务高低，没有贵贱之分。同情弱者、举手相助的恻隐之心是可贵的，而从心底里尊重别人，在情感领域对别人平等相待，真诚相待，更为可贵。有了这样的思想情感的高度，恻隐之心也才会落到实处。师生共同深入课文，认真体验文中的场景，感情在语言的咀嚼、品味中就会受到良好的熏陶。

情感因素的渗透不是孤立的，它往往与态度、价值观紧密相连。态度，不仅指学习态度、学习的责任，更指乐观的生活态度、求实的科学态度、宽容的人生态度。价值观，不仅强调个人的价值，更强调个人价值与社会价值的统一；不仅强调科学的价值，更强调科学价值与人文价值的统一；不仅强调人类的价值，更强调人类价值与自然价值的统一，从而使学生从内心确立起对真善美的价值追求以及人与自然和谐的可持续发展的理念。情感态度与价值观看似相对独立，实际上是一个心灵连续体，由低级向高级推进。情感上受到激发，受到感染，就会促进思考的广度与深度，对社会、人生、自然等诸多问题由表及里地进行思考，进行评价，有自己的感悟与体验。而这一切又不是凭空的、浮游无根的，而是依托具体的课文，依托语言文字的载体。知识传承、能力培养与思想情感的熏陶交融在一起，就能提高学生语文的综合素养。

语文教学中的“情”切不可东拉西扯，切不能随意拔高、挥洒。教学最可贵的是求其真，唯其“真”，才最能入目入耳入心，才最能使人感动。教师教学中的真情，对语文、对学生的挚爱深情是基础，重要的还在于对作者的尊重和对作品的尊重。“情”不是外在的、附加的，它蕴含于作品之中，是作者心血浇灌出来的。教师阅读作品，对作品进行解读，实际上就是倾听作者的心声，感受作者感情的委婉曲折、起伏跌宕，领悟语言的表现力、生命力，在此基础上，生成了自己的认识、自己的体会，与作者心灵相通，感情相融。此时此刻，你会感到作品如出自己之口、自己之心，指导学生阅读、交流，就有信手拈来、左右逢源的快乐。

在阅读钻研的过程中，也可能会有与作者不同的看法，情感上也会或浓或淡，或同或异，这都在常理之中。但总不要脱离文本，胡乱发挥。教学是培养学生的事情，有其严肃性，随意调侃，乃至插科打诨，或者把文章抛在一边不读不看，这就违背了阅读教学的宗旨。

方法因文而异

以教师之情激发学生学习热情，引领学生进入作品体验感受作者的写作意图、情感脉络、语言魅力，可采用多种多样的教学方法。方法的选择因文而异，但必须从学生的学习实际、生活实际出发。

首先，在课的起始阶段激发学生学习热情。清人李渔在《闲情偶寄》中说："开手笔机飞舞，墨势淋漓，有自由自得之妙，则把握在手，破竹之势已成，不忧此后不成完璧。"写作如此，教课也相仿。课的起始，学生情感受到激发，师生均会沉入"自由自得"之中，学生自主阅读，体验感悟。如带领学生学习《最后一次讲演》，课的起始是这样安排的：

一上课，教师先在黑板上写了《红烛·序诗》中的四句：

请将你的脂膏，
不息地流向人间。
培出慰藉底花儿，
结成快乐的果子。

问：这首诗是谁写的呢？表达了怎样的思想感情？又是谁的写照？接着，出示刚出版的《闻一多传》，讲述作者生平，并将该书的封面图案——黑色大理石的花纹，正中上方一支醒目的红烛，与《红烛·序诗》对照讲解，指出该诗乃闻一多先生所作，也是他的自我写照。再指导学生读注释①，了解闻一多先生一生曲折的道路：青年时期是新月派诗人，中年时期是旧经典研究的学者，而后成为青年所爱戴的、昂头作狮子吼的民主战士。为了争取和平民主，反对发动内战，遭反动派杀害。他学识渊博，才华出众，死时仅48岁。

学生的感情被“吊”起来以后，立即介绍讲演的前前后后，闻一多如何“拍案而起”，怒对凶顽，即席讲演，使一千多到会者深为感动。课文是一篇讲演的记录稿，题目是当时整理记录的人加的。当日傍晚，闻先生在参加《民主周刊》记者招待会后，在回家的路上，遭到特务的暗杀。这篇讲演距今已数十年，然而那鲜明的立场，爱憎分明的感情，一泻千里的气势，慷慨献身的红烛精神仍然深深地叩击我们的心弦。学生被吸引，迅速进入忘我学习的境界，反复朗读，沉浸在激昂慷慨的气氛之中。

其次，抓住传递感情的重要词句，咀嚼，推敲，让其中蕴含的丰富的思想结晶和喜怒哀乐的挚爱深情绽发出耀眼的火花，使学生身历其境，感动，共鸣，震撼。如牛汉的诗《悼念一棵枫树》抒写了美好生命遭受摧残乃至毁灭的悲哀。鲁迅先生说：“悲剧将人生的有价值的东西毁灭给人看。”牛汉的这首诗是以自己饱含生命的汁液塑造了枫树雄伟、美丽的形象，悼念它的高贵的死、悲壮的死。悼念一棵横遭砍伐的枫树，实际是在悼念本来应该活下去的死者。诗人把被悼念的人物、诗的形象和自己浓烈、深沉的感情完美地结合在一起，充分发挥诗歌叩击心灵的作用，读来催人泪下，令人心碎。

诗的开头写湖边山丘上那棵最高大的枫树被伐倒了，“几个村庄 / 和这一片山野 / 都听到了，感觉到了 / 枫树倒下的声响”，“家家的门窗和屋瓦 / 每棵树，每根草 / 每一朵野花 / 树上的鸟，花上的蜂 / 湖边停泊的小船 / 都颤颤地哆嗦起来……/ 是由于悲哀吗？”诗的字里行间一下子就营造了浓重的悲剧气氛，而“听到”“感觉”“颤颤地哆嗦”这些词让人感到枫树的死给大地带来多么大的震颤。“几个村庄”“一片山野”，每棵树、每棵草、每朵花、鸟、蜂、门窗、屋瓦、小船，一棵树倒下的声响有这样巨大吗？声波所及，有生命的、无生命的无不受到影响，乃至心都颤抖起来。疑惑、不解、同情、思念、悲哀、痛心……感情容量极大，“悲哀”一词如何概括得了？复杂的感情尽在不言中，激荡着读者的心胸。

枫树巨大的身躯倒下，但“飘忽着浓郁的清香”。抓住诗人对“清香”淋漓尽致的渲染，讲解深入枫树内部品质的高洁，即使被肢解成宽阔的木板，涌出的一圈圈“凝固的泪珠”“也发出芬芳”。生命中美的价值被摧残，被毁坏殆尽，怎不令人悲悯？怎不令人激愤？诗的形象也好，意境也好，都是通过遣词造句的艺术创造力展现的，因而，深入咀嚼、品味有深厚内涵的词句，体会作者流溢出来的真情，学生就会受到感染。

再次，朗读和默读交替进行，引导学生体悟情，表达情。朗读是把无声的文字变成有声的语言，作用于听觉，口耳传递，又通过听觉传递于心中。由于声音有激昂高亢，有婉转低回，有音调，有频率，有色彩，反复朗读，情和意会比较形象地流入心田，激起共鸣。如《最后一次讲演》中许多语句只有大声朗读，才能体会到讲演者心中犹如有一团炽热的火焰，从肺腑中喷射出来。如课文第 2 段突然改换人称，厉声怒喝：“这里有没有特务？你站出来，是好汉的站出来！你出来讲！”又如：“我们的光明，就是反动派的末日！”“正义是杀不完的，因为真理永远存在！”这些话既像匕首、投枪，直刺敌人的要害，揭露他们的卑劣行径，又像庄严的宣言、动员的号角。朗读，才能有气势，把感情淋漓尽致地宣泄出来。

但是，朗读不能只停留在技巧的指点上，也不能只是表演。朗读要入耳入心，就须有默读思考的基础。文章的来龙去脉、遣词造句的特点，费一番心思读、想、悟，朗读起来就能口顺心随，忠实于作者的原意，又能渗入自己的理解与感悟。朗读时表情达意的水平，实际上不仅是普通话的技能技巧，更是默读理解水平的检验。朗读默读结合得好，以情激情的收效就比较大。

最后，适当地运用多种教学手段，包括现代信息技术，增强教学的直观性、形象性，引发学生学习兴趣，激发他们的求知欲。如朗读时因课文的基调而适当地配乐，为激发学生感情出示画面，进入课文的阅读等。但不能喧宾夺主，上成影视课，也不能为多媒体而多媒体。这样不仅不能开发学生的思维，增强对语言文字的感悟能力，反而削弱了语文的学习。语文就是语文，重要的是和语言文字打交道，任何教学手段只起辅助作用，不可能取代，也无法取代。

方法多种多样，只有用得恰当，才能真正激发学生学习语文的热情，沉到特定的课文情境之中，感受、体验作者在作品中蕴含的深情。

○ 民族精神教育与语文教学[①]

这么多老师从16个省市来到上海参加这次研讨活动，我非常感动。做了一辈子语文老师，觉得教语文实在是太难了，语文教学真是充满遗憾的事业，因此要不断地探讨、不断地改进。今天上的六堂课，是选自不同层次的学校，不同的学年段，有小学的，有市级高中的，课型也不完全一样。有的课教育性比较显性，有的比较隐性。体裁上有诗歌，有散文，有现代文，也有文言文，课堂教学形式也体现了多样性。我想就今天上的六堂课以及我的理解，谈一点粗浅的看法，请各位专家、各位老师指正。

首先，我想谈谈为什么上海市教研室、上海市教师学研究会和全国中语会组织这样一次活动，即民族精神教育和语文教学的研讨。因为上海有两个纲要文件，一个是《上海市学生民族精神教育指导纲要》，一个是《上海市中小学生命教育指导纲要》。什么是民族精神，在《上海市学生民族精神教育指导纲要》里规定得非常明确，有三方面的内容：国家意识、文化认同、公民人格。现在的学生国家意识相对来讲比较薄弱。五六十年代的学生，包

① 2005年12月在“民族精神教育与语文教学”研讨会上的专题报告及展示课点评。

括80年代的学生，在升国旗的时候都非常激动。现在我们做了些调研，初中大概有近四分之一的学生觉得升国旗无多大意义，高中大概有百分之十八点几，这个数据令我这名老教师实在是忧心如焚。我们千辛万苦培养的孩子连对自己国家、自己民族的文化都没有归属感、认同感，那我们的茹苦含辛不就白费了吗？

讲到文化认同，第一个就是要认同我们的汉语言文字，认同我们的民族历史、民族传统，这是最最重要的。汉语言文字是几千年来我们的文化之所以能够传承的命脉。母语，跟每个中国人应该有不解的情结，是我们民族文化的根。一个国家的土地可以因侵略者的入侵而丧失，文化是不能消亡的。一个国家若语言消亡了，就彻底灭亡了。世界上有近6000种语言，现在已经有近2000种消亡了。因此，凡是明智的领导者，对自己民族的语言是非常非常尊重，非常非常珍视的。比如法语，法语如何规范、如何贯彻实施，是法国总统办公室管的。而现在的年轻学生对我们自己中华民族语言与文字缺乏深厚的情感，这是我们中小学教师感到非常心痛的事情。热爱祖国的语言文字，本身就是热爱我们的民族、热爱我们的民族文化的表现。中华民族拥有自己独特的思维方式。大到宏观的宇宙、天下，比如曹操的《观沧海》中，“日月之行，若出其中；星汉灿烂，若出其里”，真是天人和谐啊。小到一个字、一个词都是那么有魅力，那么能够聚意点睛，比如“红杏枝头春意闹”，一个“闹”字不知写了多少景色，繁花似锦，蜜蜂、蝴蝶纷飞的美景。而这种语言的魅力我们年轻人不太理解。我们中华的唐诗宋词真是璀璨如天上的繁星，这些宝贝学生不是很知道。由谁来传承，谁来撒播到他们心中呢？我想我们从事基础教育的语文老师，真是太重要了。因此民族精神的文化认同和语文教学是血肉相连的。

又比如公民人格。刚才黄荣华老师上课的时候讲到，现在的功利思想可说是侵入每一个领域。学生在学习的时候，真正的品味、欣赏、积淀是很少的，而多是功利心，学习就为考个好的学校，将来的目标是白领。我们教育方针讲得非常清楚，应是培养德智体美全面发展的建设者、接班人。但我们的学生上面半截没有了，要做白领。我不是反对做白领，但教育是要讲究层次的，马克思也讲不能把教育只作为浅层次的价值观，当作敲门砖、功利的求生手段，教育应该有深层次的价值观，那就是人的全面发展——让每个学生成为真正的人。因此，我们讲弘扬中华民族的民族精神，要在国家意识、文化认同和公民人格这三方面下功夫。我们的语文教学是宝库，是世界上罕见的宝库，其词语之丰富，表意之细微，表达之深入，真是纤毫都能分别。我们几乎没有什么思想是不能用汉语言文字表达的。语言是个巨大的宝库，它本身就是文化，因此它也就是民族精神的宝库，这二者本身就是血肉联系的。这是我们要举办这次研讨活动的第一个粗浅的认识。

第二个粗浅认识是关于我们的课程改革。就全国而言，这是 1949 年以来的第八次改革；上海市是第二次课程教材改革。这次课改的核心问题，一句话，就是以促进学生的发展为本，这是我们的核心理念。以促进学生的发展为本，这个“本”的根和魂在哪里呢？民族精神是人的立身之本，爱国主义是其中之魂。我们继承和弘扬民族精神，就要贯彻并实施到我们的学科领域，这跟我们的语文教学也是完全一致的，跟我们的课改是一致的。我们的语文课改以促进学生的发展为本，全面提高学生综合的语文素养。

语文素养有三根支柱。第一根支柱是知识与能力，这对我们中小学语文教师来讲，耳熟能详，驾轻就熟。但是，这次课改要求我们强主干，删枝叶。我们教的东西有很多是对的，有些确实并没有大用，太烦琐，太陈旧，所以要把烦琐的、陈旧的、偏的、难的内容去掉。第二根支柱是过程与方法。长期以来我们的教育比较重视结论、结果，往往对过程不够重视，这是东方教育和西方教育很大的差别，西方教育比较重视过程。其实一堂课就是一个过程，刚刚的六堂课，同志们都看到了，在这个过程里面，当学生全神贯注，发挥他们的聪明才智，用自己的学习经验、生活经验来回答问题的时候，我们老师会情不自禁地鼓掌，给予鼓励，这就是一个过程。如果只是看到一个结果，那么我们在知识传授、能力培养时，在指导他们学会学习时，有的时候就忽略了过程，情感态度与价值观也不够重视了。方法是要教的，学生究竟怎么学是要教的。比如读，课堂上应该有琅琅的书声，我也听了一些课，有的读得非常巧妙，有的是傻读，就是一遍一遍地读，小和尚念经，有口无心，读的效果比较差，因此要指导。读要指导，说要指导，想也要指导，这是教。否则要教师干什么呢？否则为什么说名师、严师出高徒呢？我觉得“二期课改”从来没有说要削弱教师的作用，而是更加重视教师的作用，教师的作用更重要了，也更关键了。第三是情感态度与价值观。情感态度与价值观是传统语文教学中的最亮点，中国人学语文从来是读书与做人结合在一起的。读书干什么，读书是明理！——“大学之道，在明明德。”（《大学》）求学干什么？在“明明德”，在彰明内心的美德，“在亲民，在止于至善”，达到至善的境界。因此它的情感态度与价值观本身就是它的内涵，并不是外加的。有的时候，我们把最最基本的传统忽略了，或者由于某些功利因素就把它放在一边了。

这三根支柱本身是融合在一起的，不是课堂上前半节教知识能力，后半节拓展一下教情感态度与价值观，绝对不是这样，它是融为一体的。民族精神的教育与语文教学的“二期课改”，和贯彻上海市的语文课程标准是完全一致的。一而二，二而一，以学生的发展为本，使得我们三个支柱的融合落到实处。

为什么要抓课堂教学？我们长期以来讲德育，讲德育渗透，做法很多，点子很多，效果不理想，我一直认为是在堡垒外面打外围战，没有进入我们的主渠道，在我们的主阵地上也没有一席之地。我们今日研究民族精神教育和语文教学，就是让我们的民族精神教育，也就是说国家意识、文化认同和公民人格伴随着语言文字的教学，伴随着我们的读、写、口语交际能力的提高而进入我们的主阵地——课堂，进入我们语文学科的主渠道。因为一个孩子进入学校学习，一天中绝大部分时间是在课堂上度过的，6、7、8节乃至9节课，今天的课堂质量，就是明日国民素质的质量。我体会到三尺讲台联系着学生的青春，学生青春的价值都在课的质量里面体现。一个人只有一个青春，青春是无价宝，没法回头，钱也买不来，不管你有多大的本事。比如我真是老了，七十几岁了，现在的事情前学后忘，中小学学的刻骨铭心，经久不忘；从前一个晚上可以突击背一本书，现在一个晚上一篇也背不出。可见青春的可贵。

为什么上海市教研室和上海市教师学研究会要下那么大的功夫，一个区一个区地研究课堂教学？我做了一辈子教师，学校里的每个角色我都担当过，任课教师、班主任、年级组长、教研组长、教务副主任、校长，我知道，学校里最难的事情就是上课。学校的质量就看这一堂一堂课的质量，这一堂一堂课是全面教育质量观还是片面教育质量观全部都体现出来。教书和育人结合在一起是全面教育质量观。每堂语文课应该是以语言文字的智育为核心，融合了德育和美育。我们组织此次研讨的第三个理由，就是要搞清课堂是育人的主渠道、主阵地，要提高我们的教学质量。这也是我们课改里头的“课要发挥多功能”的体现。一个是平面的，只教知识，只搞些训练；一个是立体的，在传授知识培养能力的同时教会学生学会学习，让他们的思想、情感、态度、价值观等受到熏陶，在这样的春风化雨的环境中成长。两种课的容量大不一样。我们想在这个方面提供些案例，供老师们研究探讨乃至批评指正。

其次，我想讲讲六堂课。我刚才讲了，六堂课有上海生源最好的学校，比如复旦附中，那里有上海市高中学生里头前500个当中的一些人，所以黄荣华老师的课主要是进行一些探讨。在《愚溪诗序》第一节课教下来后，学生对文中的“智”和“愚”有不同的看法。如何解决这个问题，是就智和愚来评判是非呢，还是让学生进一步去读文中有关内容，拎出里面重要的论据？本课就是适当地拓展，让学生理解柳宗元到底是智还是愚，这是探讨性的课。很多老师不了解探讨性的是不是一定是课题型的，是课本以外的内容。其实上海的三种课型（基础型、拓展型和研究型课型）并不是截然分开的，像黄河劈成南北两段那样，它可以适当地渗透。有的是比较好的生源，如建平中学张强同志教的《都江堰》，还有上午向明中学的郑洁老师和育才中学的马玉文老师的课，他们也是市重点，但相对而言，他们的生源就差一点。今天所有的课都是借班上课。休息时有个老师问：“你们为什么不用自己的班级？”我认为，青年教师教学求其真是非常重要的，因为他们在自己的班都试验过了，就不能再用自己的班级。今天两堂小学的课，一节是浦东新区外高桥保税区小学卢雷老师的，一节是闸北区实验小学陈娟娟老师的。她们借的是民办学校外国语大学附小的学生，学生完全不认识老师。

语文课从来都是遗憾的课，上课上得十全十美那确实是没有的，我自己就上了一辈子遗憾的课。有人说于老师你是谦虚了。我说我一点不谦虚，我教了一辈子遗憾的课，这堂好一点，下堂就差了。这非常正常，世上没有十全十美，哪一堂课能放之四海而皆准呢？那就不叫教育，不叫语文教学了。我们为什么组织这样的课，因为它有各种各样的体裁，有各种不同层面的学校。为什么这次请小学老师上课，因为想让中学老师看看，小学语文教学是怎样的，小学生是怎样学语文的。这六节课我不一一评说了，但今天听下来，刚才在黄荣华老师上完课后，我跟步根海同志商量了一下，想谈四点感受。

一是所有的课都应读懂教材，这是非常重要的一点。我们听了几十节课，我觉得读懂教材是非常难的。要真正读懂，既读懂字面，又读懂内涵，还要读懂字面和内涵如胶似漆的关系。很多是没读出来。读得好一点的，我们的老师们马上就认可了。有的读得还好，在实施的时候操作不够理想。

今天的第一堂课《开国大典》是不好上的，但它确实有几个亮点。比如这堂课老师要学生反反复复读，没离开教材。语文就是语文，否则为什么要编教材啊。我听了一些课，实在搞不清它是不是什么拓展。20分钟是语文课文里的，语言文字还没读懂呢，然后就一拓三千里。今天《开国大典》翻来覆去就在读，因为开国大典离现在的学生太远，半个多世纪了，学生很难体会当时的激动人心。因此只能通过文字，通过各种各样的读法去领会。卢雷老师强调的两句是很重要的，“工人农民赶来，直奔会场”，要求学生怎么读“直奔”，读懂农民是怎么赶来的。让学生体会普通平凡的语言所表达的内涵，表达的人的情感。什么叫开国大典？什么叫开国？毛主席的这席话是怎么讲的？把新闻制片厂当时的新闻搞到不容易，卢老师跟我讲，费了九牛二虎之力。教课是艺术，是心血浇灌。比如当中一段讲会场的布置，会场的布置是说明性文字，我们中学也最讨厌说明文，很难教，学生不喜欢，枯燥。他把这段说明文字教活了，学生印在脑子里了。开国大典，学生一定要记得那场景，是怎样的丁字街，是怎样的五座白石桥，北边是什么，南边是什么，旗杆在哪里，八面旗帜怎么迎风招展，都要做动作。学生要进入那个场景，这段说明文字非常重要，他把这内涵教出来了。要小孩子体验中华人民共和国成立的重要性，他真的是非常难体验，他是生在新社会，长在糖水里的，怎么体验啊。因此一个学生讲“三座大山”，第二、第三、第四个学生没有其他语言了，由此可见文辞的重要。我听了一些小学的课，除了课文里面的语言，学生没有自己的语言，积累不够，我觉得这样不行。我长期教中学，原以为小学的教材很容易读懂，并非如此，要读懂真是不容易。有学者说，读范文正公范仲淹的文章，做中学生时认为他是文人，《岳阳楼记》写岳阳楼气象万千，美极了，尤其是“不以物喜，不以已悲”，“先天下之忧而忧，后天下之乐而乐”，因此脑子里的形象是他忧患的灵魂。后来“文革”中再去读，发现原来他不仅是文人，也是武官，武官做得也很好。他做武官不吹牛，不说自己在西边打仗很了不起，慷慨激昂，壮志凌云，因为防御西夏，他写的诗几乎每首都是愁，都是泪。“酒未到，泪已满”，他有坦荡的胸怀，因此他不仅是立言。我们过去讲一个人要立言、立德、立功。“文革”中没书看，沈括的《梦溪笔谈》可看看，从书中得知，原来范仲淹救灾也是一把好手。遇灾祸吴中大饥，人们节衣缩食，他带人修寺庙、筑堤坝，跟现代人的经济思想很相近。别的地方饿殍遍地，他所在的杭州就没死尸。为什么？大家都是以工代赈。我举这个例子是为说明读懂一篇文章是十分困难的，对作者要有全面了解，对文章的来龙去脉，要一清二楚。所以读懂教材是十分重要的。

二是驾驭教材。中学的课，特别是高中的课很难上，难在哪里？不能面面俱到。小学的课文比较短，内容较浅显，很多是直白的。而初中、高中的课文有一定的文化含量，因此如何驾驭教材，是教师的基本功力。《开国大典》可通过这样的朗读、多媒体让学生谈体验。那么长的高中课文怎么体验，课怎么上？因此剪裁非常重要，要有所取，有所舍，有所详，有所略。没有取舍详略，无论如何是教不好的。今天建平中学张强老师的一堂课，开始说课时他讲了很多，后来我们给他提意见，内容那么多是来不及的，要忍痛割爱，因为余秋雨写的是文化散文，每句话都可以咀嚼，十节课也不够，就一节课时间怎么办。现在通过预习，抓三个对比，我觉得就非常好。长城和都江堰的对比，江水和海水的对比，一个实干家、试验家、水利专家和一般当官的比。做了很多取舍。老师要懂得割爱，打仗要把拳头握紧，伤其十指不如断其一指，因此一定要重点突出。我从70年代就培养青年教师，听了很多青年教师的课，下课后我经常要问他们，这堂课到底达到了什么目的。如果课上得像八宝粥一样，桂圆、赤豆……什么都有，有限的45分钟学生能学到什么？

再如杨绛的《老王》，这堂课很不好上，这篇文章在人教版教材里是初中的课文，高中的学生应该是读得懂的。杨绛写此文，对老王是非常同情的，同情这样一个社会底层的平民，初中生都能理解。这堂课有三个关键：

第一是老王的“形”。文章里出现的老王的“形”是怎样的？是一个残缺的穷苦人的形象，一只眼睛是瞎的，另外一只眼睛也没有多少光，骑车要撞到树上的，第三次出现的是直僵僵的活僵尸，腿都没办法走。这“形”看得就心酸，因此能不能一开始就让学生把握老王究竟是怎样的“形”？

第二是“情”。恻隐之心人皆有之，杨绛这样一个高级知识分子、著名的学者，她是怎样的心情？郑老师今天讲情是双向的，我非常同意，而且这情还是发展的。杨绛和这样一个三轮车夫本身是平等的，因为在车上可以聊家常。在杨绛和钱锺书落难时，老王同志还来踏车送钱锺书上医院，说“钱先给一半好了”，另外还问她有没有钱，这种金子一般的心就出来了。这种真情，一个人落难时受到这种情意，是没齿不忘的。我在“文革”时被斗，在校园里扫地，有个老先生跟我说一句话：“于漪，你要保重，不要想不开。”我跟他的交情非常一般，但就是这样一句话支持我活下来，那种情是发自肺腑的。

第三是“理”。老王在生命要结束时把仅有的香油和鸡蛋送来，可见情是一步一步发展的。对杨绛而言，平等相待，对老王非常好；老王有金子般的心，持感恩的心情。但文章最后一句话最难，是起灵魂作用的一句话：“那是一个多吃多占的人对不幸者的愧怍。”学生很难理解。上课时学生讲“多吃多占”的绝对不是一瓶香油、几个鸡蛋，这理解非常好。为什么？从形到情，这里上升到理性的思考。老王有金子般的心，对“我”没有半点虚情假意，完全是澄澈的；“我”对老王也很好，经济上接济。人好像是平等的。但为什么讲“多吃多占”？恐怕不仅是物质层面的。对一个有社会良知的人来讲是责己，这是中国知识分子的美德。杨绛和老王，一个是社会上层的，一个是底层的。为何杨绛有如此社会地位？因为她掌握了人类很多精神财富，与老王不仅在物质生活上，精神生活上差距也很大。杨绛学到了人类创造的很多知识与智慧，精神是非常丰富的，从精神到物质都是“多吃多占”的。因此对一个不幸者充满了愧怍就是这个道理。任何一个有社会责任感的、有良知的知识分子，都是悲天悯人的。“我”对老王表面上的尊重和人格上的平等到底有没有差距，“我”是不是也像他尊重“我”一样来尊重他这样一个活泼泼的生命？生命是平等的，任何生命都没有名字，都是平等的。作为有社会责任感的人，中华民族优秀的精英，都有悲天悯人的胸怀，屈原的《离骚》就是一例。从世界范围来说也是如此，没有悲天悯人的胸怀，哪里有《巴黎圣母院》？哪里会有卡西莫多的形象？哪里来《悲惨世界》的冉·阿让？因此，这里是最关键的。高中和初中教学的层面应该是不一样的，定要舍弃点东西，主干才能出得来。所以驾驭课堂的问题是非常重要的。

驾驭课堂的能力和读懂教材紧密联系。《都江堰》不好教，很长，从文化的眼光看，哲理层面的语言很多。比如李冰是“老农的思维”和“澄澈的人类学思考”，不容易理解，怎么讲得清楚？“人类学思考”纵向有很多层面。最底的层面，最澄澈的：人要吃饭，“文革”连人吃饭都忘掉了，最最澄澈的思想、生存的意识都没有，但是有“安全”意识，这是人际关系层面。最高层面的，除了文化，还有精神层面的平等。今天张强老师引导学生讲老农意识的方方面面，要生存要温饱，从何而来？从读懂教材、查阅资料而来。

我觉得张强的课还有点遗憾，宗教和人那一块，语言还没敲扎实。课堂上关键词句要像钉子一样敲到学生心中，让他们经久不忘。张老师讲了，也举了些例子，但真正印到学生心中的，大概分量不大。我们的宗教是很“世俗”的，我们讲的神是通情达理的，人变成了神，没有不可逾越的鸿沟，这里应该略加拓展。因为学生对宗教是不熟悉的，在《上海市中小学生生命教育指导纲要》制定前的调研中，根据抽样结果，中学生有 40% 的人相信人死了还能复生，简直是不可思议。学生对宗教不了解，因此要生发一下。中国是没有自己的什么几大宗教的，都是外来的，基督教是西方的，佛教是印度的。但在汉唐盛世以及后来，因为我们自身的强大，所以佛教的进来是非常温和的，马上融合到中华文化当中。中国的很多神是人封的，人和神不是截然分界的；西方的上帝，人是绝对不能封的。为何李冰父子能被封为神，关键词语是造福。谁为老百姓造福千秋万代，谁就被封为神明。略加生发学生就会记得很清楚。比如妈祖庙，所有出海的渔民都奉妈祖为神明；关公庙，关公被百姓封为神。驾驭教材要取舍详略，最最重要的东西用“榔头”敲下去，就会经久不忘。刘向《新序》的民族精神教育是很显露的。季子挂剑墓上，马老师抓住两个字：“伪”，不欺；“宝”，品德为宝，还是珍珠货币为宝，让学生能区别开来。应该说，从汉字本身来讲能生发出它的魅力，但是我觉得对如何驾驭教材还有很多欠缺，平铺直叙，精髓出不来。

三是课堂教学结构、师生互动。任何一堂课都是师生互动的交响曲，绝对不是独角戏。独角戏是不能教到学生心中的。我不反对讲解，如果这节课有非常精彩的讲解，不是不可以。我记得在 80 年代的教改中出现了一个非常荒唐的说法，看上课时教师讲多少，讲多了是保守，讲少了才是改革。其实，讲得多还是少，关键看你讲什么。对学生都是有用的，五十句也不多；如果是废话，一句也是多的。

师生互动中非常重要的是培养学生质疑能力。今天我们提供了两节小学的语文课，第一节以情感熏陶为主，主要教学方法是读；第二节以探究质疑为主，让学生提问，通过提问，阅读有关资料，以及反复地读课文，自己去努力寻找答案，这是培养学生自主学习的能力。我们现在有很多课，提问是虚假的，教师、学生早就准备好了，那还有什么好提问的？上课作假是最大的腐败。因为你以行为告诉学生什么可以作假。学生讲得出、讲不出，讲得好、讲不好，这都是很正常的。一个问题问下去，大家都举手了，要么这个问题是废话，要么就是事先都知道了。现在很多公开课弄虚作假，我们为什么要全部借班上课，就是这个道理。言传身教，自身都搞不好还有什么好教的。张强的课上多次说这句话：“大家再说一遍，再读读。”这就是教。所以要培养学生质疑的能力。

现在的学生发现问题的能力太弱，空讲创新，这是无源之水，无本之木。我们有时词用得很大，漂亮得不得了，其实是泡沫，就像是啤酒，酒只有一点点，上面全是泡沫。教学要货真价实。一字一句到学生心中，一字一句、篇章结构背后是什么，要让学生很好地领会。课并不是都要热闹非凡，又不是超市，热闹非凡并不都是好的，花里胡哨。课要让学生学进去。课热闹得不得了，有的是电视课，有的是杂耍课，没有必要。语文课是语言文字的魅力，备课备到语言文字一个个站立在纸上跟你对话了，明白作者在说什么，你就进去了。教到学生觉得作品站起来跟他说话了，这就对了。因此，课堂上培养学生自学的能力并不就是热闹一番，课不是上给别人看的，是上到学生身上，教到学生心中。去掉包装，多一点货真价实的东西，背背，读读，让学生好好地深思熟虑，谈些感受。我总觉得课不能只教在课堂上，而要教到学生心中，不能随着你声波的消失就销声匿迹了。若一学期有十堂课上到学生心里，成为他素质的一部分，你就是了不起的老师，他终身受用。语文是陪伴人的一生的。今天有些师生的呼应不理想，因为教师非常着急，“我的教案完了没有”，对学生讲的东西该怎么引导，怎么鼓励，怎么纠正，不够注意。还有，学生在讲，教师自己在写黑板，不交流。这点小学比中学做得好。中学老师要虚心请教，好好向小学老师学习，要跟学生心贴心。

我们教改有两大亮点。第一个是三根支柱，三根支柱的融合是我们语文教学在新时代的大发扬。因为我们要教出有中国心的现代文明人，要德才兼备，有很强的语言能力。第二个是学习方式的改变。学习方式的改变绝对不是一朝一夕的，很多文章中说到，一下子学生全都能自主学习了，我就不相信。有相当多的老师还不会自主学习，我自己也是这样。我有的时候会自主学习，有的时候根本不会自主学习。我看很多文章看不懂。《时间简史》出来了，高中课文选入了《邂逅霍金》。我想去看看《时间简史》，是连环画方式的，但我还是看不懂。那次在北京开数学大会，陈省身老教授讲看得懂《时间简史》的得是数学博士，我看到这句话就心安理得了，我不是数学博士。我们老师哪有那么大的本领？学生一节课就学会自主学习了，不可能。育人的过程是非常艰难的，一步一个脚印，不是变魔术，弄得我们眼花缭乱，应接不暇。其实语文就是语文，自己一定要有主心骨，不要今天东风，明天西风，东南西北风，追风搞得自己晕头转向。要读，真正把文章读懂，驾驭教材，不是被教材牵着鼻子走；要研究课堂教学结构，研究怎么才能教到学生的心中。

四是教师的一举一动要非常规范。一举一动，包括写字与说话。我们中学老师的字往往写不过小学老师。今天卢老师的字写得很规范。我做校长的时候，有个大学毕业生来实习，我去听课，看到板书我吓了一跳。“国家”的“国”，外面画个圆，里面一个“玉”。我问她，我们“永字八法”里什么地方有一个圆？教师的教学是世界观、人生观的亮相，因此一举一动，写字说话都要规范，不能随便。我在刚改行教语文时，一个高中的男孩子——现在是律师了——作文上写到一个老者，他打了个比方，说他的胡子很长很美，像牡丹花一样。这个比喻错了，我在课堂上读了这一段，他的头就低下来了。时隔多年他碰到我，他说：“丁老师，当时有地洞我一定钻进去的。”这件事我遗憾终身，当时我太随便了，没有深思熟虑。

其实，每个孩子都是活泼泼的生命体，他写错了说错了是常态，如果都会说了，像今天建平中学的几个学生，那要老师干什么？因此教师的每句话都要掂掂分量，不能随意地拿来用。拿来用，用得好是左右逢源，没有把握的时候还是不要用。教师对学生的教育作用不可能是零，不是正面教育作用，就是负面教育作用。因此教师对自己要非常严格，就是这个道理。习惯成自然，培养学生形成良好的习惯，良好的习惯久而久之就形成了良好的品格。各种各样好的素质培养起来，就变成了完善的人格。

教育为何难，难在打铁还需自身硬。所以选择了教师就是选择了高尚。什么叫教师，古代扬雄说过，德才兼备；什么叫教师，教师就是榜样。德才兼备，智如泉涌，这就是人师。我们的语文老师，应该不仅是学科教师，还是人生导师。今天六堂课里，有国家意识，有文化认同，有公民人格。“邦有道，贫且贱焉，耻也；邦无道，富且贵焉，耻也。”这都是公民品格，也是我们民族精神中的精华。尤其是今日，全球经济一体化，我们的民族精神尤其重要。我已经是七十几岁的老人，我之所以不遗余力地为语文的价值、地位、作用而呼吁，并非因为我是个语文老师，而是因为母语是文化的生命线。现在西方国家的语言入侵无处不在，无孔不入。有次在报纸上看到一则新闻，我很生气，说小学一年级的语文用外语来教，荒唐到极点，这是全世界也没有的。哪个国家哪个民族不尊重自己的语言啊！为什么香港过去第一语言是英语，那是因为一百多年的殖民式统治。入侵者第一是铁蹄蹂躏，第二就是语言入侵。抗战时期上海一沦陷英语教学马上全停止，全部教日语。整个世界和平发展是主流，但是虎视眈眈的大有人在。因此我们要坚守祖国语言文字的阵地，要亲近语文。用什么？用我们的实力，用精彩的课堂教学吸引学生对语文的热爱，用精彩的课堂教学来弘扬中华的文化，用自己的智慧和青春来诠释我们的语言文字是有表现力和生命力的。这样才无愧于当一名语文教师。

语文教学任重而道远，希望在年轻教师身上。因此，我们组织的课全部是青年教师上的，语文教学的光辉灿烂就在青年教师的身上。这是我作为一个老人、一个老语文教师的希望和祝愿！

○ 启发学生神思飞越[①]

想象，从心理学角度讲，就是人们在已有表象的基础上通过头脑加工厂构造出新形象的一种思维活动，想象就是形象思维。一个想象力丰富的人，他的创造力就强，能够把已经占有的知识重新组合，创造出种种新形象，或幻想出前所未有的形象。从这个意义上说，想象力确实像活化知识的酶。

爱因斯坦就非常重视想象力，他说："想象力比知识更重要，因为知识是有限的，而想象力概括着世界上的一切，推动着进步，并且是知识进化的源泉。"从这段话中我们可领悟到一个人的知识是静止的、封闭的和有限的，而想象力是运动的、开放的和无限的，想象力是能动的知识。如果把知识比作"金子"，那么，想象力就是"点金术"，能使知识活化，能进行创造。

我们教语文，当然不能把事先已经准备好的种种知识、结论一股脑儿塞进学生的脑子，捆住他们想象力、创造力的翅膀，而是应该千方百计使他们在读写过程中"思接千载""视通万里"，激发他们神思飞越，处于创造的

① 本文发表于《语文学习》1985 年第 6 期。

气氛之中，享受丰富的精神生活。那么，怎样在有限的课堂内开拓学生无限的想象呢？

一、选准想象的“触发点”

想象的心理过程是在客观事物的影响下发生的，讲读教学中要激发学生开展想象，提高阅读效果，教师就要认真钻研教材，选准选好想象的“触发点”。

把握文章的特色，抓住关键词句作“触发点”，引导学生开展想象。关键词句犹如一团线的头，头拉得好，就会思绪绵绵，思想插上翅膀。如《驿路梨花》的第一句就可选作想象的“触发点”。“山，好大的山啊！”一开篇就把哀牢山拔地而起的形象推到读者面前，然后镜头逐步拉开，展现群山紧挨、密林遍布的画面。由于第一句起得突兀，用反复朗读的方法作用于学生听觉，在感官上引起振动，再边读边想“起伏的青色群山一座挨一座”等语句，学生就会进入课文描绘的境地，品味语言的奥妙。

文中精彩的比喻也可选作“触发点”，触发学生想象。精彩的比喻极富形象性，如童话中的魔棒一样，碰到哪里，哪里就忽然明亮清晰。不少课文中运用了精彩的比喻，如能分清主次，择其精要激发学生想象，学生对课文的理解就会具体深入。如《井冈翠竹》绘竹子形态时，以“当年山头的岗哨”和“埋伏在深坳里的奇兵”为比喻。以此为“触发点”触发学生想象，不仅可对远眺所见的竹子的神态、气势加深认识，而且能自然地联想到当年的革命战士。从这两个比喻出发想象开去，对为写竹子的思想精神埋伏笔的细微之处就能有所体会。

用图像、线条也能触发想象。有些诗文用多彩的语言描绘出令人赞叹的意境给人以启示和享受。教学时如精选有关图像引导学生辨认、欣赏，也同样可收到触发想象的效果。如教《海燕》时，以沈德伦作的水彩画《海燕》为触发点，开启学生想象。画意与诗“海燕叫喊着，飞翔着，像黑色的闪电，箭一般地穿过乌云，翅膀掠起波浪的飞沫”相合，指导学生观画，想象画前景象，推想画后景象，想象天空和大海的变化，想象海燕的形象，使静画活动起来，这就促使学生理解诗意是怎样发展怎样深化的。

二、调动学生的知识储存和生活经验，发展他们想象的能力

想象力的发展须凭借感知过的种种材料。要发展学生的想象力，在语文教学中要经常提供和交流感性知识。感性知识是想象的基础，感性知识越丰富，想象力越强；反之，脑中空荡荡的，即使外界有事物、有语言文字触发，脑中也难以形成生动、丰富的图像。教学中要经常有意识地提供和交流感性知识。读诗，讲画，谈小说，评散文，重在诗情画意的描述，生动的细节的描述，以声传形，以声传情。带领学生到生活中抓活泼泼的材料，抓新鲜的带光彩的细节。学生眼看、耳听、心记，感性知识日益丰富，开展想象就有坚实的基础。

用环链式的小问题轻轻叩击，调动学生的知识和生活经验，再现文中描绘的景象。富有诗情画意的情景描写，往往要涉及景物的形、声、色，笼统地想一想，效果不理想。如果从视觉、听觉、嗅觉、触觉等多方面设计一环连一环的小问题助学生想象，就能使脑中图景清晰起来，立体起来。如《社戏》一文中月夜行舟图是极妙的描写，教学时要学生边阅读边想教师提的问题：看到什么？回头看到什么景象？听到什么？仔细辨一辨有哪些声音？再倾耳听一听，管乐还是弦乐？嗅到什么？和什么味一样？远看，近觑，作者写景，读者造境，把书中的无我之境想象成有我之境，使外物和内情融合，情景交融，增添真切感，这样，对文中的“自失”就能深入理解，产生共鸣。

想象力的高低不仅取决于已有感性材料的数量和质量，而且取决于一个人的语言水平。学生的想象活动是在语言调节下进行的，想象的内容一般是用语言的方式表达出来的，如脑中只有图像，而不能以清晰生动的语言表述，想象和思维的发展都会受到影响。教学中根据课文的特点要求学生选择恰当的词语，组织语句，绘声绘色地描述人物形象或自然环境，可促使他们展开想象。如对《听潮》中运用博喻的部分，要求学生阅读后口头描述海潮来时的各种声响，不仅发展想象力，而且用词能力也得到培养。

推想作品中的情节与人物活动也能发展学生的想象力。文学作品为了使情节集中，人物形象分明，常以简驭繁，用笔比较跳荡，留给读者想象空间。教学时可抓住作品的某些特点培养和发展学生的推想能力。推想也是一种想象，由眼前见到的事物推测到没有直接见到的事物。阅读教学中发展学生推想能力，可先抓住文中描写的有关情节、有关场景促使学生脑中再现生活的原貌，然后要求他们顺着作者思路推想情节的合乎逻辑的发展。这样训练不仅调动学生生活经验开展想象，而且可使他们从比较中体会剪裁的艺术技巧，学习构思的方法。如教《金色的八十年代》，要求学生推想第二个场景的具体情况，把暗写的内容补明，从而体会作者剪裁得当、明暗相辅的匠心。

议论文的阅读似乎只需逻辑思维，而无需想象力。其实不然。议论文阐述抽象的道理，而抽象的道理是观察客观事物后形成的。为了帮助学生阅读时理解得具体、深入，同样需要启发他们想象，引导他们用生动的事实作补充，使词句表达的概念、判断和阐述的道理形象化。

三、采用充满情趣的方法促使学生脑中展现立体图景

有人说，如果把客观实际比作空气，那么，想象就是翅膀，只有两方面

紧密结合，才能飞得高、飞得快、飞得远。这个道理用来认识和指导学生在读写训练中展开想象的翅膀也是很有益的。方法充满情趣，这样学生就乐于接受，如：

作图法。文学作品常具有诗情画意，把用文字写成的诗文改换成用线条画成的画，情味增添。学生要画，就要反复读课文，理解得正确、深入；画了以后，图像展现，又可图文对照，评长道短，开展想象，活跃思维。如辛弃疾的《清平乐・村居》，疏疏几笔，活画出小农家老小两代人的五个形象，展现了江南山村景色。教学时要求学生把词中塑造的农家景象白描一番，把作者的文字“白描”变成用线条用画笔“白描”。学生兴味盎然，他们不仅要考虑翁媪的形貌、神情，考虑大儿、中儿、小儿的神态、动作，而且要考虑空间如何安排，溪、田、藕池、茅屋等如何配置才符合诗意。学生脑中不浮起立体图景，下笔就难以正确。有些说明文介绍物体的空间位置也可用作图的方法促使学生开展想象，训练思维的条理化。当然，这种作图有别于美术课，它只是培养想象能力，提高阅读理解水平的辅助手段，不能喧宾夺主。

手势法。有些课文绘景写人有声有色，阅读时如无生字难词，学生往往会一晃而过，不注意咀嚼体会，难以留下深刻的印象。教学时抓住关键词句，要学生佐以恰当的手势，学生不仅有浓厚的兴趣，而且可加深印象。如《驿路梨花》中有“突然梨树丛中闪出了一群哈尼小姑娘”，教学时要求学生以手势表场景，体会“闪”字的传神作用。理解不深的同学只用一只手做一个快动作以表示“闪”，而理解得较好的就用两只手做手势，一只表示树，另一只表示小姑娘。因为“闪”写出了一群小姑娘走出来的速度，出现时的亮度，使人眼前豁然一亮，树密人稠，风光美丽。至于人物动作，学生描摹一番，课堂气氛可大为活跃。

比较法。阅读教学中选准想象的触发点促使学生开展想象是培养想象力的一种做法。但是，如果只局限在课文的词句，而不注意因势开拓，想象的内容有时就显得单调。如果抓住重点语句注意打开学生的思路，学生想象的内容就会比较丰富；再把想象的内容与课文中写的内容对照比较，对课文中有关写法的认识就会深入一步。如《序曲》一文中老院长的出场是借助从镜子中出现来表达的，除了要学生想象这种场景的具体情况外，还可询问学生还有哪些出场方法，要他们充分展开想象。学生可以说出多种，如推门、缓缓进来、咳嗽、手搭在主人公的肩上，等等，然后进行比较，区别写法的当与不当。

续文法。有些课文结尾含蓄，耐人寻味。教学时抓住这个特点要求学生把文章续写下去，学生会思想展翅遨游，积极探讨。这样做，不仅能激发学生浓厚的学习兴趣，而且有助于对课文脉络的梳理和主旨的钻研。如《小麻雀》一文结尾未明写小麻雀的结局，而学生从上文了解了小麻雀的悲惨遭遇后，感情上有所触动，对小麻雀的关心和同情促使他们很想知道小麻雀的结局如何。在这种情况下，要求学生开展想象，顺着思路推想小麻雀该有怎样的结局。学生想象的具体情节不相同，结局也迥异，至于细节更是杂彩纷呈。学生按自己的想象写续篇，想象能力、表达能力都得到了锻炼。

作文法。想象有再造想象、创造想象和幻想之分。再现文中场景多属再造想象，而培养学生的想象力不能停留在这一点，要注意引导他们运用已经感知过的各种材料进行加工改造，创造新的形象，也就是说要培养创造想象和幻想的能力。作文可担负此任务。作文题得当，能促使学生由此及彼、由纵而横地开展想象，“观古今”“抚四海”，天上人间，纵横驰骋，创造出种种新形象、新图景，甚至是神奇的。如让学生作《80年代畅想》，学生思想活跃，有的想到自己成为宇宙航行员，从月球上观地球，想象奇丽，并引张孝祥的《过洞庭》诗句“尽挹西江，细斟北斗，万象为宾客”来描写一二十年后在月球上师生欢聚的情景，很有情趣。

总之，想象是学生掌握知识的一个重要条件，要提高语文教学质量，课堂内要善于把握各类各篇课文的特点有意识地唤起学生想象。这样做，不仅能促使学生加强对艺术形象的感受，而且促使他们对课文的认识向理性阶段深化。

训练学生的想象力，课前须作周密的考虑，注意并正确处理想象与观察、思维之间的联系与区别。想象不是胡思乱想、想入非非，即使是幻想，也植根于现实生活的土壤。因此，指导学生开展想象要踏实而不拘谨，宽广而合逻辑。观察是思维的基础，想象又给思维插翅加翼，这样，学生在听、读、说、写训练中不仅知识学得扎实、深入，而且创造力获得培养。

○ 教学中开发创造潜能举隅[①]

当前语文课程教材改革十分注重学生创造精神的培养和创造潜能的开发。教育部制定的《全日制义务教育语文课程标准（实验稿）》中多次提出这个问题。如在课程总目标中提出："在发展语言能力的同时，发展思维能力，激发想象力和创造潜能。"又如在教学建议中说道："语文教学要注重语言的积累、感悟和运用，注重基本技能的训练，给学生打下扎实的语文基础。同时要注重开发学生的创造潜能，促进学生持续发展。"在课程标准的其他部分也屡次说到。上海的语文课程改革这方面的内容与要求与之相似相仿。

语文课程应该是开放而富有创新活力的，语文教师的作用在于创造性地理解和使用教材，组织学生的学习活动，引导学生学会学习。阅读教学中特别要鼓励学生进行探究，对课文的内容、文字，涉及的人、事、景、物，要大胆地发表自己的意见，评头品足，论是说非。

① 本文发表于《杨浦教师进修学院院刊》2009 年第 1 期。

一、提倡采用研究性的学习方法

课程改革的重要内容之一是充分激发学生的主动意识和进取精神，倡导自主、合作、探究的学习方式。自主、合作、探究的学习方式与有意义的接受性学习相辅相成，而鼓励学生探究，有利于创造精神的培养。

苏霍姆林斯基在谈到怎样组织青少年的脑力劳动时说了一段很有趣的话，他说："学生不仅从我手里接过知识的砖头，不仅考虑把它们垒到哪里去，而且还仔细地端详这究竟是些什么样的砖头，它们是不是用那种构筑一座坚固的楼房所必需的材料制成的。"（苏霍姆林斯基《给教师的建议》）这段话清楚地告诉我们，学生在学习过程中绝不是承受教师讲解的容器，而是能独立思考的人。教师并不能满足于把现成的结论告诉学生，而是要求学生对学习采取研究的态度。学生脑子里应该呈现构造知识的图景，对知识的理解可以有种种假说，种种解释。然后经过比较、分析，特别是借助班级同学集体的力量加以评论，就可获得正确的结论。在这种情况下，知识也好，能力也好，不是消极地掌握，而是靠脑筋积极获取的，其中不乏创造的因素。

例如学习《藤野先生》时，学生提出一系列问题进行研究。有些问题似乎并不在本次教学考虑的范围之内，学生提出了，且很有道理，教师就要灵活地调整计划，尊重学生的创造精神。

有的学生认为，文章劈头一句"东京也无非是这样"，"也"是关联词，前面没有句子，关联什么呢？有的学生认为，这正是绝妙的地方，作者身处大清帝国，政治腐败，官府乌烟瘴气，民不聊生，实在痛心疾首。东渡日本留学，为的是寻求救国救民的道理，没想到东京的清朝学生也是如此腐败。有的学生认为，"也"好在前面有许多潜台词，如果把国内情景写出来，岂不累赘？学生拿了"也"这块砖头，而且知道放在哪儿，起什么作用，教师原先未考虑到。

有的学生认为，作者记住"日暮里"，记住"水户"等地名，表现了作者的爱国主义精神。由此引发了一场争论。一方认为“水户”是明朝遗民朱舜水客死的地方，可以此表露爱国主义思想感情，而前者难以解释，拉扯不到爱国主义思想感情上。一方认为，“日暮”象征着国家的衰败，作者东渡日本留学，目的在寻求救国之路，可是到了东京看到清国留学生如此醉生梦死，感到前途茫茫然。旅途中一看到“日暮里”这个地名，触景生情，故而记得。因此，记得这个地名同样是表露鲁迅先生爱国主义的感情。双方争执不下时，一位学生陡地站起来说：“别争了，你们不能望文生义。鲁迅先生自己说：‘不知怎地，我到现在还记得这名目。’你们比鲁迅先生还知道吗？”学生这一说法很有见地，学习要研究，不能臆断。教师肯定了学生畅所欲言，同时指出：考证事物应注意本证，不能牵强附会。鲁迅先生说“不知怎地”是最可靠的证明。推论要有根据，不能建筑在主观臆断的基础上。然而，“不知怎地”必有其具体内容，有兴趣的课外可查阅资料，深究一番。

二、爱护闪发出的创造性的火花

学生辨疑、析疑时，教师无论如何不能以自己思考问题的范围给学生“画地为牢”，叫学生“就范”。学生思考问题通常有自己的习惯性思路，怎样由感性认识上升到理性认识；怎样根据种种事实下判断；怎样进行分析，进行归纳；等等。有时由于某些因素的触发，会突破习惯性思维的羁绊，闪发出创造性的火花。教学中教师要善于把握种种因素，培养和鼓励学生的创造精神。

学习《记念刘和珍君》时，有学生提出：“‘我向来是不惮以最坏的恶意来推测中国人的’，前面又说，‘有限的几个生命，在中国是不算什么的，至多，不过供无恶意的闲人以饭后的谈资，或者给有恶意的闲人作“流言”的种子’，作者用了三个‘恶意’，似乎太多了。显然，它们的含义不一样，容易混淆，反倒不好。即便再好，‘以最坏的恶意’来推测中国人也不应该，中国人不都是坏的。”学生把文中前后的语句联系起来思考，学得积极主动。

经过这位同学提问的触发，学生十分活跃，辨别，讨论，认为“有恶意”“无恶意”的“恶意”是指坏心思、坏心眼，而“以最坏的恶意”的“恶意”是指最坏的设想，最坏的估计，并不是对中国人有恶意。鲁迅先生是“横眉冷对千夫指，俯首甘为孺子牛”的人，怎可能对所有的中国人有看法呢？显然，作者“推测”的“中国人”是指那些“下劣”“凶残”到使他难以预料的反动派及其走狗，以此来揭露他们远比自己推测还要坏得多的嘴脸。如果改成“来推测有些中国人”就合适了。不过，文章的味道就不一样了。这是气愤到极点、悲哀到极点喷出来的话，读者能看懂，能领会。

这种阅读心得是有个性的，有自己独特的体验，教师须立即鼓励。这种闪烁的火花又引发了其他学生的思考。有学生认为，向来不惮以最坏的恶意来推测中国人，是鲁迅先生思想的真实表露。他生活在旧营垒之中，看到的丑恶现象太多，愚昧状况太多，推测包括妇女在内的人民群众落后、软弱、冷漠、无知。而今，三一八惨案使他觉醒，“中国的女性临难竟能如是之从容”。从这一点说，他有自责的意思，是从另一角度歌颂中国女子的勇毅和伟大。

学生十分可爱，教师要理解他们。他们感兴趣的不全在长知识，更在于独立开展抽象思维过程本身，也就是喜欢长知识和长智慧相互结合的智力活动过程。学生勇于谈看法，摆见解，课堂里就常会闪耀创造性的火花。

三、满足学生“吃不饱”的要求

学生学习语文过程中常有“吃不饱”的感觉，教师对学生这一心理特征常常缺乏认识，总觉得这个水平不理想，那个差错也不少，对学生语文的总体水平和潜在能力估计不足，于是，就出现讲得偏多偏浅的情况，学生能理解的还不厌其烦地教。这样，学生思维活泼不起来，创造性思维更是受到抑制。

教课时，针对学生“吃不饱”的要求，多鼓励他们积极探求，不仅是课文本身，也可以拓展到课外。学生情绪高涨，内心喜悦，往往课堂上会出现“神来之笔”。

例如学习契诃夫《装在套子里的人》，学生被别里科夫这个可悲、可鄙、可恶、可憎的形象所吸引，提出：小说刻画人物先从衣、住、行、待人接物、精神状态、语言习惯、社会影响等方面作一般性描述，然后把他放到“爱情”这件事中作具体描绘。显然，二者不并列，前一部分是概况介绍，后一部分是具体刻画，以印证前面的介绍。但仔细推敲，又觉得不对劲。别里科夫逢事必讲“千万别闹出什么乱子”，事情大到差点儿要与柯瓦连科的姐姐华连卡结婚，倒反而没有一句这样的话，似乎不合情理。再说，柯瓦连科、华连卡那么活泼、好动，单是骑自行车就够吓死别里科夫了，他怎么不怕“闹出什么乱子”来呢？

学生居然能看出这一点，这是教师始料未及的。教师在肯定这个看法的同时，趁势拓开，请大家就结婚这个问题想一想别里科夫会有怎样的心理活动，怎样的语言。学生根据课文中人物的语言描写、心理描写，展开想象，有声有色地加以补充。在学生热情叙说的基础上，教师把删节的有关部分告诉学生。“别里科夫曾说过这样一段话：‘不成，婚姻是终身大事，应当先估量一下马上要承担的义务和责任……免得以后出什么乱子。这件事闹得我六神不安，我现在通宵睡不着觉。’”学生煞有兴趣地记录了下来，感到了一种满足，而提问题的学生更露出几分得意。

鼓励学生的创造精神，学生的求知欲望倍增，语文能力、认知能力往往超水平发挥，推动教学往纵深发展。

以上仅是教学中开发学生创造潜能一鳞半爪的做法，如果坚持不懈，持之以恒，学生创造意识必然增强，创造精神也能够获得有效的培养。

○ 德智融合　相得益彰[①]

根据上海市“大中小德育课程一体化建设研究”试点方案对基地层面的要求，2014 年 12 月起，上海市语文学科德育实训基地开展了“中小学语文学科育人功能纵向衔接横向贯通的实践研究”，意在探究德育内容体系在中小学语文学科融入的基本规律，深入挖掘语文学科本身所蕴含的价值观念和道德内涵，促进中小学语文学科知识体系和价值体系的有机统一，力求德智融合，协调同步，相得益彰。也探索与相关学科的德育共通规律，体现课程德育合力。在实践研究中，教师提升育德意识与育德能力，增强在学科教学中“立德树人”的自觉。

研究在三个方面着力，聚焦在课堂教学实践的展示与探讨。

一是学习与把握德育内容体系的丰富内涵，在脑中形成清晰的框架，增强对须在语文学科教学中“落地生根”的价值观念与道德情操的辨识与熏染。在社会快速发展、价值多元、文化多样环境中成长的青少年学生，面对来自国内外的种种诱惑，必须坚定价值追求，明确人生走向，立民族精神之

① 本文发表于《上海教育》2017 年第 8 期。

根，树爱国主义之魂，适时地对他们进行做人的教育，打下扎实的基础，能促进他们健康成长，长足发展。

二是梳理中小学语文教材，选取其中典型课文，将“政治认同”“国家意识”“文化自信”和“公民人格”四项一级指标和十六项二级指标的核心内容分解到各学段。先分学段进行典型课例研究，再各学段合起来探寻德智融合规律。解读文本时须回答几个问题：为什么确定德育内容的这个维度？文本蕴含怎样的教学价值？实施德育的关键载体是哪些？学生阅读这个文本会有哪些困惑？先行研究的典型案例反复推敲，不断修正，形成共识，再推广至每位学员教师独立研究，共同把握的是：“文本解读”重在整体把握，剖析文本中学科核心价值与德育元素的融合；“学生阅读困惑”是研究的现实起点，应整体把握各学段学生的认知特点和接受意趣的发展规律；“文本教学价值”既要体现语文能力培养的学科“独当之任”，又要体现情感态度与价值观熏陶的所有学科共同承担的责任担当，还应不断追问这些教学价值对当下学生的意义；须坚持把文本中最能体现德智融合的关键词句、段落、结构、表现方法等作为“德育关键载体”；研究时要瞻前顾后，注意同一学段教学内容前后之间的衔接、不同学段教学内容之间的衔接。

三是探讨学科育人教学方法。根据语文学科特点，德智融合教学方法有兴趣引导法、内外交互促进法、切问近思法。根据学生年龄差异，方法侧重点可不一样。小学阶段激趣法，找准学生兴趣点、动情点，着力外部促进；体察法（如游学等）。初中阶段由情入理法，外部激荡与内部唤醒；实验法（如调研等）。高中阶段由理促情法、情理互见法；内外互促法；推介法（如宣讲等）。

在三个着力的基础上，人人进行课堂教学实践，并按照德智融合要求开展教学评议，提升认识，修正不足。又与上海市洋泾中学的历史、地理、音乐、美术、英语等教研组开展跨学科育人研究，开设了语文 + 历史、语文 + 美术、语文 + 英语等展示课，与学生心灵形成共鸣，体现课程的德育合力。

经过两年的实践研究，教师的德育意识与德育能力明显增强。窥他们面对语文教学的三个变化可看到他们的专业成长、育人的责任担当：从关心学习成绩变化为关心心灵世界的滋养；从文本解读偏重文字形式变化为注重文字背后的内涵挖掘，彰显文本的教学价值所在；从笼统的概念化的以文育人变化为课文教学须明确文中德育关键载体，选择德智融合各学段最合适的路径与方法。

“价值取向的思辨与判断”主题活动是这项实践研究的阶段展示，以“国家意识”德育维度贯穿小学、初中、高中，呈现“课堂思考”与“学段实践”。

第 5 章

躬行实践

○ 让课堂精彩起来[①]

学习动机是推动学生学习的主观动力，学生有了强烈的学习动机，就会产生迫切的学习愿望，就能积极主动、想方设法克服学习中的困难，取得良好的学习效果。兴趣和动机密不可分。学习兴趣是学习动机的一个重要的心理成分，它是推动学生探求知识和获得能力的一种强烈的欲望。

两千多年前孔子就说过："知之者不如好之者，好之者不如乐之者。"国外的许多教育家、心理学家对此也有专门的研究和论述。现代心理学之父皮亚杰指出："所有智力方面的工作都要依赖于兴趣。"俄国教育家乌申斯基也认为："没有任何兴趣，被迫进行的学习会遏制学生掌握知识的意图。"生物学家达尔文在自传中也曾这样说："就我记得我在学校时期的性格来说，其中对我后来发生影响的，就是我有了强烈而多样的兴趣，沉溺于自己感兴趣的东西，深喜了解任何复杂的问题和事物。"显然，人是有情感的动物，钟情于某个事物，就会有力量勇往直前，克服困难。学语文也是如此，注情于学习之中，学习当然也能生辉。

---

① 本文发表于《中学语文教学参考》2005 年第 6 期。

当下，对学习语文的态度与感情，大部分学生是“爱你真是不容易”，淡漠，无所谓，乃至厌倦，已是见怪不怪。形成这种状况的原因错综复杂，有教育内部的，也有教育外部的，而语文教学本身似乎也应“反躬自省”。语文教学是母语教学，母语教学的困难大大超过理科和外语教学。比如理科，每一章节的知识都是新的，各种数学公式、物理定理、化学分子式对学生而言都有陌生感；再如英语，新的句式，各种语法规律，既有常态又有变态，不是学生能够一目了然的。因此，这些学科的教学过程是学生从不懂到懂，从未知到知的过程，这个过程本身就会成为学习的动机，刺激学生的求知欲。学母语呢？即使是从未见到过的新课文，看一遍似乎全懂，认知没有障碍，似乎教与不教、学和不学一个样，因而学生较难产生学习母语的内在驱动力，对母语教学持无动于衷的冷漠态度也就不难理解了。

要改变这种状况，当然要讲道理，增强学生学习语文的责任感，但仅仅晓之以理远远不够，还要动之以情，激发他们学习的主动性和积极性。晓之以理也好，动之以情也好，须聚焦在抓住学生的心理，把一堂堂课上得精彩纷呈。学生有求知的欲望、好奇的心理，置身于精彩的氛围之中，就会知之、好之、乐之，品评字词，鉴赏作品，遨游于祖国语言文字的海洋，升腾起热爱语文的感情。

怎样让课堂精彩起来？不同的视角可以有不同的做法、不同的论述，本文仅就课的起点、难点、重点讲述一二。

起点要亮

一堂课并不是混沌一片，它是由若干教学环节组成。教师要善于从学生的学习实际出发，调动教材内容，安排讲练环节，有起有伏，有鲜明的教学节奏，促使学生大脑皮层产生兴奋。此时再进行学习投入，效果就比较理想。

课千万不能“温吞”，不能“嘎巴”，起始阶段就要精心设计，亮闪闪，吸引学生的注意力。俗话说，文章开头好就成功了一半。课也是如此。古人谈写诗作文的起句之妙处，均可移植过来。如明代谢榛说的“凡起句当如爆竹，骤响易彻”，清代沈德潜说的“歌行起步，宜高唱而入，有‘黄河落天走东海’之势”，清代方东树说的“起句须庄重，峰势镇压含盖，得一篇体势”等，均可为教课所用。课的起点设计方法甚多，关键在着力激发学生学习某篇课文的兴趣，引发他们求知的欲望。常用的方法有：

1. 以旧引新

学生的生活经验、学习所得就是他们学习新知、锻炼能力的宝贵财富。课堂上有意识地经常让学生展示自己掌握的知识，学生就会有一种自豪感。在这个基础上引入新的学习课题、新的学习内容，他们就非常容易接受。如学《雨中登泰山》时这样安排：

“你们游览过祖国的名山大川吗？那奔腾咆哮、一泻千里的长江黄河，那千姿百态、气势雄伟的三山五岳，孕育了我们中华民族的古老文明，一想到它们，民族自豪感就会涌上心头。请同学们说一说：自己游览过哪些山？又有谁游览过名山？”（学生纷纷举手述说：江西庐山，安徽九华山，山西五台山，江西井冈山，福建鼓山，青岛崂山，无锡锡山，苏州灵岩山，四川峨眉山……）“在所有的名山中，五岳为最。谁能准确地说出‘五岳’？‘五岳之长’又是哪座山？”（有学生答：东岳泰山，南岳衡山，西岳华山，北岳恒山，中岳嵩山。）“五岳之长”学生说不准确，教师点明：“五岳之长”是巍巍泰山。泰山有拔地通天之势，擎天捧日之姿，历代多少文人墨客写诗撰文讴歌、赞美，杜甫的五言古诗《望岳》就是其中之一。（学生学过，立刻高声背诵：“岱宗夫如何？齐鲁青未了。……会当凌绝顶，一览众山小。”）“‘一览众山小’的境界是令人神往的，只有登攀到‘绝顶’，才能领略那无限风光。今天学《雨中登泰山》，就请作者为向导，跟随他攀登高耸雄奇的泰山。”

课起始，学生调动自己的知识和经历积极投入，课堂里抹上了亮色。

2. 以新知激趣

求知是青年学生的天性，课的起始用学生不熟悉、不掌握、不了解的知识作为导入新课的引子，学生就会兴味盎然。当然，新知可以由教师引入，也可由学生在课外阅读中或网上查找。学生寻求新知，积极性高涨，易立即步入学习境地。如介绍《变色龙》作者契诃夫的小说创作特色，可用生动、形象的语言描述。

他创作的小说主题挖掘很深，而这深刻的主题思想是通过人物形象的塑造来表现的；主人公的典型性格特征为整篇作品的焦点，以此为核心安排场景、情节、细节和配置其他不可少的人物，形成生动的形象体系。用他自己的话来说，“人在写小说的时候总是不由自主地先忙着搭好它的架子：从一群人物和半人物里只取出一个人物——妻子或者丈夫，把这人物放在背景上，专门描写他，使他突出，把其余人物随便撒在那背景上，像小铜币一样，结果就成了一种像天空的东西，中间是一个大月亮，四周是一群很小的星星”，这就概括了他短篇小说创作的一大特色。

他的创作技巧十分高超，高尔基赞扬他：“只需一个词就创造一个形象，只需一句话就可以创作一个短篇故事，而且是绝妙的短篇故事，它像螺钻钻入地下一样深入到生活的深处和实质中去。”

创作的形象体系，“大月亮”“小星星”“一个词就创造一个形象”“一句话就可以创作一个短篇故事”等知识，学生从未接触过，有眼前一亮之感，因而，以新知引入，一下子就抓住了学生的心。学生沉入阅读之中，探究在《变色龙》中“大月亮”是何等样人，“小星星”又有哪些，起何作用。

3. 以直观演示吸引

数理化教学中有实物演示，以强化学生对事物的认识，语文教学同样也可采用这种方法。使用图画、实物、幻灯片、模型、录音、录像、多媒体课件等教学手段，目的是通过视觉、听觉、触觉等途径让学生感知。课的起始恰当地运用，学生有新奇感，注意力被吸引了。

如《藤野先生》，据鲁迅自己说是“从记忆中抄出来”的，那么，什么时候“抄”的，又是“抄”什么时候的？课一开始，教师出示了两张照片请学生辨认。一张是周树人东渡日本，在日本留学时的照片，一张是鲁迅先生1926年在厦门大学任教时的照片。学生感到新鲜，注意力立即集中。课本注释该文选自散文集《朝花夕拾》，学生积极地加以诠释：早上开的花，傍晚捡起来，因而，该文是回忆性散文，是鲁迅先生在厦门大学任教时写的青年时代东渡日本留学的生活片段。

又如教《花儿为什么这样红》这篇说明文，为了激发学生对说明文的重视，认识说明事物的重要性，课起始教师不作任何解释，先请学生做一个小实验：讲台上放着试管、溶液、试剂、不同颜色的花，先让学生将花搓揉出花汁，滴在不同的溶液里，然后添加不同的试剂，最终溶液呈现不同的颜色。操作的学生兴味盎然，观察的学生全神贯注，有的还不断提醒，不断出主意。在小实验的基础上，对照课文中相关的说明文字阅读思考，印象就深刻。

课的起点要亮，要激发学生学习语文的愿望，远不止上述几种方法。还可以检查预习，导入新课；开宗明义，明确学习目标；开拓想象，创设意境；激发感情，褒善贬恶；抓点拎线，条分缕析；紧扣课文个性，形成悬念；创设质疑的条件，让学生发现问题；引出求知的矛盾，触发解疑的积极性；等等。不管采用何种方法，目的只有一个，就是让学生在课间休息时精神涣散的情况迅速得到转变，精神振奋、兴味盎然地进入学习轨道。

亮点的“亮”不是摆噱头，搞低级趣味，搞轰动效应，而是要紧扣课文特征展开，脱离了课文的内涵与外延，就是赘疣，对学习无促进与引领作用。

亮点的设计要从学生的实际出发。高中学生对浅表的、司空见惯的东西无兴趣；初中学生对艰深、冷僻的知识，就有丈二和尚摸不着头脑的感觉，不注意这些差别，很可能效果适得其反，因而要讲究适用性。

起点的亮，关键在有妙言妙语、妙人妙事，聚焦在点燃学生心中求知的火焰，如果拖拖拉拉，絮絮叨叨，占用较多教学时间，那就犯了本末倒置的毛病。亮点成了黑点，结果可想而知。

难点要清

由于学生生活经验和阅读经验有限，知识和能力有差异，学习课文必然会碰到这样那样的难题，教师要善于根据课文的实际和学生的实际来确定教学的难点。

指导学生阅读，相当程度是帮助他们化解难点，真正弄懂文章的语言，理解文章的含意，领悟写作的技能技巧，提高阅读能力，受到启发与感染。难点在不同的课文中呈现的方式不一样，有的偏重于文字的艰深，有的偏重于内容的复杂与深奥，有的偏重于表达的曲折与多变，有的偏重于对写作的具体背景的了解。凡此种种，教师应根据教学目标的要求，确定教学的难点。

课千万不能“糊”，尤其是阅读中的难点，既不能绕道走，也不能马虎从事，要在清楚、清晰上下功夫。

如《“友邦惊诧”论》距离学生的生活实际、思想实际比较远，文中有些语句难以理解，教师就要遵循认识规律和课文内容与形式统一的特点，从形式到内容，从内容到形式，由表及里，逐层认识，化解难点，提高阅读理解的能力。

文章第 1 段难度较大，不理清层次，难以理解驳论的妙笔。最表层是识字辨词："束手无策"的"束"和"策"不能在"束"上混淆。前者封口，读 shù，后者"⺮"下面是"朿"，不封口，读 cè。"攒"，聚集，读 cuán，不能与 zǎn 的读音、"储蓄"的含义混淆。第二层是多层次的内容，明确：（1）学生请愿是爱国行动，反侵略，反卖国；（2）学生请愿是迫不得已；（3）国民党政府掩盖血写的事实与罪行，极其卑劣地制造墨写的谎言。

在理解基本事实的基础上，再深入一层理解遣词造句在表达思想感情上的功能。可抓住以下几点咀嚼推敲：（1）文章开篇摆学生请愿的事实即可，为何说"只要略有知觉的人就都知道"？"略有知觉"寓含什么深意，起什么作用？改为"略有知识"行不行？（说明无须慧眼，无须深入思考，以此来强调学生的爱国行动是不容歪曲的事实，清清楚楚，明明白白；这里的"有知觉"，指稍有人性，稍有爱国心，不是"知识"有无的问题。下笔带愤激之情，侧击大人老爷们知觉全无，爱国心丧尽。）（2）在揭露反动政府刽子手面目和卖国事实的同时，为什么要夹入读书的议论？是不是有点扯开？在语言表达上有何特点？（貌似扯开，实质上是更深刻的揭露，战斗锋芒直指欺骗学生安心读书的卖国政府。学生在国土沦丧、生命无保障的情况下，放下书包请愿是不得已，这种赤手空拳请求抗日已是"可怜之至"，而反动政府竟疯狂镇压，横加罪名，其险恶用心可想而知。这儿插一段议论，戳穿了"安心读书"的骗术，伸张了正义，反衬出国民党政府的反动性，再加上用模拟的口吻写，反动政府降敌卖国的本质昭然若揭。在理解语言与内容的基础上，引导学生比较直接端出反动论点和从对事实和说理的反驳中引出反动论点写法的区别，认识用后者的方法树批驳的靶子，使论敌一开始就处于被动挨打的境地。）

对语言含量十分丰富的文句、段落，用一个个激发思考的小问题指导学生深入阅读，理清相关方面的人和事，把握语言表达的思想和感情，能锻炼学生的思维能力，尤其是辨析能力，帮助他们提高阅读质量。如若扫视一下，蜻蜓点水，对阅读水平的提高无济于事。

有些难点需用分解的方法，有的需前前后后综合起来思考。有些问题表面看来十分矛盾，难以理解，启发学生从整体上考虑，难点就迎刃而解。例如《装在套子里的人》是契诃夫最杰出的短篇小说之一，作者用讽刺手法塑造了一个保守、反动、扼杀一切新思想的“装在套子里的人”的典型形象。学生不解的是：别里科夫只是一名中学教希腊文的教员，怎么可能“全城都受着他的辖制”，似乎言过其实。既然别里科夫能“辖制”全城，为什么他又那么胆小、怕事，那么一副可怜相呢？岂不矛盾？指导学生前后联系思考，放在特定的沙皇统治的背景上，咀嚼语言的意味，就可深入其中的内涵。反复阅读领会，就可明白：别里科夫把他的思想极力藏进一个套子里，而这思想的套子实际上是指沙皇统治阶级的思想和落后、保守、顽固的势力。他对政府法令心领神会，忠诚信奉。他的思想来自统治阶级，所以“辖制”着全城，实际上正说明沙皇思想统治的严密，全城受“辖制”。别里科夫这个典型人物与奥楚蔑洛夫不同，后者是19世纪80年代沙皇警察统治的奴仆，蛮横残暴，不可一世；前者是沙皇精神禁锢的工具，“像害怕瘟疫一样害怕新事物，害怕一切超出平凡庸俗的生活常规以外的东西”，说到底是害怕不能符合沙皇统治的要求，因此，终日一副可怜相。事物的本质只有一个，不过从不同侧面加以反映罢了。

有些课文从字面上看似乎没什么困难，但要真正理解还有难处，教师适当指点，或组织讨论，学生会有豁然开朗的感觉。如《醉翁亭记》写欧阳修寄情山水的宴游之乐，文中竟然用了十个“乐”字，游玩乐，宴酣乐，禽鸟乐，山林乐，与民乐，著文乐，等等。作者到底在“乐”些什么呢？真是无忧无虑、忘情山水吗？推敲“……然而禽鸟知山林之乐，而不知人之乐；人知从太守游而乐，而不知太守之乐其乐也”，联系作者情况、写作背景，就可知由朝廷重臣被贬为滁州太守的欧阳修，怎么乐得起来呢？欧阳修励精图治，憧憬“乐民之乐”的政治理想，遭到诬陷排挤，确实不可能有忘情的欢乐，只是寄情山水，借酒寻乐，抒发不为世人理解的情怀。

课文的难点不一定是课文的重点。关系课文紧要处的难点须指导学生认真阅读，深入理解，有些难点按照教学目的的要求，学生不一定需掌握，也可暂时放一放，略去不作指导。如《游褒禅山记》与一般游记比，有很多不同之处。一般游记的记叙、描写、抒情最常见，该文记游部分轻描淡写，一掠而过，议论的话语却说得很多，把记游与论学结合起来。从游记来看，可谓之“变格”，而“变格”又与作者所处的时代紧密相连。该文的个性特点又是教学的难点，但由于高一年级学生无须探究游记的变格，只要理解文章的内容、结构、语言特色就行，难点可舍弃不教。

重点要热

教课要一清如水，必须有明确的目标，教学目标是驾驭课堂的主宰。然而，在教学实践过程中，繁杂的教学内容往往淹没了教学目标，使得教者事无巨细，完全被教材牵着鼻子走，或者被课堂里突如其来出现的问题所左右。

教学目标制订后，如何通过教学过程来实现，须周密考虑，精心设计。年级要求、整册教材，须心中有数；每一篇课文、每一堂课重点该突出什么，应有全面的安排，并且要由浅入深，循序渐进。教课最忌不分主次，面面俱到，学生好像学了，又好像没学，飘飘忽忽。要让学生学得扎实，学有成效，教师对教材必须做到“减头绪，削枝强干”。怎么削？怎么强？又要根据学生的实际情况。同一篇课文不同的年级可确定不同的教学重点。如《谁是最可爱的人》可有三个重点：围绕主题选择典型事例，串联三个故事的语句在全文结构中所起的作用，记叙、议论、抒情等几种表达方法的综合运用。作为初中二年级教材，可确定第一个为重点，因为学生写作时大多数不会选材，不是空洞无物，就是材料堆砌。作为初三教材，放在新闻报道单元中，重点可确定为第三个，因学生已基本掌握围绕主题选材，而对几种表达方式的综合运用有不少欠缺。至于第二个重点——过渡句在全文结构中的重要作用，学生有基础，一点就明，不必作为重点。

课文中重点部分的学习，课堂上要热气腾腾，高潮迭起。在课堂教学进程中，由于对教材深入理解的需要，教与学双方全身心投入，尤其是学生积极主动地进行脑力劳动，产生火花，产生智慧，学习能力就可得到充分的表现。

如《明湖居听书》，显然，白妞绝唱是教学的重点。白妞是怎么走到前台来的呢？一个问题吊起学生的浓郁兴趣，于是，有学生拿腔拿调，模仿观众的一席话：“他的调门都是白妞教的，若比白妞，还不晓得差多远呢！”“好玩耍的，谁不学他们的调儿呢？……只是顶多唱一两句可到黑妞的地步；若白妞的好处，从没一个人能及他的十分里的一分的。”

“这是蓄势！”“这是衬托！”“告诉大家此曲只应天上有！”“对观众是极大的诱惑力！”……学生被文中的推崇、评价感染了，不少学生脱口而出，说了上面一些话。

白妞的绝唱究竟到什么程度？我们怎么来感受？有学生出主意：一个人读，别人闭目想象。有学生认为：唱腔的千回百折应该在黑板上用线条来表现，边看边想。于是，朗读，品味，联想，想象，以自己的生活经验补充。

唱腔如何像攀登泰山节节高起，接连有三四叠；又如何陡然一落，如飞蛇在黄山三十六峰半中腰里盘旋穿插，周匝数遍；又如何声音愈低愈细，渐渐听不见；又如何有一点声音从地底下发出，忽又扬起，像放东洋烟火，千百道五色火光，纵横散乱……学生边读边用线条高高低低、粗粗细细地表现，用视觉形象的展现描摹声音的形象，看得见，摸得着，领略到声音的无限风光。

“白妞唱是绝唱，但没有刘鹗的绝妙佳笔，绝唱就不可能留世。”“妙在先以比喻具体描绘声音入耳的妙境，‘像熨斗熨过’‘像吃了人参果’‘无一处不伏贴’‘无一个毛孔不畅快’，夸张得可以，神了。”“最妙在用通感手法具体描绘声音的千变万化，把抽象的声音通过视觉器官、心理感受写得具体、写得形象，不仅明湖居听书的人享受到，我们读文章的人也感受到白妞说唱的美妙。”“你们注意到没有？作者描写白妞的眼睛就和描写绝唱一样，也特别传神。”有学生拿起书来大声朗读：“那双眼睛，如秋水，如寒星，如宝珠，如白水银里头养着两丸黑水银，左右一顾一看，连那坐在远远墙角子里的人，都觉得王小玉看见我了。”为什么要用这么多的比喻？“从不同角度刻画眼睛的美，眼睛的楚楚动人。‘秋水’状其清澈，‘寒星’状其闪光，‘宝珠’状其晶莹，黑白水银状其明亮，顾盼有神。这个博喻用得好，美寓其中，令人有不尽的遐想。”……学生沉浸在美文、美音、美形之中，情不自禁地吐露自己的看法、自己的感受，有的甚至自失起来，手不自觉地画线条，陶醉于其中。

课堂上热气腾腾之时，也就是师生思想碰撞、语言交流的最佳境界，学生之间交流促进的最佳境界，课文内容和表达形式交融的最佳境界。评析、讨论、提问、解答，难以分清你与我，而是我中有你，你中有我，兴奋、追逐、欣喜、顿悟，求知中的欢乐、入宝库赏宝的情怀难以言表。

重点部分教学要能热起来，有几点不可少：一是要注意铺垫，情感的激越是一步步推上去的。例如学生积极投入欣赏白妞的说唱，首先就要感受一下明湖居这个大戏园子里的氛围。座无虚席，人满为患，这种期盼，这种氛围，学生能有所感觉，必然预想到台上出现的人物一定非比寻常，有迫切了解的愿望。谁知台上出现的一个男人甚为丑陋，然而人丑艺高，声音抑扬顿挫，入耳动心，这就进一步引发学生探求的愿望。黑妞上场，歌喉似已到了叹为观止的地步，谁知又被观众一席话比下去了。文中环境烘托，弹弦艺人烘托，黑妞的绝唱烘托，观众评说的烘托，层层铺垫，形成了王小玉千呼万唤始出来的气势。教学时把握住作者布局的匠心，顺文章脉络一层层推进，提升学生要洞悉底细的情绪，热气腾腾求知局面的形成就顺理成章。二是教师要学会倾听，耐心听学生发表的看法，保护他们求知的积极性。最忌讳的是随意打断他们的话，充当越俎代庖的角色。三是善于引导。善于把学生看法中哪怕是一丁点儿正确的都毫不遗漏地聚集起来，提炼出来，增强发言学生的自信心；善于适时适度地鼓励、表扬；善于你中有我、我中有你地激励。气氛宽松、和谐，学习气氛就升温，学习就处于十分兴奋的状态。

重点部分的教学，因教材的不同特点和学生的学习愿望，可采用多种多样的方法。如：可抓住关键词语重锤敲打，溅出耀眼的火花；可深情诵读，读出意味，读出气势，读出与作者融为一体的吐露心声的感情；可紧扣语言和写作技巧，谈个人阅读的独特感悟，交流碰撞，互促互补，呈现集体智慧；可用生动流畅的语言进行描述，开展联想与想象，让文中刻画的人、事、景、物栩栩如生地展现眼前，享受文学的魅力；等等。总之，要调动感觉器官和思维器官，用心想，用心说，用心看，用心听，用心写，达到有我又忘我的境地。重点部分学习的质量与能否调动学生已有知识与生活经验关系密切，与拓开视野，恰当地联系文学、艺术、历史、地理、哲学等有关知识也关系密切。因而，不断激励学生运用旧知，获取新知，激励学生课外广泛阅读，积累文化，也是教学中应有之事，平时要坚持不懈地做好。

课堂上要精彩起来，当然远不止抓课的起点、难点、重点，但抓好这三个环节，学生学习语文的积极性和主动性必有提高，学习的主人翁意识也会大大加强，语文能力的锻炼也就乐在其中。

○ 课要追求“三动”的境界①

一名今年夏天考入复旦大学中文系的学生谈及中学语文课时说了这样一番发人深省的话：“语文课至少不能让学生厌烦，不能让学生一无所获。同样一个作者的文章，不同的教师教，对我的影响真可说是天壤之别。初中时学史铁生的《秋天的怀念》，这样一篇能感动学生的文章，老师作了一点客观的叙述，只说：‘这是怀念母亲的记叙文，读后要弄清楚叙事要完整，有头有尾。’课就这样流失了，心中未留下半点痕迹。她是作为一个旁观者讲一讲，轻描淡写地讲一讲与己无关的事。高中学史铁生的《合欢树》，老师教得激动万分，甚至把自己的坎坷遭遇袒露在学生面前，用自己刻骨铭心的体验剖析史铁生的心灵倾诉，在大难临头、精神濒于崩溃的情况下，母亲是最无私最有力的支撑和抚慰。两年过去了，老师唏嘘的神情和文中一个个形象镌刻在我心里，我第一次认识了邻居的真挚情谊，我第一次感受到亲情的无私无价，‘悲伤也成享受’，那无言的悲痛常在我脑中萦绕。后来，我自己也去读了史铁生的《我与地坛》，只有一种平面的感觉，缺少了老师教

① 本文发表于《中学语文教学参考》2005 年第 12 期。

《合欢树》的震撼。老师教课总要有点打动学生心灵的话啊！”

学生的语言很具体，也很实在。是对语文课的评价，是对语文课的怀念，也是对语文课的期盼。无个人好恶感情的纠缠，无丝毫功利色彩的阴影，是纯朴的，真诚的。谈到自己在语文课上受到的教育与感动，对老师充满了感激之情。由此，我联想到我们的语文课究竟应该追求怎样的境界，是雁过无声，还是感情搅动，留下不尽的思考？显然是后者。这究竟是怎样的一种境界呢？凸显语文课程工具性与人文性统一的基本特点，把语文教学的任务落到实处，课教得有情有义，有声有色。

动听：愉悦，快乐

教师授课常忽略“听”的环节。学生求知十分重要的是打开认识的窗户，善于用自己的眼睛摄入种种物象，提高观察的准确度、精密度；与此同时还要用耳听，听真切，无差错，抓要点，梳条理，既储存，又舍弃。学生锻炼和提高听的能力，在求知过程中与“视”同等重要。语文课上学生看文本，看黑板上的书写，看画面，听教师的讲述、引导，听多媒体中播放的种种声音，实现特定的求知目的。许多事例说明，听的能力强的学生，会听课的学生，求知的质量比不善听的要好得多。于是就有个听什么的问题须研究。与“看”一样，首先是教学内容的确定与选择，其次是怎样输送这些内容，怎样传送到学生的耳中，使学生有愉悦、快乐的感觉。学生有了这种感觉，对“听”产生兴趣，听的能力也会随着专心致志而日益提高。

教师怎样传递信息，诠释文本，怎样激发兴趣，引人入胜，都与教师的语言息息相关。语文课常见到这样的情况：有的是情趣横生，课堂气氛活跃，学生兴趣盎然；有的是平板乏味，课堂沉闷窒息，学生昏昏欲睡。课堂效果的好坏虽然受多种因素的影响，但教师的语言修养，运用语言的艺术，往往起特别重要的作用。“语言不是蜜，但是可以粘东西。”教师的语言应该有磁性的魔力，对学生有吸引力，牢牢吸住学生的思维，启发他们动脑动心，在求知的海洋中搏浪前进。

教师语言的底线是必须清楚明白，不含糊其词；通俗易懂，不佶屈聱牙。真正做到这一点，并非易事。课文中就某个问题开展讨论，学生中或各执一词，或正误纠缠，教师要立即判断，不能含含糊糊，闪闪烁烁。语言是否清楚明白，很大程度取决于思路是否清晰，是否符合逻辑。心里清楚，说出来才明白。对问题的认识、分析，要洞若观火，否则，就会东一榔头西一棒子，枝叶蔓生。说，就有“序”的问题，先说什么，后说什么；怎样开头，怎样过渡，怎样结尾；从哪些方面，哪些角度，按怎样的顺序排列；凡此种种，均须认真琢磨，训练自己思维的条理性。心明，言才明；思路井然有序，讲述就条分缕析。锻炼“心明”，可以促使“言明”。

要教学生学懂、学会、会学，再深奥的知识教师也要善于用通俗的话讲出来。口头语言和书面语言有区别，前者作用于人的听觉，转瞬即逝，后者作用于人的视觉，读的人遇有艰深之处，可反复阅读，仔细咀嚼，思索理解。因而，口头语言较之书面语言来说，通俗易懂更为重要。教师诠释性语言很有讲究，如果只是照本宣科，照搬课本中的书面语言，从概念到概念，从抽象到抽象，就会失去口头讲析、评论的意义。语言要能通俗易懂，一是在“透”上下功夫，对教学内容的重点、难点了如指掌，懂得抓住哪个节骨眼儿一点就通。透彻理解，融会贯通，就能深入浅出，讲到精要处，说到点子上。二是有赖于遣词造句的能力。要善于用最常见、最鲜明、最易听懂的有关词语表达情意，深者浅之，难者易之，生僻的、易有歧义、易引起误解的少用或不用。长句要化短，繁句要化简，多用短句，少用复句。有人习惯用外来语的句式，听起来佶屈聱牙，让人苦不堪言。

语言要清楚明白，通俗易懂，还得注意清除语言中的杂质。要坚持讲普通话，力戒羼杂方言土语，更不能加不三不四的时尚语、网络语，夹两句外语卖弄；要避免啰唆、重复，以及“这个”“那个”等口头禅。语言芜杂，拖泥带水，犹如良莠齐生，把该表达的思维感情淹没在莠草之中，大大降低表达效果。清除口语中的杂质，净化语言，努力做到吐字准确，声音响亮，语句完整，语言精练，“丰而不余一言，约而不失一辞”，学生听起来就愉快，接受起来就比较方便。

当前，教师语言要动听，要能激发学生求知的热情与愉悦，有两点很重要：一是语言的文化含量，二是语言的人文关怀。

教师讲课所用的语言应该是加了工的口头语言，炼字炼句，有文化含量。教师如若说来说去就那几句话，用来用去就那些可怜的有限词语，语言干瘪枯燥，学生真是如同嚼蜡，提不起精神，感到厌烦。语文课应沉浸在语言美的氛围之中，让学生感受到语言表情达意的魅力。典范、优雅、深邃、隽永的文字固然是学生学习的楷模，而教师的语言，不仅是教学用语，在课堂上与学生交流思想、剖析作品、启发思考、撞击心灵的语言同样要讲究生动、优美，有文化含量，有文化品位，对学生起潜移默化的作用。

要使语言有文化含量，有几点须努力。

一是注意积累词语，掌握大量的词汇。汉语的词汇丰富如海洋，它反映了中华民族数千年的悠久的文化，又吸收了各民族与外来语中语言的精华。它反映客观事物、表现思想感情的精密度，同义词、近义词之间的细微差别，在世界上是罕见的。平时广为采撷，认真储存，教课时一旦需要就会源源涌入脑际。善于用同义词、近义词转换，善于运用成语、俗语、专业语，信手拈来，脱口而出，语言的风采就会大增。

二是掌握和运用各种修辞手法，注意句式的变化，增强语言的形象性。

教师的语言忌单调重复，根据文本内容和教学情景需要，可绘声绘色，增加可听性。贴切的比喻能启发学生的联想与想象；精当的设问、反问能造成悬念，启发学生深究底里；气势流畅的排比能激发学生感情的波澜；适时的反复、强调能加深学生的印象。句式参差有致，听起来就自然和谐。

三是用心提炼，能抓住课文中的精髓、要害、关键，抓住文句、段落中的关节，切中肯綮，要言不烦，一语中的。挤去水分，显露语言的要义。语言有无文化含量是语言修养问题。苏霍姆林斯基曾这样说：“教师的语言修养在极大的程度上决定着学生在课堂上脑力劳动的效率。我们深信，高度的语言修养是合理地利用时间的重要条件。”三尺讲台方寸地，教师语言发挥的作用往往能超越时空，在学生心中弹奏，经久不衰。语言的闪光来自思想的深邃，语言的激昂慷慨来自感情的激荡。不断地锻炼自己敏锐的目光和洞察事物的能力，不断地陶冶自己的道德情操，是提高语言修养，克服平淡无光的有效途径。

语言的人文关怀并不是只在“好”“很好”的表扬层面上打转。首先，从思想深处真正承认学生是人，尊重每一个学生，尊重他们学习的权利，平等相待。“以学生为本”不是口号，每个教学行为都须体现。这一点真正做到了，那种教学中的冷淡，用语中的“这么简单，你怎么还不会”等挫伤学生自尊心、积极性的话就会烟消云散。其次，要转换位置，经常设身处地为学生着想。语文能力的提高确实不易，它与学习者的认识水平、文化基础、生活经历、周围环境、悟性等紧密相连，不良的读写习惯已经形成，要改变，更是需水磨的功夫。从理解、指点、帮助的角度交流沟通，学生就会感到亲切、温暖，增强学习的信心。再次是坚持正面疏导，既不可劈头盖脸地批评，也不可冷嘲热讽。即使阅读中或写作中产生这样那样的毛病，也要满腔热忱地分析、指导，让学生分清正误，辨别利弊，端正学习态度，掌握学习方法。师生之间要有情有义，有共同的目标。春风化雨，才能真正暖学生的心。语言的人文关怀不是是非不分，更不是夸大其词地捧学生，而是实事求是地培养与提高学生的语文能力、语文素养，心贴心地呵护，让语言的溪流滋润学生的心田，让他们喜爱语文、学好语文的愿望不断增强。

有一种误解，认为现在的语文教学主要是学生阅读、感悟、讨论，教师课上不说几句话，有什么值得研究的？提倡学生自主学习，不是不要或限制教师发挥作用。学生都能无师自通，要教师干什么？课堂上教师当讲则讲，不当讲当然不必赘言。教师讲述不仅是专业知识、文化底蕴、人格素质的表露，也是语言素养的检验。教师应该是语言运用的行家里手，课上得悦耳动听，学生遨游于母语的韵律之中，会感到学习母语的快乐与幸福。

动情：涟漪，波澜

白居易在《与元九书》中说“感人心者，莫先乎情”，“诗者，根情，苗言，华声，实义”。写诗作文，无非是以情感人，以理服人，而文学作品尤重以情感人。“情动于中而形于言。”在诗文中，有的直抒胸臆，有的借景借物抒情。总是“有必不可解之情，而后有必不可朽之诗”。教学生学语文，离不开“情”和“理”，而要以理服人，其中必渗有情感，以情为基础。

学生学习一篇篇课文，能在情感的世界泛起涟漪，或在动情之处掀起波澜，必已深入作品，与作者心灵感应，必能对语言的魅力体悟到一二。学生学习要达到这个程度，教师的积极引导、相机启发起相当大的作用。

作者写作是“情动而辞发”，教师读作品，自然应“披文以入情”。要进入作品，读懂作品，真正领悟作品中作者要表达的情和意，教师先要会读课文，读懂课文，身历课文描绘之境，倾听作者的心声，才不至于拿到课文就思想却步、情感枯竭。否则，教师就成了课文的“文外汉”，冷漠旁观，无半点热情。读课文，要像当代俄罗斯小说家尤·邦达列夫说的那样：“一个人打开一本书，就是在仔细观察第二生活，就像在镜子深处，寻找自己的主角，寻找着自己思想的答案，不由自主地把别人的命运、别人的勇敢精神与自己个人的性格特点相比较，感到遗憾、怀疑、懊恼，他会哭，会笑，会同情和参与——这里就开始了书的影响。所有这些，按照列夫·托尔斯泰的说法，这就是‘感情的传染’。一个不醉心于读书的人，就抛弃了第二现实和第二经验，因而，最终就缩短了自己生命的时日。”显然，阅读是心灵的浅唱低吟，是一种心力劳动。读课文，备课，走进去，进入角色，就会有情感的激荡，就会有独特的认识与体验。只有自己感动，才能感动别人。自己未从书中获得“感情的传染”，又如何能“传染”给学生，让学生动情，受到感染？

综观各类课文，稍加思考，就可辨识与感受到它们呈现出或隐含着各种各样的感情。文章不是无情物，不是小情，就是大情，有个人的情谊——亲情、友情、景情、物情、乡土情，有祖国情、民族情、天下情，悲天悯人是爱满天下的情。只要是发自肺腑的真情，总能扣人心弦，给人以感染。而这些“情”又是通过语言文字，尤其是一些饱含深情的文字传送的，因而，对文字的推敲、咀嚼、感受就至关重要。

前面提到的《秋天的怀念》是史铁生在母亲离世后写成的，通篇浸满了怀念母亲的悲情。然而，仅是“怀念”，又怎能装载得下作者钻心的痛苦？母亲离他而走了，生死两茫茫，才真正体会到母亲对自己博大无私的爱，体会到母亲在灾难降临儿子身上，无法抗争、无力拯救的揪心痛楚。“母亲扑过来抓住我的手，忍住哭声说：‘咱娘儿俩在一块儿，好好儿活，好好儿活……’”这哪里仅仅是安慰、排解，制止儿子“狠命锤打”腿的动作？这是以生命相许，以炽热的慈母心给儿子活下去的勇气。“她昏迷前的最后一句话是：‘我那个有病的儿子和我那个还未成年的女儿……’”生命的全部是为儿女付出，生命结束，未了的心愿、永远的遗憾仍然是未为儿女尽责。母爱的光辉永照人寰，读到这些文字，怎能不潸然泪下？作者写对母亲的怀念，不仅追忆母亲对自己的慈爱、宽容、体贴入微，笔端还处处流露自责的感情：无知，愧疚，愧恨，永远无法补偿与回报母亲对自己的深情。亲情无价，以教师之情激发学生之情，学生怎会不受到感染？

有些课文不是直抒胸臆，而是采用了比较隐晦的表达思想感情的手法。尽管如此，稍加探究，仍然可以触摸到作者的动情之处，通过默读、朗读、品味、鉴赏等不同的教学手段，传送到学生心中，让学生有所体验。如散文诗《雪》，有一定的深度、难度，不可能对其主旨一眼见底。当时北京处于北洋军阀统治之下，鲁迅“总还想对于根深蒂固的所谓旧文明，施行袭击，令其动摇”（《两地书》），然而“因为那时难于直说，所以有时措辞就很含糊了”（《〈野草〉英文译本序》）。“难于直说”的是什么思想感情呢？不少作家、文人对此从不同角度作了种种评说，确实是“横看成岭侧成峰，远近高低各不同”，教师可引导学生思考、借鉴，开阔思路，学会探究。有些基本的思路、情感能有所体会，学生的感情世界也会受影响，起变化。

这首散文诗脉络十分清晰，从哪儿下笔，怎样收笔，中间怎样转换，一条线索清清楚楚。暖国的雨→江南的雪→朔方的雪→死掉的雨，雨的精魂。简言之：雨→雪→雨。身处寒冷的北平，由朔方落雪的自然现象，回想到江南的温暖，一近一远，一实一虚，构成了鲜明的对比。江南的雪“滋润美艳”，笔调已饱含赞美的感情，从触觉和视觉角度描绘，精确传神。这样写还不足以表达心中的冲动，于是在“滋润美艳”后面加上“之至”，似乎是尽善尽美，到了极点。紧接着揭示这种至美形象中蕴藏的令人振奋、令人向往的丰富内涵——“那是还在隐约着的青春的消息，是极壮健的处子的皮肤”，给人以追求美好、感受美好的无限希望。由江南的雪引出“冬花开在雪野中”的美景，色彩斑斓，景物错落有致，不仅调动视觉，也调动了听觉，仿佛听到了蜜蜂们“嗡嗡地闹着”。一切景语皆情语，作者笔下这番山花烂漫、生机盎然的美景，饱含着甜美的怀念，透露了向往春天的情意。冬花雪野已经够动人了，更动人的是孩子们塑雪罗汉的情景，七手八脚，共同创造，这种纯真无邪的欢乐双手可掬。美丽的江南雪景犹如一幅引人入胜的画，是作者倾注深情一笔笔勾画而成，从“滋润美艳”到“色彩斑斓”，从“色彩斑斓”到“欢乐有趣”，每添一彩笔，就加深对美好理想的追求和向往。追求美好理想的感情是高格调的情感，是人生奋然前行的重要支撑。学生进入饱含情感的文字之中，身历江南雪野的情境，会情不自禁地感受到春天的温暖与生活的快乐，胸中升腾起对美好事物的向往和追求。文中描绘的朔方的雪是另一番景象，这番景象同样是作者思想驰骋、感情浇铸而成。尽管有“孤独”之感，但要“奋飞”，要战斗，雨的活泼流动的精魂不散。整首诗托义于物，用象征手法成功地表达了复杂的、“难于直说”的思想感情。把握了“物”的特征，了解了写作的背景，就能体会作者“情”的踪迹，从而扣动自己的心弦。

情多种多样，有的诗文激昂慷慨，如岩浆喷发；有的如潺潺流水，叮叮咚咚。或悲，或喜，或憎，或爱，或同情，或怜悯，等等，教学时均要把握作品的本意，体会作者的感情，千万不能添油加醋，使作品走样。教学时不是为情而情，更不是虚情、浮情。否则，就是做戏给学生看，教学效果适得其反。《庄子·渔父》中早就说过，“不精不诚，不能动人，故强哭者虽悲不哀，强怒者虽严不威”。只有真情实感才能感动人。比如学杜甫的《茅屋为秋风所破歌》时，读到“安得广厦千万间，大庇天下寒士俱欢颜，风雨不动安如山！呜呼！何时眼前突兀见此屋，吾庐独破受冻死亦足！”，怎能不心灵震撼，动情动颜！诗人已处于生存绝境，想的不是自己，而是“天下寒士”，只要“天下寒士”得以安居庇护，自己冻死也心甘情愿，无比满足。这种舍己忘私、关心他人安危的仁爱之心、博大胸怀，不仅令利己者汗颜，更是对当今学生的精神哺育。教师自己真正为此而动情，就能以情激情，以情传情，丝丝缕缕牵动学生的情怀。

动心：思考，抉择

语文课既要善于让学生动情，感情激荡，又要善于让学生动心，在思想深处留下难以磨灭的印象。怎样才能留下深刻的印象？关键要千方百计引导学生学会思考。理想的阅读过程，应该是阅读的人将自己的全部智力，包括注意力、记忆力、思考力、想象力、创造力等组合在一起，同书本进行化合，产生增长知识、开阔视野、认识世界、感悟人生、完善人格的奇妙作用。其中，“思”最为重要。《孟子·告子上》说：“思则得之，不思则不得也。”黑格尔曾在《美学》一书中指出：“构成心灵的最内在的本质的东西正是思考。”其实，想象也是思考的产物，奇特的想象源于不落俗套的思考。不会思考的大脑是一片沙漠，只有荒凉，没有花朵，没有美感；善于思考的大脑是一片汪洋，浪花翻滚，船只穿行，珍珠、珊瑚异彩纷呈，美不胜收。

教与学均需要激情，但激情并不等于真理，它需要积淀，需要净化、深化、浓化、凝化，深入事物的本质，因而，理性思维的锻炼必不可少。理性思维并不是什么神秘玄妙的东西，它是一种依据客观事物之间的内在联系，把事物加以整理、分析和概括，从而更深刻地认识事物的能力。语文课就其本质而言，就是要让学生看到、悟到、感受到他自己个体阅读时看不到、悟不到的东西，包括文与质两个方面。如果教师的“教”和学生个人的“学”在一个平面上移动，课必然让学生感到索然无味，课上不上没有什么区别。

因而，课须在启发学生“发现”上下功夫，思考围绕着问题而发生，要让学生在看似无疑处产生疑问，学就深入了一步。学生脑中问题萦绕时，要引导学生分析、比较、讨论、交流，做到“疑义相与析”。读课文，分析是不可少的能力。正如朱熹所说：“学者初看文字，只见得个浑沦物事，久久看作三两片，以至于十数片，方是长进。”混沌一片是学不好语文的，整体感悟应建立在对每个部分、部分与部分之间的联系与区别的了如指掌的基础之上。对局部的个性特征认识得准确、深入，整体感悟就能上层次、上台阶，有独特的见解与体会，这又是综合能力的体现和检验。

要引导学生对文本有所发现，经分析、综合，解开问题的奥秘，在心中留下痕迹，教师自己就要善于发现，善于分析综合，有解读和挖掘文本的本领。课是扎扎实实，还是浮游无根，与教师业务功底、解读本领紧密联系。也就是说，要动学生的心，首先自己在阅读文本时要真正动心，在思考上下一番功夫。比如周国平的《生命本来没有名字》，从一名穷城僻镇的女孩写给他的一封信说起，阐明了一个须直面的十分严峻的问题——生命的本色是什么。身居尘世，终日喧嚣，我们有时连最基本的道理都糊涂了，懵懂得非常可笑而不自知。读了此文，突然心惊，有醍醐灌顶的感觉。别的且不说，就说下面这段文字：

“生命本来没有名字”——这话说得多么好！我们降生到世上，有谁是带着名字来的？又有谁是带着头衔、职位、身份、财产等来的？可是，随着我们长大，越来越深地沉溺于俗务琐事，已经很少有人能记起这个最单纯的事实了。我们彼此以名字相见，名字又与头衔、身份、财产之类相连，结果，在这些寄生物的缠绕之下，生命本身隐匿了，甚至萎缩了。无论对己对人，生命的感觉都日趋麻痹。多数时候，我们只是作为一个称谓活在世上。

即使是朝夕相处的伴侣也难得以生命的本然状态相待，更多的是一种伦常和习惯。浩瀚宇宙间，也许只有我们的星球开出了生命的花朵，可是，在这个幸运的星球上，比比皆是利益的交换，身份的较量，财产的争夺，最罕见的偏偏是生命与生命的相遇。仔细想想，我们是怎样地本末倒置，因小失大，辜负了造化的宠爱。

这是何等精彩、深刻的生命教育篇章，振聋发聩，与每个人，不论年龄、性别，不论职业、职务，均息息相关，无一能回避、逃脱。仅从这一段中就可发现不少大大小小从观点到文字须凝神深思的问题。为什么“很少有人能记起这个最单纯的事实”？“生命的本然状态”是怎样的？“比比皆是”的“交换”“较量”“争夺”和生命是怎样的关系？“生命与生命的相遇”应是怎样的状态？怎样才不“辜负了造化的宠爱”？可以提出一连串问题激发学生思考的热情，寻根究底地觅求解答。在觅求解答的过程中咬文嚼字，联系实际，分析判断，作出抉择。珍爱生命、尊重生命、平等相待、生命的价值与意义，这些做人的根本性问题绝不是空洞的口号，而是要靠学生在求知中、在生活中领悟。读书可以明智，学生学语文，读课文，思考、抉择，就是明智的有效举措，在学习语文知识、提高语文能力的同时，价值取向也受到教育。

有些课文的内容切中时弊，锋芒毕露，引导学生学习，思辨的能力就非常重要。正误、褒贬、现象本质、整体局部、主流非主流等，均要通过对语言文字的推敲、理解，准确地把握。只有仔细辨别，准确把握，思维才能得到锻炼，作出正确的抉择。例如《如果优美的文字离我们而去》这首诗情感浓烈，给人以强烈的冲击。对文学大师们优美的文字——屈原的恣肆，李白的潇洒，杜甫的沉郁，但丁的深邃，列夫·托尔斯泰的浩瀚，雨果的雄奇……

正遭受没有灵魂的时尚文笔的冲击，渐渐远离我们，作者痛心疾首，针砭时下的浮华，呼唤文学应有的真诚和诗意；运用多种修辞手法、艺术技巧、繁复凝重的意象抒发忧心如焚的沉重忧思。读此诗，在受强烈感染的同时须沉思，须判断，须抉择。“优美的文字”曾给我们怎样的影响？“优美的文字”渐渐“离我们而去”的原因何在？是作者吗？是读者吗？谁负责任？只是简单的谁之错，还是有众多的复杂因素？你能说出哪些因素？面对这种现象，你应该怎样做？为什么要这样做？在做的过程中会碰到哪些困难，哪些障碍，打算怎样解决？……举出这一连串问题不在于要学生做书面答卷，而是要他们脑海里翻腾，择其要思考、判断，做决断，在心中留下深深的痕迹。有些痕迹甚至会刻骨铭心，影响自己一辈子。

动听、动情、动心并不是教师唱独角戏，师生互动，各尽其责，才能实现“三动”的境界。这种境界不可能一蹴而就，有个逐渐攀登的过程，需要的是热情，是毅力，是不懈的追求。

○ 让课堂充满生命活力[1]

让课堂充满生命活力，一直是我从事语文教学孜孜矻矻追求的目标。课堂教学不是简单的知识传授、机械训练，而是师生互动、思想碰撞、心灵交流、师生共同成长的生命历程。

学生进学校求知，日复一日，月复一月，年复一年，大量的时间是在课堂里度过的。课的质量，课的内涵，课的吸引力、感染力、辐射力，直接影响学生的知识积累、潜能开发、情操陶冶和价值观的形成，影响他们今日能否健康成长，明日能否长足发展。教育的基本特点是细水长流，春风化雨。一堂堂质地优良的课如涓涓泉水滋润禾苗，对学生的文化积淀的积累厚植，对学生心灵世界的熏陶感染，是任何急功近利的做法都无法代替的。“逝者如斯夫，不舍昼夜。”一堂课 45 分钟不会停留，流过去的时间不能复还。因此竭尽全力上好每一堂课，就成为我从教工作的第一要义；学生学有兴趣，学有所得，学有提高，学有创意，学有追求，就是我无限的快乐。为了学生在求知的海洋中能充分发挥主动性、积极性，发挥聪明才智，我挑灯夜读，

---

① 本文发表于《人民教育》2004 年第 7 期。

潜心钻研，精心设计，反复琢磨，研究学生，我执着追求着这样的课堂：

课上得一清如水。课切不可“糊”，一堂课教什么，怎么教，为什么这样教，心中须一清二楚。跟着教材转，跟着教学参考书飘，必“糊”无疑。教材里有什么，就要学生学什么，一股脑儿搬出来，目的不明，内容多而杂，学生学起来如堕五里雾中。

课上得清清楚楚，首先教师要沉到教材里，从表达形式到思想内容，从思想内容到表达形式，反反复复推敲，跨越时空和作者对话，与编者交流，洞悉其中来龙去脉，体会它运用语言表达情意的独特个性。对教材洞若观火，方能心中透亮。

其次，把握住教材独特的个性，自己要有真切的感受，还要根据学生的学习实际，确定明确的教学目的。这堂课究竟让学生学到什么，学习目的明确了，就要根据教学目的，对教学内容精心剪裁，处理详略，突出重点。根是根，枝是枝，叶是叶，千万不能搅和在一起，一搅和，面目必不清。

再者，教学思路要清晰，教学线索要分明。抓一把芝麻满地撒，东一榔头西一棒子，学生会丈二和尚摸不着头脑。围绕教学目的，拎起教学线索，教学思路逐步展开：或层层推进，或步步深入，或由具体到一般，或由一般到具体，或浅者深之，或深者浅之，轨迹清楚，轮廓分明。思路清晰是教课的基本要求，教学流程清晰，学生学起来心中才明白。

当然，教师的教学语言也要清楚明白，不颠三倒四，不拖泥带水，不语病丛生。要在要言不烦、一语中的上下功夫。教师语言规范、准确，不含糊其词，学生听起来声声入耳，清晰可辨。有的课“糊”就“糊”在目的不明，这个知识点一点，那个问题碰一碰；浮泛，肤浅，说几句不着边际的话；对问题的认识与理解，教师和学生在一个平面上移动，学生怎能留下深刻的印象？又能获得多少教益？课由“糊”到“清”，看似教学的技能技巧，深思一番，就可知晓其中蕴意的丰富。

课上得情趣横溢。课切不可干瘪无味，冷若冰霜。学生课业负担重，碰到干瘪无味的课，厌学情绪就会勃然而生。厌学是求知历程中的大敌，而情趣横溢的课是抵御这个敌人的最有效的武器。

课堂饱含情意，充满人文关怀。文章不是无情物，师生之间更是情意绵绵，教师上课热情洋溢，激情似火，就能点燃学生心中求知的火焰。“我见青山多妩媚，料青山，见我应如是。情与貌，略相似。”（辛弃疾《贺新郎》）课堂教学达到这样的境界，师生对文本的深入探讨，心灵之间的沟通，就会畅通无阻。

“情”忌外加，忌矫揉造作，忌滥。“情”是文章内在的、固有的，贵在咀嚼语言文字，对它们所传递的情和意深有领悟。教师只有自己真正动情，才能传之以情，以情激情，感染学生。这种情是真挚的、高尚的，学生耳濡目染，就会受到熏陶。教师将学生带入与教学内容相应的情景之中，就可激发其情感。如教学生学习《最后一课》的最后一个场景时，不是一般性地朗读、讲述，而是声像并举，引入高潮。“啊！这最后一课，我真永远忘不了！”就在一位学生充满感情的朗读刚停，寂静笼罩课堂的刹那间，录音机里骤然响起“当、当……”12响沉重而遥远的钟声，学生既怔又诧，全神贯注。趁学生惊诧之际，我出示一张韩麦尔先生写“法兰西万岁”两个大字的彩色图片，要求学生图文对照，仔细观察，仔细阅读，要求他们在认真品读的基础上用自己饱含感情的语言描述当时课堂上庄严肃穆的场景，描述韩麦尔的神情、语言、动作以及他内心的痛楚和期待，描述此时此刻小弗朗士的心情和感受，说明这个场景在《最后一课》中的地位和作用。学生观察、阅读，情不自禁地朗读，沉醉于文本之中，极其精心地寻找“惊人”的语言来表述自己的看法——

“这是一个令人心碎的场景，真的，令人心碎！”

“教堂的钟声，祈祷的钟声，普鲁士士兵的号声，是驱赶韩麦尔出课堂、出学校的最后信号，所以他难过到极点，脸色惨白……”

“他心里乱极了，他要和同学们作最后的告别，但痛苦使他的喉咙哽住，不能用语言表达。‘我的朋友们啊’，说明他对同学、对镇上的人爱极了，留恋极了。”

“他只向学生做了一个手势，话也不说，其实，坐在课堂上的人心里都明白，韩麦尔被迫离开学生、离开家乡，痛苦极了，我觉得这里是‘此时无声胜有声’。”

“写‘法兰西万岁’两个大字的情景激动人心。这两个大字是韩麦尔使出全身的力量写的。他把丧失故土的痛楚、对侵略者的仇恨、对祖国的热爱、对收复失地的向往和信念，都凝聚在里面了。”

“韩麦尔的神情、写的字使小弗朗士更加震动了，他一下子长大了，他从没有这样敬仰他的老师，老师对祖国故土一往情深的热爱使他感动不已。”

“这个场景是《最后一课》的高潮，我要是小弗朗士，这一课我真的永远忘不了。”

“我不是小弗朗士，我也忘不了。”

……

学生畅所欲言，我大加赞扬，并参与其中，谈了自己一段亲身经历——日本侵略者的铁蹄长驱直入，家乡的小学即将解散，音乐老师教我们唱《苏武牧羊》：“苏武留胡节不辱，雪地又冰天，苦忍十九年……”教师用“心”在唱歌，唤起我们幼小心灵的觉醒。从此，这首歌不断在我胸中激荡，构成了我生命的一部分。学生屏息凝神，在心中弹奏爱国主义最强音，思想升华，情感浓烈，师生在共同学习中成长。

激发兴趣是引导学生学习入门的金钥匙。兴趣往往是学习的先导。“知之者不如好之者，好之者不如乐之者”，教师在教学全过程中须着力启发学生“好之”“乐之”。初则萌发热爱的感情，继则求知的欲望在胸中激荡，进而徜徉美文佳作之境，咀嚼品味，乐在其中。那种汪洋大海般的“题、题、题”，让学生做“苦行僧”是绝对要不得的。

教学要有趣味性，要充分展现祖国语言文字的魅力，引导学生体会到文章的“味”，从而步入胜境。这里所说的“趣味”，不是庸俗低级或故弄玄虚，而是与知识性、科学性、人文性紧密相连。课的起始要着力让学生思维兴奋起来，迅速进入学习轨道；课中要张弛结合，让学生学得愉快；课末力求余音缭绕，激发学生继续学习的兴趣。可采取直观演示、开拓想象、抓点拎线、形成悬念、展现意境、激发情感、讨论答辩、运用“逆反心理”等方法，作为学习一篇篇课文的直接诱因，也可充分运用现代化的教学手段，与文字相互映衬，让学生入目入耳，最终达到入心的目的。

例如，组织学生学习《聪明人和傻子和奴才》一课时，一开始用奇峰突兀的方法拎出课文鲜明的写作特点，用学生的生活经验和学习经验铺垫，激励学生振奋起来。“京戏，很讲究脸谱，而脸谱中的颜色、线条与人物性格很有关系。关公是红脸，表示什么？忠，赤胆忠心。包公呢？黑脸，表示铁面无私。小时候看戏，一看舞台上的脸谱往往就猜得出这个人是好人还是坏人，是忠，还是奸。如果是白脸，八成这个人奸刁或阴险。由此可见，外形描写为什么服务？为人物性格服务。学习《孔乙己》时，我们已有这样的经验，孔乙己两次出场的肖像描写完成了一个下层知识分子受欺负受摧残的苦人儿形象。肖像的描写为表现人物的思想性格服务，它在人物形象的塑造中起十分重要的作用。但是艺术高手不用肖像描写，只用人物语言，就能起到揭示人物性格的作用。刻画人物时，不写他穿什么衣服，戴什么帽子，不写他人高人矮，人胖人瘦，只用对话就能揭示人物的思想性格。这首散文诗通过三场对话写了三个具有典型意义的人物。哪三场对话？写了三个怎样的人物？看谁读得认真，把握得正确。”学生潜心阅读，煞有兴味。

又如学习《明湖居听书》，要让学生懂得白妞的唱是绝唱，没有刘鹗的绝妙佳笔，绝唱就不可能留世。因而，既要启发学生展开想象，从整体感知入门，感受明湖居这个大戏园子里的氛围，又要发挥想象，通过视觉器官感受音乐形象。对文中以比喻具体描绘声音入耳的妙境，要组织学生朗读、品味、联想，以他们自己的生活经验加以补充。文中以通感手法具体描写声音的千变万化，就让学生根据语言描写用线条把表现白妞唱腔的千回百折之处画出来。如何如攀登泰山节节高起，接连有三四叠；又如何陡然一落，如飞蛇在黄山三十六峰半中腰里盘旋穿插，周匝数遍；又如何声音愈低愈细，渐渐听不见；又如何有一点声音从地底下发出，忽又扬起，像放东洋烟火，千百道五色火光，纵横散乱……学生仔细画线，用视觉形象展现描摹声音的形象，看得见，摸得着，领悟到声音的无穷魅力。

教学是通过语言进行的，有时一个贴切的比喻，一段富有哲理的话，甚至一个眼神，一个无声的手势，都会像童话中的魔棒一样，使学生全神贯注，饶有兴趣。教师语言要有味，除了规范、鲜明外，要有色彩，要有文化含量，要有较强的形象性，有时还可以有点幽默，能吸引住学生注意力，开启心窍。

求知是辛苦的，要真正获得知识、提高能力须付出艰苦的脑力劳动。如果课堂情趣横溢，在乐中求知，又何尝不是一种艺术享受？

课上得“能者为师”。课堂切不可是教师的“一言堂”，课堂上只有教师一人是“发光体”。教学过程是师生共同参与的脑力劳动过程，教师与每个学生之间、学生与学生之间平等对话，共同琢磨讨论，学生的发现能力、质疑能力、思考探究能力、口语交际能力就会得到有效的锻炼。要积极创造让学生生疑、质疑、辨疑的条件，营造探究问题的气氛，让学生有思考问题的时间与空间。课堂气氛宽松、和谐，学生身心解放，无拘无束，无心理负担，就能勇于求知，寻根究底，对文本的阅读与学习就不会浮在表面，而会纵向深入，横向扩展，形成发自内心的独特体验与感受。师生之间，学生之间，思想碰撞，迸发火花，学生可以从不同层面、不同角度受到启迪。

例如，学习《跨越百年的美丽》，学习过程中一位学生突然提出："初读课文，我为'她那美丽庄重的形象也就从此定格在历史上，定格在每个人的心里'所感动，'定格'用得多好啊！但越读越觉得'美丽庄重'分量不够，这怎么'定格'呢？"我立即鼓励："这个问题提得好！'定格'用得绝妙，瞬间凝固成永恒。'永恒'与'美丽庄重'究竟是怎样的关系？"有些学生迅速翻书，阅读、思考、探究问题的帷幕拉开：

"居里夫人的美丽非同凡响。法国科学院原本'人声鼎沸'，她一走上讲台，全场立即'肃然无声'。从'鼎沸'一下子变为'无声'，是大家被她的年轻漂亮、神色庄重吸引了。这是外表的'美丽'，还有更'美丽'的就是她宣布她和居里的惊人发现，将物理学带入了一个新时代。外在美和内在美的结合使'全场震惊'，震惊的瞬间也就凝固成永恒，这样的'定格'当然可以。"

"在人们的印象中，居里夫人这样伟大的科学家形象是极其严肃的。她具有严肃的外貌，很容易使人发生误解，这种严肃性是少见的，无法用任何艺术气质来解说。"

“那是由于当时社会的严酷和对她的不公平，严肃和美丽不矛盾。”

“伟人也是人，也有美与丑。文章一开头就写居里夫人的美丽，很有人情味。美人往往为‘美丽’所累。文章说得多精彩：‘千百年来，漂亮就是一个女人的最高荣誉、最大资本……她的战胜自我也恰恰就是从这一点开始的。’这叫拒绝外界诱惑。当我想到她给那些追寻的目光‘一个无情的后脑勺’的场景，真想笑出来。作品中这样来写美丽，不多见。作者这个角度选得好，有生活气息。”

“我认为居里夫人应‘定格’在更高层次的美丽。关于放射性的发现，她不是第一人，可贵在她那‘寻藤’‘问根’的精神，可贵在一千多个日日夜夜在曾停放解剖尸体的破棚子里提炼矿渣。这是燃烧青春，燃烧美丽，这是何等的毅力，何等的追求真理的科学精神！这些才是永开不败的美丽。记得列夫·托尔斯泰说过：‘人不是因为美丽而可爱，而是因为可爱而美丽。’居里夫人这样高尚的人，当然十分可爱，也就当然非常美丽。”

“我再补充一点，居里夫人的美丽还在于她对待美誉的清醒、淡泊。有的人有了一点荣誉就以为了不起，居里夫人追求的是‘永葆一种理性的美丽’。正如爱因斯坦所说，‘在所有的世界著名人物当中，玛丽·居里是唯一没有被盛名宠坏的人’。”

“‘美丽’是一个很平常的词，在文中却有如此丰富的内容，不深入思考，就领会不周全。看来，‘美丽庄重’分量极重，从外表到气质、到精神、到人格，这样的形象‘定格’在历史上当然散发光彩。”

“其实，我们中国也有这样的人。我读过一本书《吴健雄——物理科学的第一夫人》。吴健雄是世界最杰出的女性实验物理学家，她率先用实验证明杨振宁、李政道荣获诺贝尔物理学奖的‘在弱相互作用中宇称不守恒’理论而轰动物理学界；她获得了除诺贝尔奖以外的几乎所有大奖。她也是美丽庄重的，定格在人们心里。”

……

探究的气氛一形成，课堂上就出现思想、情感、知识、能力、态度、价值观等交流的网络，各抒己见，畅所欲言。由于思维处于高度兴奋状态，有时会出现惊人之语、“神来之笔”，令人欣喜，令人振奋。合作、探究、个性化学习，课堂上就不是只有一个发光体——教师，而是“能者为师”，每个学生都会发光。

学生自主学习积极性高，有时会超水平发挥，直接指出教师教学的不足、缺陷乃至错误。例如，学习《变色龙》时，课将结束，一位学生突然站起来对我说：“你教错了！”我吓了一跳（听课的有一百多人），还反应不过来，不知错在哪儿。我立即请这位学生上讲台前讲述。她指着板书说：“这时警官奥楚蔑洛夫已吃准了这条小狗是将军哥哥家的狗，巴结拍马的心情更急切了，你用和前面一样的线条来表示，不符合实际情况，应该频率更快，距离更短，波峰更高。”一石激起千层浪，许多学生七嘴八舌表示赞成。学生是可爱的，我请他们用红粉笔修正我白粉笔线条的错误，并诚恳地告诉他们：我在习惯的轨道上走多了，课前只考虑到主人公变的现象和不变的本质之间的关系，用两条线条表示，而忽略了现象本身也在变化。我是单向思维，学生多向思维。就这一点而言，学生是我的老师。

学生是可爱的，他们只要真正进入学习境地，进行语文实践，不仅自己的语文能力、语文素养获得提高，而且能弥补教学的不足，促进教师的提高。课堂教学，师生互动，教学相长，充满了生命的活力。

强调能者为师，不是放弃教师的责任，让学生随意讨论，随口说说，远离文本，不沾语言文字的边。语文课就是语文课，教师是教学的组织者、参与者，启发、引导、点拨学生学习的指导者，如果自主与自流、讨论与放羊不严格加以区分，学生又怎能学有所得，深受其益?

教学原本就是即席创作。教学千古事，得失寸心知。教了一辈子的课，尽管遗憾累累，但为了学生的花样年华不被耽误，我还是矢志不渝，执着追求。

○ 平等对话与“不作为”

“语文教学应在师生平等对话的过程中进行。”《义务教育语文课程标准（2011年版）》中的“教学建议”第一条第一句如是说。对这句话，由于理解上的差异，做法有时就大相径庭。这个问题也是很值得探讨的。

课程改革的基本理念之一是积极倡导自主、合作、探究的学习方式。这种新的学习方式需要的是民主平等的师生关系。较长时期以来，“灌输—训练”的方式是语文教学的主要方式，教师控制着话语权，学生处于被动接受的地位。倡导新的学习方式，关键在尊重学生是学习和发展的主体，爱护他们的好奇心和求知欲，关注他们的个体差异和不同的学习需求，充分激发他们的主动意识和进取精神。不少教师在教学实践中尝试，取得了良好的效果。值得注意的是，既然是“平等对话”，师生双方都应“有作为”，而不是一方“有作为”，一方“不作为”。

平等对话的目的是让师生充分发挥在教学中的主动性、积极性、创造性，挖掘文本中的语言资源、精神财富，感受文字魅力，体悟社会人生，培养和提高学生的语文素养。在平等对话过程中，学生要学会学语文，要学好语文，要学会用语文，因而，须在准确、正确上下功夫，须实实在在，不能浮泛，不能不着边际，更不能听之任之。

学生是学习语文的主人，教师是学习的组织者和引导者，是把学生引入语文天地的向导。学生学习语文的兴趣，自主学习的意识和习惯，不可能自然生成，也不可能一蹴而就，要靠不断激发，要靠持续培养，要靠努力唤醒，对此，教师责无旁贷，须有所作为。教学过程中的平等对话，应充满学生的发现、质疑、思考与探究，与此同时，必然伴随着教师的启发、引导与点拨，乃至必要的讲解。对话过程应该充满师生的讨论、沟通、理解，必要时也离不开精彩、精要、精湛的指导。师生平等对话是为学生创设良好的自主学习情境，让学生充分发挥聪明才智和学习潜能。然而，倡导自主、合作、探究的学习方式，并不排斥与否定接受性学习，自主、合作、探究的学习方式与有意义的接受性学习相辅相成。

平等对话，师生双方都有话语权。由于对学生主体、自主学习理解得不到位，有些教师误认为上课自己应少讲乃至不讲，否则，就影响学生的主体地位，影响他们的自主学习。于是，就出现了种种“不作为”的情况。比如，一而再、再而三地重复某种教学方法，让学生自己“感悟”。无点拨，无指导，要求泛化。朗读是学语文的好方法，让学生整堂课朗读课文未尝不可，但每次朗读应有具体的要求，并且要求应循序渐进，读错的字、读不顺的句子要指点，不能听其溜滑过去；关键词句、重点段落，要让学生咀嚼、品味，谈自己的感受和体会。读书百遍，其义自见。当今课堂上学习不可能有那么多充裕的时间反反复复读，因而，必要的指点就不可缺少。再说，朗读的目的就是要熟悉课文，理解课文，入目，入耳，入心，与作品和作者交流思想、沟通心灵，从中吮吸语言和思想的养料。故而，口读必须心想，精要之笔要琢磨，教师的点拨同样不可缺少。感悟也好，整体感知也好，总要建立在理解的基础上。浮光掠影，囫囵吞枣，怎可能有真切的感受？这样的课，教师“不作为”，学生虽读，也没有发现、质疑、探究，主体作用未发挥，形式上有作为，实质上还是无作为。

讨论是课堂教学很好的学习方法，切磋琢磨，相互启发。可全班，可小组，可学生之间讨论，可师生共同讨论。然而，有几点必须把握：一是探究什么问题，这个问题在理解文本中起怎样的作用，芝麻绿豆无关紧要的就不必大动干戈。二是讨论过程中可能生成课程资源，但不能捡到篮里就是菜，要辨别、筛选，决定去留。不能脚踏西瓜皮，滑到哪里算哪里。三是须紧扣讨论的目的和要求，不能“放羊”，听之任之，名为讨论，实为闲扯，与文本不沾边。讨论追求的境界，应是学生求知欲高涨，心灵得到解放，主动性、创造性被激发，生生对话、师生对话中观点碰撞，对文本的理解、领悟往纵深发展。语言表达做到有序、有物、有理、有情，启人心智，令人信服。如果“放羊”，教师“不作为”，学生也就不可能有所作为，讨论流于形式，实质被掏空。

师生平等对话须坚持教学目的和要求的落实，正误判别不可马虎，尤其不能在是是非非面前和稀泥，不能都说对都说好，不能认为跟着学生转就是“平等”。学习任何一类课文，讨论任何一个问题，均必须坚持科学性，对的就是对的，错的就是错的，切不可把“不对”说成“对”，那就离了教学的“谱”。对文本的内容、形式、语言运用、个性特点，可以多层面、多角度理解，答案可以多种，不是强调“标准”，强调“唯一”，但正误一定要分清。例如茨威格的《世间最美的坟墓》是作者于1928年苏联之行写下的著名文章。篇幅虽短，内涵却十分丰富，寓意深刻隽永，学生学习从文字到内容，从写作特点到寓意，均要动一番脑筋深思、品味，并非能一目了然，并非就能立即把握其中精髓。有的学生在阅读中体会到文章的结构很有特色，认为它虽是游记散文，但游踪并无清晰的痕迹。既有写景状物——树林中一个小小长方形的土堆，又有插叙追忆——托尔斯泰埋骨于此的缘由；既有对比烘托——反复对比，构成反差，又有深思感怀——表达崇敬之情。把这些有机组合起来的，是作者思想感情的流动，而这感情的起伏升降正是结构全文的线索。学生能认真梳理文章脉络，理清结构，找准线索，教师就要明确表态。表态时不能只说一个“对”、一个“好”就了事，要赞扬学生为什么能做到整体把握。让这名学生自己讲，其他学生帮着讲，教师点拨、补充，这样的对话，师生都有作为，学生能真正受益。有学生认为茨威格说托尔斯泰墓是“世间最美的坟墓”言过其实，一个土堆有什么美？怎么可能“剧烈震撼每一个人内心深藏着的感情”？不过是作者硬作的罢了。教师说：“对，这也是一种看法，各人有各人的体会。”学生有这样的看法不足为奇，敢于发表出来也值得鼓励，关键在教师要有所作为，不能没有下文。这种看法也“对”，那就全盘否定了这篇文章，在全班学生的脑子里形成了混乱。这名学生对托尔斯泰这位文学巨匠可能知之甚少甚浅，对作者茨威格于托尔斯泰诞辰 100 周年应苏联作家协会邀请赴苏参加纪念活动时所见所闻产生的困惑与感动不甚了了，对文中不少启人深思的语句未潜下心来仔细推敲，有这样的看法，产生这样的疑问十分自然。他过多地注意了“坟墓”的外形，被这个“物”箍住了思想，忽略了这个小小的、隆起的长方形包容着“当代最伟大的人物当中的一个”，忽略了作者描写托尔斯泰墓地逼人的朴素是为了体现托尔斯泰崇高的精神境界。名人常为自己的名所累，与拿破仑、歌德、莎士比亚比较，更显出托尔斯泰的超凡脱俗。托尔斯泰的坟墓的安排完全出于他自己的选择，他以最朴素的方式与自然融为一体，与广袤的大地母亲融为一体，和他一生义无反顾地去追寻人的本质的平凡一脉相承。作者对此有极其深刻的研究，为托尔斯泰的毕生追求和人格力量所震撼，因而字里行间充满了崇敬之情。以上种种，教师应积极引导。

○ 语文教师的文本解读[①]

文本解读是语文教师的“坎”，要陪伴语文教师一辈子。语文教师要立得起来，就必须跨过这道坎，这非常不容易。

什么是文本解读？这是个宏大的话题，西方研究了几百年，阐释学、新批评等流派纷呈，蔚为大观。为什么要文本解读？因为作者和读者之间，有时间和空间的差距。比如《项脊轩志》，由于时空的差距，读者很容易产生对作品的误读。我们今天要去读懂过去的人写的作品，必然会涉及许多因素。西方文艺理论中的阐释学，包括现象学，就是研究如何尽量减少误解，进行文本解读。

语文教师的文本解读，一定是首先有文本解读的普适性规律，再来考虑语文教师的文本解读。语文教师进行文本解读，就是要指导学生正确地进行文本解读，有效地提高他们的阅读能力、欣赏能力、审美能力。这和休闲阅读是两个概念。

阅读的一端是作品，一端是读者。读者要读懂文本，会产生许多不同的

① 本文发表于《中小学教材教学》2015 年第 2 期。

看法。怎样才算读懂文本了呢?

作品是一端，就要求能再现作者的原意；读者是一端，任何阅读都离不开读者及其主观意识。阅读有很多相关的理论派别。我们语文教师在学习这些理论时，要和语文教学联系起来，要思考如何取其所长，为我所用，来指导我们的文本解读。

文本解读中第一层是作者的原意；第二层是文本的意义，是作者在写作时未曾想到，但在历史的进程中产生的丰富多样的意义；第三层是读者的理解。我们的文本解读是不可能和作者的原意完全重合的，只是尽量接近作者的原意。我们教师先要做读者，对作者的原意进行揣摩。在尽量接近作者原意的过程中，体会经典作品在时代发展的进程中越发丰富的意义。由于时间、空间的距离，我们对这些意义进行评价时，有差异是必然的，不必大惊小怪。

在理论的层面来讲文本解读，我想有这么几点：第一种是复合式阅读。文本已经解读过了，我们今天还是照这样的理解来教。这样的解读，意义是受到限制的。这种复合式阅读，把多少年前的东西再照搬一下，意义是不大的。

第二种是生成式阅读。课堂教学一个是预设，还有一个就是生成，就是经过反复阅读，在原有的意思上，又多了自己的体会。这时的意义是叠加的，有新的生成。过去只要一写故乡，就是故乡情思，现在就不是这样了。老舍写的《想北平》和郁达夫写的《故都的秋》是不一样的。教师读出来，想北平，就是想我的家。这就有了生成的意义，这个生成的意义是在原有的意义上加以延伸，或者是拓展。我们今天讲对教材的钻研，就是不要墨守成规，不要人云亦云，应该读出新意，这里面就有叠加的成分，这个叠加的成分里，有时代的特点，有个性的体验，有我们对一些问题的理解和认识。教师对教材解读的深度和宽度往往决定了教学的高度；文本解读能力的强弱，决定了课堂教学质量的高低。学生的阅读关键在于对语言文字有没有敏锐的眼力，有没有思维的火花，也就是说文字背后是什么，他搞清楚了没有。我们说不要误读，不要浅读，希望要有高度，其实就是希望有教师鲜活的生命体验，能够在课堂上震撼学生。

《殽之战》是中学语文的经典课文。一位年轻教师教学时，既继承了《左传》的原来认识，又有他自己的见解。尽管孔子讲“春秋无义战”，但在某一场具体的战争中，还是有“义”和“不义”之分的。蹇叔是文臣，原轸是武将。文死谏，武死战。在秦晋殽之战中，晋是不输理的。读到最后，教师认为这是一种担当，一种责任。写文官，写武将，写郑国商人弦高，在不同的角色里，都有责任，都有担当。这是我们中华民族了不起的一个传统。他从《殽之战》中，读到了传统，读到了我们民族的心声。他没有贴标签，而是从教材本身进行合理挖掘。这就是生成和叠加。

第三种是创造性阅读。创造性阅读难度较大。比如我们教宋词，都是上下两片。有一位研究诗词的专家读辛弃疾的《青玉案·元夕》，认为这首词的结构不是上下片的。他认为，“众里”前面是第一层，最后一句是第二层。他说前面都是写元宵节的盛景。“宝马雕车香满路”是大家闺秀，“蛾儿雪柳黄金缕”是小家碧玉，前面的盛景是对后面“那人却在灯火阑珊处”的衬托。“那人”是实有，又是虚有，他说是实中虚，虚中实，写的是情词，非常真挚，但里面表现的是英雄之气。我想这大概就是创造性的阅读。这里有一整套的从词眼，到格律，到互文，然后到结构的解读，我想这就是创造性的阅读。这对我们语文教师而言，是有相当难度的。

第四种是颠覆性阅读，其中有逆反心理在作怪。比如对李清照的解读，说她是酒色之徒。这就不是一般的误读，而是颠覆性的，把作者的原意完全搞反了。

文本解读是一门大学问。语文老师首先是读者，其次是语文教师。是读者，就要阅读和欣赏，要尽量领会作者的原意。作为语文教师和作为一般读者，有几点是一致的。

语言是核心。语言是通达作者文本意义的桥梁，是解读的核心。语言和文本意义紧密相连，离开语言是无法走进作者的原意来理解文本的。在文本解读中，理解是个重要的话题。理解是人类活动的基本形式，也是文本解读的根本方法。解读的根本目的就是理解。解读文本是通过语言形成整体感悟，达到和作者视界交会的境界。理解是解读文本的根本方法。在解读文本的过程中，我们的思维方式也在发生变化。中国人的思维方法是求其大，讲起来都是宇宙和天下。西方是逻辑思维，二元对立的逻辑思维特征明显。我们过去的阅读受此影响，当下的文本解读仍然受影响。

阅读一要抓语言，这是核心；二要抓理解；三要关注思维模式。思维模式既要讲整体感悟，又要咀嚼细部。关注细节是非常重要的。我们的读，有时候就是大而化之。我们读到的多是共性的东西。只有共性，没有个性，教出来的都是一种模式，那就很难感动学生。

文本解读离不开知识结构，有两点很重要。

第一点是知识。比如教文言文，你对文言文的字词知识不甚了解，怎么教得好？你没有办法读懂。对它的时代背景不是一清二楚，那就要犯错误。语言本身就有多义性和创造性。再如鲁迅作品中很多词语的用法都是创造性的。语言的自我相关性也很重要。我们往往读了后面，忘了前面。比如教外国作品，如果对当时作者的时代背景不清楚的话，只看一个词，那是糟糕的。你查字典都有可能搞错。比如 high brow，表面上看是“高额头”，其实是指“有智慧”，有时候用在别的地方，又变成了“自我欣赏的人”。你说这人 high brow，非常有智慧，是褒义的；你说这人自我欣赏，又变成贬义的。我们汉语中字词的感情色彩就更多了。因此，积累知识是基本功，相关的文史哲书籍要多读一些，这样语言才能吃得准。我们今天搞课改，不是不要知识，而是要整体素养，知识结构要更能够适应课改的要求。

第二点是文化。文化包括人类所有的物质文化和精神文化。我们今天讲的文化是精神文化。对一篇文本的阅读，要解读得比较正确，接近作者的原意，把文本的意义读出来，确实要有文化底蕴。例如《林黛玉进贾府》，我刚开始教的时候，哪里看得出那些东西？比如王熙凤看到林黛玉来了，在老太太面前讲，天底下竟有这样标致的人儿，更何况这通身的气派，不像老祖宗的外孙女，而像孙女。我原来只想到这个人真是巧言令色，奉承林黛玉，就是拍老祖宗的马屁。这是浅阅读，如果深下去理解，就不仅仅是这样了。她在老祖宗面前赞美林黛玉这通身的气派，就是老祖宗的血脉——你这通身的气派，是高贵得不得了啊。最妙的是又似孙女儿，又不似孙女儿。她为什么要用这样的语言呢？因为她不能得罪诸姐妹，旁边还有迎春、探春、惜春那么多“春”呢。王熙凤不愧是荣国府的当家人，她对府里上上下下、左左右右的关系是熟透了，既捧了林黛玉，又不得罪诸姐妹。要解读出这些，就必须有相应的文化底蕴。

文本解读离不开经典作品。什么是经典的作品呢？经典作品的意义不在于作品本身的魅力和奥秘，而在于读者的解读对其意义的开发。歌德说，莎翁的作品，很多人都说过，但它的意义是说不尽的。随着时代的发展，这些经典作品的价值会越来越丰富，因为这些作品是用作者的生命、血和泪写成的，这些作品是有召唤力和吸引力的。深入的阅读，如十遍二十遍地读《阿 Q 正传》，读进去了以后，会用自己的生命体验，来对作品的意义加以补充。

教学从来都是创造。每个教师在课堂上拿着文本，面对着学生，用自己的聪明、智慧，还有知识底子和人生体验来创造。我曾经讲过李白的诗是神曲，读李诗是仰望天空。但我们教师要像杜甫一样既仰望天空，又站在地上，站在课堂上。脚踏实地，要站在课堂上，面对我们的学生，给每堂课以生命的启迪、语言文字的养料和思维的哺育，这样，就能够把我们的语文课改推向前进。

○ 深究底里 准确把握[①]

《上海市中小学语文课程标准（试行稿）》中“实施意见”的第四项是“保障措施”，“保障措施”的第一条是“教师素养”，而后才是“教学管理”“配套措施”。显然，课程标准要得以有效实施，真正提高学生的语文素养，首要的保障是教师的素养。课程改革的成败归根结底取决于教师，因为教师是理想与现实、理论与实践之间的转化者。“教师素养”的第二条内容是：“语文教师应有独立处理教材的能力。教师要在深入钻研课程标准和熟读、钻研教材的基础上，把握教材要点，并有独到的体验和发现。应根据教学的不同阶段和学生实际，确定教学目标和教学的重点、难点，写好教案或教学设计。”这和部颁的语文课程标准中的教师“要认真读书，精心钻研教科书”“应创造性地理解和使用教材”的要求一致。

众所周知，教师独立处理教材能力的强弱直接影响教学质量的高低，而教材处理能力的基础，一是对教材的把握，二是对学生的了解。如果忽略基础或基础不牢靠，教学就会浮游无根，随风飘荡。由此我联想到教学中有时

---

① 本文发表于《中学语文教学参考》2005 年第 4 期。

会碰到这样的情况：教法上搞得花团锦簇，教材本身却不甚了了，有的远离文本，海阔天空，随意发挥；有的凭依教学参考书，亦步亦趋，照本宣科。凡此种种，表明对教材在教学中的重要作用还缺乏深刻的认识。语文教材是落实课程目标、提高学生语文能力、陶冶学生思想情操、增加学生文化积累的基本材料，是教师的教本，学生的学本，是教学中师生交流、生生交流的凭借、依据、媒介，其中蕴含着课程的先进理念、育人的指导思想、提高学科质量的规律，绝非浮光掠影就能正确把握。

熟读教材，钻研文本，是教师教学的必由之路，也是教师必须具备的基本功。不管是什么体裁的课文、怎样组合单元，总要明确地回答以下几个问题：这篇课文写什么？怎么写的？为什么这样写？为什么被组合成这样的单元，意图何在？问题似乎简单，既不复杂深奥，又不虚无缥缈。然而，如果沉下去听些课，就会发现有些教师对这些问题回答得欠准确，不到位。课上得不够理想，往往毛病就出在对课文一知半解，浮、偏，甚至主观臆断，南辕北辙。对青年教师来说，要提高教学质量，过好教材关至为重要。钻研教材，教师可有自己个性化的方式方法，无须强求一律，但我认为以下几个方面是共同的，均应下点功夫。

整体与局部

教学实施应有计划、有目的，切不可拿到课本就急急忙忙备第一课，以应付上课。首先应通读教材，弄清楚这册教材在初中学年段或高中学年段的定位，要实现怎样的教学目标，重点在哪儿，难点在何处；教学内容大体上是怎样组合的，课时怎样合理分配；哪些课文要重点敲打，让学生牢记不忘，哪些课文放手让学生自主实践，自主发挥。框架清楚，成竹在胸，就不会出现如俗语所说“烂泥萝卜——洗一段吃一段”，教到哪里算哪里的毛病。

就一个单元而言，在整册书中是局部，但它又是一个整体，它的教学目标的实现依赖于一篇篇课文，课文是它的局部，知识传授、能力培养、情感熏陶等，应妥善合理地分布，各有重点，又互补互促，形成有机的整体。

就一篇课文而言，同样要把握整体与局部。先整体，后局部，再整体。先通读，整体感悟；再一个部分一个部分细心钻研，反复推敲；然后再通读，综合起来思考。初读时主要靠直觉，有初步印象，对文章的理解往往只在表层；经过一个个局部的钻研、推敲，思想脉络理清楚了，文字的内涵、作者的匠心逐步显露出来，主干、枝叶一清二楚；再读课文，由感性认识上升到理性思考，体验文字的魅力，把握文章的真谛。

比如，季羡林先生的《幽径悲剧》是篇深沉浓烈、文字精美曲折的散文，苏教版八年级上册语文教科书中，把它和《苏州园林》《都市精灵》等文章组合成一个单元，主题为“人与环境”，目的在唤醒与培育学生热爱大自然的纯真感情，体会“一松一竹真朋友，山花山鸟好弟兄”，从而自觉地善待自然，保护生存环境。《苏州园林》写的是创造美，《幽径悲剧》写的是愚氓毁灭美。《幽径悲剧》文意较显露，通读一遍，就能有整体印象，写什么很明确——燕园一条幽静曲折小路中，燕园的最后一棵古藤无端被人杀害了，这是幽径的悲剧。

这场悲剧在作者笔下是怎样来展现的呢？这就要进入文章，一个个局部地推敲与理解。文章先写出幽径的神奇：不仅傍湖靠山，蜿蜒曲折，有曲径通幽之趣，且四季湖山更有美景。冬天，即使是坚冰封河，山上松柏仍然显示绿色的威力，不会感到冬天的萧索。幽径的神奇是大自然的恩赐。然后，笔力聚焦在古藤萝的描写上。“神奇”给人的印象已是美不胜收，“印象最深”“最留恋难忘”的一株古藤萝，当然是美上加美。

聚焦写这株古藤萝时，先宕开一笔写北京，写燕园的古藤萝，然后描述这一株的独特风姿；再宕开写“十年浩劫”中，燕园的古藤萝与其他一些古丁香树惨遭诛伐，反衬小径中这一棵简直是藤萝界的鲁殿灵光。曲曲折折，把对藤萝的情和意表达得凄婉中透露一丝快乐，一丝安慰。

然而，好景不长，这最后一株古藤萝也被砍断，因而，最后的一点安慰、一丝快乐也被剥夺，荡然无存。

最后是作者直抒胸臆。面对如此戕害自然的现实，作者不仅表述自己心灵的痛苦，而且抒写古藤萝的哭泣、委屈，群树、荷花的同情，而哭泣之声又是通过作者的听觉来展现的。交游之深、心灵感应到了何等感人的地步。文尾以永远永远把“自己的性格制造”的“十字架”背下去作结，情溢纸上，留给读者不尽的思考。认真梳理全文，就可把握住三个部分如何层层推进，神奇的美如何与灭美恶行鲜明对照，把幽径中发生的“悲”和作者心灵中永远抹不掉的“悲”交织在一起。同情、愤怒、惆怅、无奈，作者把对大自然的无限深情烙印在读者的心中。

就每个段落而言，可咀嚼之处很多。如第 8 段写幽径古藤的特征就十分精彩。先平淡地交代一句——“根据我个人的评价”，对花鸟草虫，各有各的情趣，各有各的眼力，说在众多藤萝中这株“最有特色”，只是自己的评价，毫无强求之意。文笔的周到由此可见。写其生长环境是“无棚”“无架”，攀附在邻近的几棵大树上，尽管如此，但气度仍然非凡——直上青云。春天开花时无一般的紫藤萝瀑布那样显眼，只是一朵朵紫红色的花藏在团团绿叶中，谱写着“万绿丛中一点红”的诗意。“眼前无藤萝”，因为“从下面看”“根本看不出是一株藤萝”，直到幽香闯鼻，蜂声袭耳，唤起心中的藤萝，才看到绿中点点红的美景。这种似无实有的刻画，把这株藤萝的个性特征惟妙惟肖地展现在读者眼前。在“十年浩劫中”，它能逃过劫难，是似无实有的个性特征救了它。这真是传神的铺垫。因为它“存在”，故而“顾而乐之”，与下文的失而悲、失而痛形成强烈的反差。文章是个有机体，前后照应，铺垫衬托，展开收束，对此均应理解透彻，把握得一清二楚。哪怕是一个句子，只要内涵深厚，就须反复琢磨。如“我是一个没有出息的人”，为什么作者这样说？作者是大学者，怎么“没有出息”呢？这儿的“没有出息”是特指，指的是感情“供过于求”，为小动物小花草流泪叹气，为古藤萝的被毁痛苦万分，这哪里是“没有出息”？分明是有善良之心、恻隐之情、博爱的胸怀，热爱生命，热爱美好，热爱大自然造物的奇妙。

文章的一个个局部细读深思后，再整体阅读，综合起来思考，领悟就会加深。这篇记叙古藤遭难令人悲伤的短文，是一颗悲天悯人的心在倾诉，在呼唤，在慨叹，在谴责，讨伐破坏自然的恶行，追求人和自然的和谐相处，字字句句情真意切，震撼心灵。

整体与局部互动互促。把握整体，有利于对局部的正确与深入的理解；把握了局部，又有利于对整体认识的提升。

咀嚼文字，探究内涵

当前，青年教师备课善于到网上查阅资料，下载有关材料，开阔视野，丰富认识，这无疑是一种进步。但是，它无法代替个人阅读，代替个人对语文文本的钻研。尤其是一篇篇课文中文字运用的佳妙，在特定语境中的意蕴，非潜心思考、咀嚼品味，难以领略、体会。

品味作品中富于表现力的语言文字，探究其中内涵，并非是“以文殉道”，而是语文教学中指导阅读应有的责任。语言是意识、思维、心灵、情感、人格的体现，语言和思维、情感同时发生，要把语言和它的内涵硬剥离开来，这是不可能的，只不过是阅读者有意识或无意识，领悟程度的深浅不同而已。20 世纪世界人文科学的一次最大的革新就是语言科学的突破，就语言不再是单纯的载体，论述得十分精辟。

有些文句平平实实，但稍加咀嚼，就会发现这些句子在文中起总领作用，有的词语是点睛之笔。如梁衡的《把栏杆拍遍》第1段："中国历史上由行伍出身，以武起事，而最终以文为业，成为大诗词作家的只有一人，这就是辛弃疾。这也注定了他的词及他这个人在文人中的唯一性和在历史上的独特地位。"显然，"由行伍出身，以武起事，而最终以文为业"，短短16字，概括准确，言简意赅，浓缩了辛弃疾数十年的生活轨迹，凸显了他在中国历史上大诗词作家中独一无二的特点，给读者以清晰的印象。"唯一性""独特地位"点出他的与众不同，而这种与众不同是由"出身""起事""为业"所"注定"。"注定"用得斩钉截铁，分量比"决定"重，蕴含着规律性的，预先决定的，几乎无法更改的意思。寥寥两句话总领起全文，一是线索分明，二是紧扣"唯一性"展开。唯其"唯一"，必有"独特地位"。"唯一性"在文中起关键作用。辛弃疾的词不是用笔写成，而是用刀和剑刻成的；不是用墨来写，而是蘸着血和泪涂抹而成。这个在刀刃剑尖上滚过来的诗人，被迫脱离战场，空有一身力、一腔志，只能把呼喊、悲愤、无奈、遗憾化作血与泪倾注到诗词中，表白自己的忧民情、复国志，倾诉自己的忠心与痴情。通篇文章均在"唯一"上下功夫，这个词内涵极其丰富，有血有肉，跃然纸上。

又如，文中说"我常想，要是为辛弃疾造像，最贴切的题目就是'把栏杆拍遍'"。什么是"把栏杆拍遍"？为什么要用这个题目？为什么说这是"最贴切的题目"？国画中我们常见的辛弃疾是"醉里挑灯看剑"的形象，为什么作者要用"把栏杆拍遍"为题来为他造像？《水龙吟》上片写景抒情，临江水，望长安，登危楼，拍栏杆，由无情之景写到有情之景，一层层远山都"献愁供恨"，何况报国无门的作者？山河破碎，收复无日，效力无由，恨之深、愁之大，难以宣泄，只能用动作来直抒胸臆，把雄心壮志无法施展的急切悲愤的心情表达得淋漓尽致。这样造像，不是某一个角度的剪影，而是一生被排挤被抛弃、受折磨受煎熬锤打成的爱和恨在胸中燃烧，化作无言的动作，昭示人间。读词犹如读人，读到吴钩这杀敌的锐利武器只能闲置身旁，满腔抑郁、满腔悲愤无处诉说，只能拍打栏杆来发泄，就好像这位沙场英雄、爱国将军站立在眼前。动作是外在的，凝聚了正与邪的搏击、愁与恨的交织，显现了一颗对国家民族比天大、比火热的赤子之心，因而它完全是内在感情的喷发。抓住这个典型动作为造像的题目，自然内涵非常丰富，确实是“最贴切”的了。

对有些课文文句的把握理解，不能只停留在一词一句的层面，要成段、成片地联系起来思考，才能在脑中理出清晰的线条，品味出语言使用的功力与独到之处。例如茨威格写的《列夫·托尔斯泰》，人教版八年级下册在文前作了这样的提示：“列夫·托尔斯泰是世界文豪，他长相平平，却有一双锐利异常、能够洞察世事的眼睛。现在，就让我们跟随作者，去凝视托尔斯泰的眼睛，并由此进入他那深邃而丰富的内心世界。”阅读重点很明确，读懂了列夫·托尔斯泰的眼睛，也就初步走进了他的内心世界。

作者集中笔力用了四段文字写列夫·托尔斯泰的眼睛。用列夫·托尔斯泰自己的话来说，这只是一双“灰色小眼睛”，为什么作者要大书特书，究竟特别在何处呢？首先，写他的目光，四个极形象的比喻接二连三送到读者眼前。“黑豹似的”“像一把锃亮的钢刀”“像枪弹穿透了伪装的甲胄”“像金刚刀切开了玻璃”，尽管以不同的物为喻，包括有生命的和无生命的，但都聚焦在尖锐、犀利、穿透力这些特点上，“稳”“准”“击中要害”“入木三分”。显然，这种目光能穿透心灵，任何掩饰、伪装均无法抵挡。接着写这对眼睛里“有一百只眼珠”，目光丰富多变，神秘莫测。忽而“柔和”，满含“粲然笑意”；忽而“热泪涟涟”；忽而“黯然失色”“顿生凄凉”；忽而“冷酷锐利”；又忽而“涌出好奇”……眼睛是心灵的窗户，眼睛有如此丰富的变化、丰富的感情，源于内心世界的丰富与多情，而这种变化又与外在环境紧密相连。段尾引用高尔基的“有一百只眼珠”作结，可留给人们不尽的想象。文中举出的目光的种种变化毕竟有限，具体描述不过是个“引子”，留出充分的空间让读者想象，用自己了解的、熟知的情况去描述、去创造。

再接着刻画这对眼睛的超人力量。“可以把人世间的物质吸进去，然后向我们这个时代放射出精确无误的频波”，这是高度概括，一个“吸”，一个“放射出”，既表明了观察世事的细致入微，又描述了表达能力的非凡卓越，并由此加以铺叙，与前两段文字一样，用夸张的手法、形象的比喻、浓烈的语言，作用于读者的视网膜，造成强烈的印象。这对眼睛的超人力量，不仅对外物，使它们“都要露出赤裸裸的真相”，而且对它的主人，同样是“锋刃无情，直戳要害，正好刺中了他的心窝”。从眼睛的特殊功能、超人力量揭示了托尔斯泰的人生态度、价值取向、精神世界的追求。为了强调这对眼睛的特殊功能，本段开头先描述“此人所具有的天赋统统集中在他的眼睛里”，然后风趣地说明他面部的其他“部件”都不过是用以“包装、保护”这对闪光珠宝的“甲壳”，既照应了文章前半部分着力描写的托尔斯泰外表的平庸，更突出了这对集万千才气于其中的眼睛的非凡。最后一段归总，两个句子，两种判断，“可以任意支配整个世界及其知识财富”，又“肯定缺少”“属于自己的那一份幸福”，二者是否矛盾？二者又都源于有犀利眼光，看清真相，看透事物本质。这儿的“幸福”究竟指什么？形成悬念，引人深入探究，探究托尔斯泰这个大文豪的生平，探究他晚年的充满矛盾的精神世界，探究他的经典作品。

把四个写眼睛的段落连缀起来思考，就会领悟到作者的独特匠心。作者从不同角度描绘眼睛，尽管语言的密度很高，修辞手法连续运用，但写得很有层次，刻画出了这位文坛泰斗的形象特征，也为读者探索其丰富深邃的精神世界开启了一扇神奇的门。文中许多语言看似平常，稍加深入，就可发现其内容十分丰富，包含不少动人的故事。例如“放射出精确无误的频波”，“精确无误”到什么程度？举一例来看，据说安娜·卡列尼娜的原型是大诗人普希金的女儿普希金娜，托尔斯泰只在一次盛大舞会上的短暂时间里与她见过一面。28 岁的普希金娜刚结婚不久，有超凡出众的美丽，又有生父独特的诗人风韵与气质，那深潭般不时露出一丝忧郁神情的眼睛，使托尔斯泰“倾倒”“神往”了，这肖像一直藏在他的心里，14 年后，他利用这个原型创造了安娜。令人惊讶的是，在托尔斯泰的博物馆里，至今还陈列着一幅普希金娜的肖像画，画出自一位苏联名画家之手。这幅画也是作于她新婚后不久，竟和《安娜·卡列尼娜》描写的安娜的形象一模一样，衣服、外貌、神情也极其酷似。托尔斯泰生前没见过这幅画，和普希金娜也只见过一面，可见他的观察力（“吸”）是何等卓越，表现力（“放射出”）又是何等令人叹为观止。

有些课文的语言须通盘考虑，理解把握，如果只抽出三五句推敲，就难以体会其中的意味。如《安塞腰鼓》，文章基调是昂扬、激越、奔放的，一个个词，一个个短句，就好似鼓点，理解其层次，把握住旋律，语言表达情意的佳妙就凸显眼前。“发狠”“忘情”“没命”，来不得半点颠倒；“骤雨一样”“旋风一样”“乱蛙一样”“火花一样”“斗虎一样”五个句子是鼓与舞的交织、奔突、翻飞，读起来一泻千里，气势如虹。文章写的是安塞腰鼓，文章本身就如安塞腰鼓，词句鼓点在你耳畔炸响，词句舞姿在你眼前闪动，西北“茂腾腾后生”的火与力倾注到你的身上。以文传神，以文交友，心灵自然而然为之激荡。

作品与作者

钻研教材当然要对一篇篇课文本身阅读研究，掌握来龙去脉，与此同时，也必须了解作者，并作适当的研究。单靠课本里简单的注释，往往难有对课文的深入理解。

史铁生是优秀的散文家，他的《合欢树》《我与地坛》被多种语文教材选用。这些文章情真意深，感人肺腑。《合欢树》用平实、简约的笔调追述母亲生前和身后的几件往事，抒发对亡母缅怀与忏悔相互交织的深厚、复杂的感情。《我与地坛》写了与地坛的相交、相知，参透了生命大书的意义；母亲用苦难浇铸成爱的钥匙，开启了他封闭的心灵。文中情有多浓，爱有多深，灾难有多重，思考有多深邃，意志有多顽强，心胸有多豁达，不深入了解作者的生命历程、思想历程，对母亲的与苦难为伴就难有深刻的领悟。

作者双腿瘫痪，在轮椅上待了 20 多年，后又双肾功能衰竭，靠血液透析维持生命。这是一种何等的苦难。用他自己的话来说，“对死亡要有一种幽默的态度”；“困境不可能被消灭……艰难和困惑就是生命本身”；“自我封闭，是心理治疗的最大障碍”；“与人交流达到新境界”，“所谓新境界，一是认识了爱的重要，二是困境不可能没有，最终能够抵挡它的是人间的爱愿”，“新境界的另一方面就是镇静”；“我敬重我的病”，“把它看作一个强大的对手，是命运对你的锤炼，就像是个九段高手点名要跟你下一盘棋，这虽然有点无可奈何的味道，但你却能从中获益，你很可能就从中增添了智慧，比如逼着你把生命的意义看得明白”；“是什么使我要缓期执行（死期的延缓）呢？是亲情和友情，是爱”，“爱需要自己去建立”，“爱和友谊，要你去建立，要你亲身投入进去，在你付出的同时你得到”；“其实，爱、友谊、快乐，都是一种智慧”；等等。了解这样的心路历程，对文中蕴含的艰难的命运、坚忍的意志和毫不张扬的爱，就会有几分具体、真切的感受，对表述文字的平实、洗练也就可领略一二。

报纸上曾登过一张史铁生与世界短跑冠军刘易斯合影的照片。史铁生曾说过“刘易斯的脚是我的梦”，这位冠军也许动了情，来中国后要见史铁生。刘易斯读过史铁生的书。刘易斯的眼睛凝视着史铁生，眼光里不是怜悯而是尊敬。看到这张照片，读者心中会有无以言说的沉重。刘易斯是在掌声中奔跑，而史铁生是在内心进行跋涉，艰难，悲壮。散文是他的一部分生命，所以他的文字最撼人心魄。

当然，还可以查阅其他资料，如王蒙、周国平、余杰等作家对史铁生的评论；可阅读史铁生的其他作品，如短篇小说《我的遥远的清平湾》、散文集《病隙碎笔》等。作者的形象在自己脑海里立体起来，清晰起来，对他作品的认识、理解就可有一定的深度。

有些作品的内容在教学过程中常有不同的理解，有时望文生义，有时以讹传讹。备课时应精细，经常翻阅有关书报杂志，可提高判断力，乃至纠正自己理解的差错。如鲁迅的《从百草园到三味书屋》，多年来对“三味”的含义或理解为“读经味如稻粱，读史味如肴馔，读诸子百家味如醯醢”，以三种味道来形容读三种古籍；或理解为“诗书味之太羹（古代祭祀时用的肉汁），史为折俎，子为醯醢”。三味书屋的这块匾演绎出众多的味道。去年《鲁迅研究月刊》载文，作者寿宇通过自幼脑海里的深刻印象，说明“三味书屋”的由来与本义，指出“三味”之义是“布衣暖，菜根香，诗书滋味长”，这是寿家的祖训家规，也是寿家私塾的办学方针。

任何作品中都有特定的时代背景、社会环境和作者的生存状态、立身处世的态度，把相关的情况弄清楚，探究作者的写作意图、作品遣词造句的特色，就比较容易准确把握。

钻研教材，各有自己的思路和方法，但读懂教材，深究底里，准确把握，应该是共同努力的目标。

○ 用精神的成长创造使命的精彩[①]

当前，在价值多元、文化多元背景下从事语文教育的艰巨性和复杂性前所未有，如何应对？如何破解一道道难题，促使语文教育健康发展，有效提高质量？《道德经》中说得好，“知人者智，自知者明；胜人者有力，自胜者强”，我以为，关键在“自胜”，在切实锤炼我们这支队伍。我们这支队伍需要提升，特别需要精神成长。

今年教师节，习近平主席情真意切地对教师提出殷切期望，要求教师“有理想信念、有道德情操、有扎实学识、有仁爱之心”，做党和人民满意的好教师。这“四有”都是精神成长的事，说到了教师人格魅力和学识魅力的根本。我们的语文教育迫切需要一大批中青年教师成为精神成长极其优秀的排头兵，在这个领域精心耕耘，改革创新，创造母语教育的辉煌，惠泽莘莘学子。

---

① 本文发表于《人民教育》2014 年第 21 期。

一、为师者的思想须有高度，脊梁骨须有硬度

人的成长是一辈子的事。教育从来不是一个结果，而是一个生命展开的过程，它永远面向未来，不会结束。因此，教师要和学生一起，展开生命，不断成长。然而，不是所有的教师都意识到了成长的重要性与必要性，有的更是听凭妨碍精神成长的因素在自己身上滋长。妨碍的因素不少，有社会层面的、家庭层面的、学校层面的，等等。最可怕的是对待语文的不知不觉。语文是什么？我到底要做什么？我应该做什么？我现在在做什么？很少去想，甚至不想去想，更不用说想清楚。你怎么说我就怎么做，怎么考就怎么教，或者只是为了证明自己有一套“应试法宝”，一遍一遍盲目去干。究其原因，缺失的大概不是教学技能技巧，而是缺失思想，缺失精神，缺失学术素养，缺失了自我的主体性地位。众所周知，讲坛不必在乎高低，但为师者的思想须有高度，脊梁骨须有硬度，因为肩挑的是立德树人的刚性责任，肩负的是传承和弘扬中华优秀文化的神圣职责。为师者须有精湛之思想、自主之精神，不能做思想的矮子。任凭教学参考资料、电脑下载教案、媒体炒作信息、教育时尚操作说短长，脊梁骨就挺不直。精神成长要从拒绝平庸、树立自信开始：我思，我想，我要以勤奋与智慧创造学生心驰神往的语文学习新天地。

课堂教学是教师安身立命之本，它的质量高低是教师精神成长的直接体现。怎样把课教得有吸引力、感染力，能叩击学生心灵，触发学生思维？怎样不仅让学生学有所得、学有所能，而且让他们求知有欲罢不能之势，对语文宝库有探宝觅宝的热情与积极性？怎样营造语言文字散发能量的磁场，思维活跃，心灵碰撞，让学生享受文化哺育的快乐？这些问题是追求卓越的优秀教师必须认真思考、深入思考的问题。不仅要思考，而且要在教学实践中反复验证，积累正反经验，并及时加以改进，切实提高。这些问题的破解不

是靠一时一事的短、平、快，而是要潜下心来持续不断地刻苦钻研，夙兴夜寐，锲而不舍。表面看起来是对怎样上课的思考与实践，内在支撑的却是敬业精神与对学生的仁爱之心。

二、教课就是全身心投入，用生命在歌唱

我们往往花费相当精力上一节质量上乘的公开课或研究课，这当然值得赞扬。但它的可贵不在于获得什么奖，而在于你的教学理念、教学行为符合学生学习语文的规律，在学生心中播撒博大精深的中华优秀文化和人类先进文化的种子，让学生的心灵获得美好的滋养，让静态的语文知识能够活化为他们运用语言文字的能力。这种质量上乘的课的背后是你对祖国语言文字和教育对象的满腔热忱，对教学内容的反复推敲，对教学方法的精心选择。这就是你的精神，你的成长中的精神。你对待语文，在主动地“知”，在积极地“觉”，在全身心地投入。然而，更为重要的是这种可贵应该努力常态化，从课的质量到人的精神，努力做到每节课都有亮点，都有耐人咀嚼、耐人寻味的东西，经得起听，不同层面学生都能受益，都有满足感和上进心。每节课都有你的信念、情操、学识在闪光。什么叫教课？教课就是全身心投入，用生命在歌唱。

这是一种境界。这是一种诲人不倦、乐育英才的境界。这种境界是不是高不可攀呢？并非如此，现实生活中有许多榜样。如研究古诗词的大家叶嘉莹说她老师顾随上课是：“先生之讲课，真可说是飞扬变化，一片神行。”“飞扬变化，一片神行”，那真是左右逢源，出神入化，令人神往。顾随自己曾把自己的讲诗比作谈禅，“禅机说到无言处，空里游丝百尺长”。已经无以言表，但其中意味还“空里游丝百尺长”，缭绕不断，启人心扉，这是何等的美妙！又如北大袁行霈教授讲白居易的《琵琶行》“座中泣下谁最多，江州司马青衫湿”，他说“哭几回才能把青衫哭湿啊，不是衣袖湿，不是手绢湿，是青衫湿”，此时他眼中充满了泪水，这就是老师，全身心投入，进入作品之中，与作者情感共鸣，捧出的是一片仁爱之心。再如，北大谢冕教授一上课就哆嗦，不是因为学生、因为课，而是因为诗。有段时间他似乎不生活在现实生活中，而是生活在诗的世界里。诗人倾听生命呼唤，用诗歌唱，敞开一个世界，亮出真理的光辉，师者教诗怎不为之感动？“沧海自浅情自深”，情深到痴迷程度，课还会教不好吗？

三、真正的教师他有真东西，而且能把真东西教给学生

显然，感人的教学境界的出现，是要教师倾心投入、努力攀登的。而这种攀登不只是技能技巧上着力，而且是人生态度的攀登、情感世界的攀登，是为师者一种风范的创立。而敬畏专业、以心相许的攀登更是基础。真正的教师他有真东西，而且能把真东西教给学生。著名画家韩美林的班主任是中央美院的周令钊（人民大会堂顶灯“满天星”的设计者），韩美林向他磕三个响头，因为老师教会了他本事。如韩美林制作了3000多件作品，两个半小时就能设计出290把椅子。真功夫是学术功底的展现，不下苦功读书学习，不作精彩透辟的理性思考，教学上怎可能气象万千，入学生耳，入学生心？而今，我们不少语文课泡沫很多，缺少扎实的本体知识，缺少学术含量、文化含量。上了多少年的语文课，教学思想、教学构成、教学中的经验教训说不出个一二三四。原因何在？也许，在分数至上、急功近利者眼中，学术是没有尊严的，文化是没有价值的，专业长短也很难待价而沽。

我这样说，并非指责谁，首先是自责。我深知教得好首先是学得好，但我身体力行得远远不够。非科班出身，底子原本就弱，读书虽不是“贫困户”，但未能下深功夫，因而思想、见识、视野、积累均受到很大限制，形成了教学生涯中的短板，教学中常有捉襟见肘之感，影响工作的质量。西汉目录学家刘向说：“书犹药也，善读之可以医愚。”既读得不多，又不善读，故而至今我未能脱愚。与我高中语文老师赵继武相比，真是羞惭万分。他是国学大师黄侃的弟子，满腹经纶，教课娴熟洒脱而不拘泥，许多文章倒背如流，问不倒他，连写作文评语都有文化含量，妙笔轻点，就能使文章归题。因此，读书学习，文化底蕴是极其重要、了不起的。

四、人有了脊梁骨才能直立行走，人有了理想信念，就有了精神支柱，心灵就能辉煌起来

那么，读书学习的意志、毅力从何而来？对教学业务刻苦钻研的持久力从何而来？我认为关键在于内心的深度觉醒。教师从事的是塑造灵魂、塑造生命、塑造人的工作，一个肩膀挑着学生的现在，一个肩膀挑着国家的未来，千钧重担！

为此，一是要自觉确立人生的态度，赋予自己的生命以意义。“理想信念”是生命的核心。在人生旅途上，能最终领略美妙风景的必然是那些强烈渴望登临并为之不懈跋涉的追寻者。是心灵的渴望，开阔了求索的视野；是心灵的飞翔，鞭策了奋进的脚步；是心灵的富有，孕育了人生的奇迹。一个人要创造生命的意义，首先要让心灵辉煌起来。人有了脊梁骨才能直立行走，人有了理想信念，就有了精神支柱，心灵就能辉煌起来，不断努力就能成为堂堂正正的人；人如果太实际了，为物质生活所累，就没有超越职业训练的志向、旨趣和想象力，就很容易沉沦。人一辈子都活在价值取向的选择之中，要学会自觉地选择，明智地放弃，中国优秀的知识分子“为天地立心，为生民立命，为往圣继绝学，为万世开太平”，这种对社会、对国家的担当意识是我们的榜样。

二是要积极担负起传承中华文化之根的重任。汉语言文字是中华文化之根。语言是生命之声，语言活动就是生命活动，它是人类文化心理结构的外化，教学语言文字不仅有实用功能，还有发展功能、教育功能、审美功能，对学生精神领域所起的作用，无论是显性的还是隐性的，都是润物细无声的，长期而深远，影响人一辈子的素质。今日的教育质量就是明天的国民素质，容不得半点懈怠、应付和马虎。人类大灾星希特勒曾这样说：“要消灭一个民族，首先瓦解她的文化；要瓦解她的文化，首先消灭承载她的语言；要消灭这种语言，首先从他们的学校下手。”这是从反面给我们敲响的警钟，让我们清醒地意识到肩上挑的是怎样的重担。

有人说，平庸的人有一条命：性命；优秀的人有两条命：性命和生命；卓越的人有三条命：性命、生命和使命。法国文学家罗曼·罗兰曾说：“生命被赋予了一种责任，那就是精神的成长。”让我们用精神的成长创造使命的精彩，铸就生命的辉煌。要牢记：站在中国土地上，你就是语文，你的质量就是中国语文的质量，你优秀，你卓越，中学语文就一片光明。努力，加油！

第6章

热切期盼

○ 语文教师必须有教学自信力[①]

语文课改从起步到现在快要十年了。这十年，我们语文教学第一线教师们的艰难辛苦是难以用语言来表达的。时至今日，我们对许多问题的认识逐步一致起来，但也存在着不少需要进一步探讨的问题，借此机会和同行切磋切磋。

一、语文教师的误区：被他信力左右

十年路程走下来，我们很多教师，包括一些优秀的教师，在上课的时候，自信力都很少，往往是不知道课怎么上。我想这样一种心态，会影响我们语文教学质量的进一步提升。

国学大师、文史泰斗陈寅恪先生教课有四个“我不讲”。他说：“前人讲过的我不讲，今人讲过的我不讲，外国人讲过的我不讲，自己过去讲过的我不讲。”他这种自信力，使他每堂课都有新的见解，从不人云亦云，令人

① 本文发表于《语文学习》2010 年第 1 期，为作者在“四方杯”全国优秀语文教师选拔大赛上的讲话。

崇敬。而我们语文教学的现状，相当程度是被他信力所左右。

第一，相当数量的教师信教参。实际上编教学参考资料是不得已而为之，因为我们要保证教学质量的底线。可对有思想的教师来讲，对有抱负的教师来讲，这往往是一种束缚。我审过教材也审过教参，每次审的时候，心里真的是有一种说不出的滋味。什么时候我们的教学能不要教参呢？

第二，信教学时尚。比如，我们用多媒体，把语文教学和先进技术整合起来，这无可非议；但不该用的时候用就多此一举，甚至成为赘疣。

我曾经看过一个录像，教杜牧的《山行》。那个多媒体做得漂亮极了！“霜叶红于二月花”，“石径”顶端是白墙黑瓦的房子。整个一堂课，就是对着这幅画来讲。因此我就想，这首诗如果用来培养孩子的想象力，那多好啊！“白云生处有人家”，这“白云生处”是多少米呀？这完全可以发挥孩子的想象力。可我们的教学把这无限的想象定格在那么狭小的画面里，你们说这个多媒体起的是正面作用还是负面作用？

第三，信评价标准。教师上课就是怕评价，评价就好像是孙悟空脑袋上的紧箍。我参加过一些硕士研究生、博士研究生的论文答辩，有时我看那论文中评价一节课有三十几个指标。三十几个指标，多少项目？一级指标，二级指标，教师微笑几次，学生微笑几次……我想这叫什么课？我也听过一些评课教师的高见，如：这节课如果让我来上会怎么怎么上，我想这大概不叫评课，这是评课人自己的亮相、自己的诉说。任何一种手段都不是万能的钥匙，所以在这些方面我们自己要有清醒的头脑。

第四，信《一课一练》。如果说，学生语文水平的提高，可以靠题海题库这样来一课一练的话，那还要语文教师做什么呢？诸如此类的东西，影响了我们的教师，导致教学自信力消解，被他信力左右：到底什么是语文搞不清楚了，到底怎么教语文、教什么也不知道了。初中高中的语文教学，几乎是差不多的模式、差不多的样式。

二、加强自信力：树立理想，提升修养

我希望我们的优秀教师要有自信力，要树立教学人生的目标，建设你自己的语文教学人生。美国一位管理大师讲了这样一个故事：有三个石匠，在建筑教堂。有人问第一个石匠："你在做什么？"第一个石匠回答说："我只是在这混饭吃的。"问第二个石匠，第二个石匠回答说："我要盖一个全国数一数二的教堂。"说完就埋头敲石头，他要做一个能工巧匠。问第三个石匠，第三个石匠目光遥视远方，然后说道："我要盖一个世界上最有特色的教堂！"同样是石匠，他们的目标不一样，他们的道路和成果也就迥然不同。

哈佛大学曾经做过一个调研，有一届毕业生，无目标的是 27%，目标比较模糊的是 60%，有近期目标的是 10%，有远期目标的是 3%。25 年之后，再追踪调查，这有远期目标的 3% 成了美国的精英。因此，人生的道路上必须要有自己的目标，而树立目标的能力是综合素质的反映。

我树立的目标是终身做一名教师，我一辈子树立的目标是做一名合格的基础教育的教师。我认为每堂课的质量关系到学生生命的质量。求学时期，学生的生命成长大部分是在课堂里进行的，因此，教师须建设教学人生。日本哲人池田大作讲过：人一辈子都在建设，没有建设的人生是失败的人生，一定是随波逐流的。

语文教师要构建语文教学人生，我热切地期望我们中青年教师能够人才辈出。作家白先勇讲过："百年中文，内忧外患。"外患是什么呢？西方语言的冲击。上海小学一年级就要学外语，跟语文平行。初中的保送生，测试两门：数学和外语。没有把语文当回事。语文建科以来，一百多年的时间，

老觉得是难题，如果五十年以后仍然是难题，一百年以后还是难题，那么我们这一代一代人在干什么？因此，我想我们构建教学人生，要有一种雄心壮志，要破解这个百年以来中文教学的难题。

语文教学是母语教学，汉语言文字文化是我们中华民族几千年的根，但是现在我们自己没有多少发言权，而让国外很多的概念术语来左右我们的语文教学。我们的教学常被作为例子、作为证据来证明他们的某个概念的正确性。那么我们中国培养这么多教师做什么？

外患是外部来的，内忧就是奴性——崇洋。中国语文、汉语言文字是世界非常优秀的双脑文字，有它独特的东西，是人家没有的。我想，我们的语文教学重振价值不靠天不靠地，就靠我们这支浩浩荡荡的队伍的自信力。如果我们在教学岗位上不断地认识语文教学的规律，这个难题总有破解的一天。

有学才有识，有学识才有胆识。教学的自信力来自教师深厚的学养。一个有胆识的教师必然是好学深思的，能够身体力行的。以下说三点：

第一是好学。语文教师要有文史哲的底子，必须要有文化的积淀。知识不等于文化，知识是一种本领，文化是一种素质。知识是文化的一小部分，是文化的基础。我们过去的一些大学的、中学的教师文化积淀很深，他们没有什么教学参考书，拿起一个教本来，就可以左右逢源。他们的文化底子好，学生再怎么问，他们也不怕。我们现在上课就怕学生问，一问就不知道怎么办，回答不上来。

我们确实要有点文化积淀。我们的语文内容丰富复杂，它的家庭成员很多，它的社会关系非常复杂，字、词、句、篇，读、写、听、说，并且跟很多学科都有关系。因此对这些问题，我们必须作出思考。

作为语文教师还需要智慧。智慧就是辨别事物的能力、判断的能力、发明的能力、创新的能力。你有了底子就能辨别这是科学的，还是伪科学的；是真正反映规律的，还是三流化妆。三流化妆是脸上的化妆，二流化妆是精神的化妆，我们要的是一流的化妆，是生命的化妆。我就是语文，我和语文是融为一体的，要全身心地投入语文的教学中，不要涂脂抹粉，满足于三流的化妆。

第二是深思。一个不会思考的人是成不了优秀教师的。各行各业都是如此，一定要深思。比如，我们为什么会浅阅读，为什么会误读，就是没有通过纷繁复杂的文字表象看到它的内核。

不深思，你怎么知道这些文字背后的东西呢？感性的认知都是朦胧的，因此你要学生真正理解，获得清晰的认识，就一定要从感性上升到理性，形成系统的语言，形成理性的思考。为什么我们的课不能刻骨铭心？不能震撼学生的心灵？不能打动他们心灵深处的一隅？就是因为我们往往是泛阅读，是在文字的表面游移。任何字句都是语言整体里的一个部分，七级浮屠，拆下来就不行了，那就不是浮屠了，不是宝塔了，一句一句的相加不是文章。

文章是有逻辑、有内涵、有情感的。语言本身是双刃剑，课堂上我们要发挥它的正面作用。我们通过语言文字的咀嚼、品味来理解背后作者的写作意图、作者的情和义，乃至文外的东西。品味语言是中国的特色，因为中国的语言文字是很值得品味的。英语每年的新词大概要增加两万个，所以莎士比亚的文章，现在英国人读不懂了。汉语的词是妙得不得了的，你再增加新的事物，只要把字重新组合一下就好了。过去是牛车、马车、人力车、自行车，现在是火车、磁悬浮列车、动车，你怎么组合都可以。因此品味语言确实是很有意思的。但它是双刃剑，弄不好就掉进了语言的陷阱。为什么这么说？言过其实，就是语言的陷阱。我们教师驾驭语言的能力也被消解了，一直被词句拖着走，文没有了，被肢解了。

教课，一是要研究语文和语文教材，二是要研究学生。任何优秀的教师都无法代替学生的成长。“师傅领进门，修行在个人。”教师的作用是引导，你的方向引得对，方法正确，修行还要看学生自己。汤显祖在《牡丹亭》中写杜丽娘步入园中，情不自禁地说：“不到园林，怎知春色如许？”同样，语言文字非亲身实践不可，要读，要说，要写，要听。教师要养成倾听学生的好习惯。学生有很多思想、意见是很值得我们思考的。你要教他，教心必须知心，一定要养成倾听的习惯。所以课堂不只是教师展示的场所，它也是引导学生学习思考的场所、实践语言文字的场所，要让学生亲自实践。

第三是力行。事情是干出来的，绝对不是吹出来的，不是捧出来的。捧不出优秀教师，也捧不出领军人物。一定要艰苦奋斗，一步一个脚印，不断地总结自己的经验教训，哪些做对了，哪些错了，用流行的话讲，就是反思。身体力行，才能获得真知。

三、执着追求：形成自己的教学个性

我非常希望我们的语文教学能出现很多流派，百花齐放。有了很多流派，就可以相互促进。我们什么时候有教师专门从美育入手来教语文，就可以使我们的学生在美的世界里徜徉。也可以从文言文这个角度入手，从朗读入手，从写作入手，等等。应该研究教学，研究学生，研究自己。教师一定要充实自己，研究自己，要认识你自己，这叫自信力。我的优势在哪里？我的特长在哪里？我从哪一个地方切入，最能发挥长处和优势？在教学实践中要逐步形成自己的教学个性，逐步成长为出类拔萃的顶尖人物。

到底教师要不要教学个性？我觉得改革到今日十年了，如果我们全国各地都能出一批个性鲜明的优秀教师，一定可以顶起我们语文教学的一片天，而不是都“差不多”。这个“差不多”，绝对不是胡适先生讲的“差不多先

生”，而是我们的课基本上面貌是差不多的。我们听了很多课，特别是年轻教师的，教学过程可以说是天衣无缝，一个环节一个环节，丝丝入扣，分秒不差。对怎么教考虑得很多，但对教什么考虑得显然不够。

20世纪80年代，全国各个地方很多教师都有自己鲜明的教学个性。我不是说这些个性都非常完美，从科学的层面、从哲学的层面、从语文本体的层面，也可能有这样或那样的不足；但是这个人的教学就是这个人的，不是其他人的，这就叫个性。差不多一个模式，我是比较反对的。大家用一个模式，会出现什么状况呢？会出现标准化的教师，标准化的教师就无法张扬个性，你这个人的才华和潜能自然也就显示不出来了。我们很多中青年教师很有才华，但是被框住了，潜能出不来。因为一个模式定型了以后，已经是死水一潭了。语文教材中有那么多丰富多彩的文章，怎么可能是一个模式呢？不同的文章有不同的教法，不同的学校有不同的教育对象。难道你用一个模式就可以套住了吗？套不住的。所以我觉得这是一种危害。

我们语文学科太需要领军教师了。放眼全国，前不久，东方文化的大学者季羡林老先生过世了，钱学森老先生过世了，任继愈老先生过世了，继承发展的大师何在？当然，那是学术界、科学界的大事。但我们教语文的也要深思，语文是我们民族文化的根，我们太需要全国性的出类拔萃的领军型的语文教师。可是没有个性就根本没有可能成为领军人物，不可能出类拔萃。出类拔萃需要有智慧。我们的课堂是时间和空间的聚焦点，是传统文化和现代文化包括时代精神的交汇点，是教师和学生心灵沟通的一个场所。语文教学不仅需要知识，而且需要智慧。智慧的起点就是思考。

我们国家最需要的就是创新意识、创新精神。昨天下午我约好了去补牙齿，医生跟我讲修牙用的小小材料不到两克重，却比金子还贵。他说这种材料在中国是没有的，是日本的材料、技术，在我国昆山造的，我们只会模仿。众所周知，模仿只是停留在原来的基础上，它不可能有创新。因此我就想，如果我们总是跟在人家后面走，那是永远不能超越的。什么叫超越？要赶上人家，超越人家，就要有自己的独立思考，有自己独特的认识与做法。

我作为一名老教师，想诉说的就是无限的期望。我一直在想，什么叫未来？未来就在自己的脚底下。语文是陪伴人的终生的，没有一个人一辈子不跟语言文字打交道。传统不是“统”，传统就是把我们最精彩的传给我们的年轻人，在他们身上开花结果。一个对当前工作不全力以赴的人，是没有资格讲未来的。所以我们要树立宏大的目标，志存高远，脚踏实地。经过一代一代人的努力，我们终能够破解百年语文这个难题，能够真正找到我们新时代语文教学的规律。

祝愿我们的中青年教师，能够在教学实践第一线千锤百炼，炼出钢筋铁骨，成为真正的优秀教师，既有知识又有文化，更有对学生、对学识的无限挚爱。能够出现出类拔萃的语文教育家，这是我这个80岁老人的迫切心愿。谢谢大家。

○ 语文教学现状的思考[①]

我们的语文教学常常是在指责中艰难前行的，尽管许多教师付出了艰辛的劳动，但效果往往不够理想。面对这些指责，语文教师有不少无奈和委屈，这源自教学中的两大困惑：其一，当前教育中的花头太多了，课不知道怎么教；其二，整天埋头以考纲为准绳教课，因此对整个语文教学的状况几乎是隔绝的，不了解。在有些评审——甚至在特级教师面试中，问起当前语文教学状况如何，有的也几乎是一无所知。如此封闭性地从事教学，怎么能够提升我们的语文教育质量，又怎么能够使我们教师自身得到提升呢？

因此，对语文教学现状作一些系统的深入的思考，有助于教师廓清对语文教学的一些模糊认识，走好语文教学之路，进而形成自己的教学特色，提升语文教学的质量。

一、现状：林林总总，目不暇接

当下的语文教学现状，已经不是《钱塘湖春行》中的“乱花渐欲迷人

① 本文发表于《语文教学通讯》2016 年 10 A 期。

眼”，而是“乱花已经迷人眼”。跟其他学科比起来，语文教学的现状恐怕更是林林总总、花繁叶茂，有点让人目不暇接。对这些状况大致加以分析，有以下几个方面。

1. 语文教育内部的风起云涌

语文课程改革的初衷之一，就是要充分发挥每位教师自身的积极性和创造性。语文教育内部的风起云涌，从某种意义上来说，正是语文界部分优秀教师、研究人员乃至语文媒体，参与语文课程改革的积极性和创造性的具体表现。关键是我们广大语文教师要对这些不同的理论话语和教学主张有一个比较清晰的认识，这样才能不被牵着鼻子而“随人说短长”。

语文教育内部的风起云涌，主要表现在如下三个方面：

其一，来自高校语文教学研究专家以及一些出版社的主张。高校专家的理论话语，都有各自的学术背景，并且往往注重理论体系的构建，虽然实践不多但是理论研究还是比较深入的。我们广大语文教师从事的是语文教学工作，它的一个最重要的特征就是鲜明的实践性。我们当然要学习语文教学理论，这对于深化认识，提升教学自觉非常重要。但理论与实践之间毕竟还是有距离的，因此无论看似多么高深、多么正确的理论话语，都必须接受语文教学实践的检验，并转化为语文教学的实践话语才行。所以我们要用创造性的实践去理解这些理论话语的体系，择其善者为我所用，而不能被其框住、套死。一些出版社作为语文教材、教学著作的出版发行单位，往往会有一些语文类的期刊、报纸等媒体。媒体搞活动的特点就是注重影响力，为了达到预期的宣传效果，提出的主张、运用的语言常比较火爆，吸人眼球。对于这些宣传、做法，要关心、思考，寻求其中的奥妙。

其二，来自第一线教师的设计及各种各样的改革。比如黄荣华老师的“生命体验”和“文化贯通”相融相生的语文教学实践，黄厚江老师的“本色语文”以及最近修改提出的“共生教学”，等等。一线教师进行的这些教学改革是值得提倡的。哪怕不周全，但是只要教师有想法，是想把语言文字的基因种到学生的心里，这些都是合理的。也有教学改革尝试引起语文教育内部的争鸣与碰撞，当然这其中也会乱象丛生，需要我们思考，需要我们辨析。

其三，行政部门基于基础教育的教学实施。我们面临的最大困难是，实践中讲得最多的是教育教学方面的术语，而对语文学科本身的研究却很少，更多的是用强势的教育教学理论来指导处于比较弱势地位的语文学科教学。这种一刀切的强势指导影响很大，对小学语文教学影响尤甚。比如，通过行政手段的干预，某个阶段所有学校的教学关注点都是教学内容，某个阶段所有学校的教学关注点又都集中在教学过程，再过一个阶段，所有学校又全都在研究作业设计。不少一线教师诉苦，她们几乎成了标准的“操作工”。这种过分强调基于标准的指导，实际上就是把教师标准化。我们常说教学要培养学生的主动性、积极性、创造性，但是，首先教师本身必须有主动性和创造性。当然，教育行政部门的出发点是好的，是希望一线的语文教学最好都是统一的，都能够达到相同的质量水平。但是标准化是工业化的大生产方式，人的教育和培养是不能这样的。语文教师最最重要的是学科素养和专业能力，也就是教师个体的阅读量、理解力以及教学的能力。语文教学不是工厂里的大工业生产的标准化操作，谁都不能包办代替教师的创造性劳动。有些教师讲，自己也知道阅读的重要性，但是很多时候出于无奈，只能偷偷地做些个性化的阅读指导。我觉得我们语文教师的教学自主性和创造性受到了抑制。

2. 西方强势语言的入侵

这些年的情况稍微好些，我们能够理直气壮地讲中国语文是多么重要，我们可以理直气壮地讲要传承发展中华优秀文化。但是有一个阶段，我们讲的全部都是外来的语言和理念。我们当然要开放，难道在21世纪办教育还要闭关锁国吗？但是有一点必须弄清：任何一种教育理论、教学原则，都是在特定时代背景和地域中产生的。那些教育家正是在特定时代中发现当时教育的弊病后，有针对性地提出解决问题的方法，比如杜威“儿童中心”的理论，是基于当时儿童总是处于一种被动学习的状态而提出的。当把特定时代特定背景下产生的理论视为普遍的要求，不加辨析地全面推广甚至强制执行，就会带来很大的困惑。

之所以会如此，正是因为缺乏哲学思考。其实，所有的教育学者提出的教育思想与一些具体的做法都是有利有弊的。我们进行教育改革应该有开放的心态，采取“拿来主义”的做法。正如古语所说：“他山之石，可以攻玉。”拿来“他山之石”是为了“雕琢”我们自己的“玉”，而不是抄袭。现在教育中存在的问题是把外国的有些做法拿来，不加辨析，把它无限扩大，说到底还是我们缺乏教育自信。其实，中国基础教育有很多可圈可点的东西，问题在于我们自身没有很好地认识到，深入思考不够。

因此，当我们面对外来理论时，我们应该想想这个理论提出的背景是什么，能够解决什么问题。教师遇到新理论，要想一想，不能够盲从。而当下，我们会发现有种怪现象：我们教的是中国语文，本来应该最有发言权，但是，语文学科教学和研究中，很多理论和做法却都是源自外国的。比如进行写作指导和研究时，不少人言必称“外国人怎么讲”，阅读教学也是这样，几乎都以洋为荣，甘愿用我们自己的教学充当外国教育理论的论据。我觉得，我们的教师绝不能甘愿把自己当成弱智听凭别人说长道短，绝不能甘愿做“学徒工”，绝不能甘愿做“思想的矮子”。我们要有学科教学自信，要有哲学眼光，不能对外来的理论全搬照抄。西方的文化背景、文字形态与我们很不一样。比如欧美国家学生在低年级主要是学习语言，到中学阶段文学的分量就加重了，他们基本上是语言、文学分开，而我们是语言文学综合；就文字形态来讲也不同，西方主要是表音文字，而我们的汉语则是音形义紧密结合的双脑文字。所以，我们对西方教育教学理论要秉持“拿来主义”，要有开放的心态，但是一定要有自己的立场。

3. 粗俗、粗鄙语言作祟

伴随着网络时代的到来，大量粗俗甚至粗鄙的语言出现了，这对语文教学冲击很大。它破坏了语言的健康和准确度，还带来了巨大的危害。语言品质的下降带来的是文品的下降，文品下降带来的是人品的下降。这种连锁反应式的品质下降是在无意识中发生的，而我们还可能不自知、不自觉、不自省。我曾经带领我的基地学员开展过“优雅汉语”的主题教学，研究过这个现象，尝试探索解决方法，但是很难。这些都将对语文教学质量的提高产生很大的冲击。

4. 最有力量的还是考试指挥棒

对考试指挥棒顶礼膜拜成为教学中比较突出的情况。教学实践中考试操练过多，以考定教，将原本属于基础教育的主阵地——课堂拱手让给了考试。以考定教，让学术、学生没有了尊严，而教育价值可怜到只能体现在分数上了，于是各种各类补习班、培训班应运而生，知识沦落到“待价而沽”的境地，这使得教师队伍的集体荣誉受到很大的伤害。

上述四个方面的影响，加上媒体的炒作、商业利益的驱动，最终就形成了我们所面对的“乱花已经迷人眼”的教育现状，形成了“育分不育人，求学不读书”的怪现象。那么，作为一名当代的语文教师，面对这些林林总总的、正确与错误纠缠在一起的现象，我们一定要有认识，有思考，才能够保证我们在各种乱象中保持头脑清醒。当然，就现象谈现象是弄不清楚的，必须探寻导致这些现象的源头。

二、探源：认真梳理，了解发展脉络

上面所说这些现象的产生，都是有源头的。我们认真梳理、了解语文发展脉络，才可能不被表面的现象蒙蔽和忽悠。认真梳理语文发展脉络后，我们可以很清楚地看到是两条线索。

1. 一条线索是百年现代语文教育发展史

1904 年 1 月，清政府终于批准并颁布了由张百熙、荣庆、张之洞建立起的崭新的学制和独立分设学科的教学体制，后世称之为“癸卯学制”。当时新学堂的学制、课程以至教材，大都从西方先进国家和日本引进，但语言文字独立设科，须由我们自己探索建设。那么该科如何定位？《奏定学务纲要》中载明：“其中国文学一科，并宜随时试课论说文字，及教以浅显书信、记事、文法，以资官私实用。但取理明词达而止。”又断言：“中小学堂于中国文辞，止贵明通。”从中，我们发现它比较注重实用和训练，通过文辞的训练，达到实用的目的。

关于新的学制和独立分设学科的教学体制，中国文学设科，本有众多教育宗师参与其中，如罗振玉、蔡元培、梁启超、钱基博、胡适等。但对百年中小学语文教育影响最大的是叶圣陶先生。由于他纵跨新旧两个社会，又长期从事基础教育课程教学和教材编写与出版，他的语文教育观念便具有权威性，影响至深。

尽管中国现代语文脱胎于传统教育，但就时代背景而言，则更重视当时社会的“现代性诉求”。叶圣陶先生就曾明确地说过：“一般人就以为国文教学只需继承从前的传统好了，无须乎另起炉灶。这种认识极不正确，从此出发，就一切都错。”他在《国文教学》一书中说得更为直白：国文教学固然要重视精神训练，但尤其要重视技术训练，即重视了解文字和运用文字能力的训练。老先生还有一句话：“把精神训练的一切责任都担在自己肩膀上，实在是不必的。”

语文工具论是叶圣陶先生几十年语文教育思想的结晶。在清政府将语文独立设科的时候，中国正处于积贫积弱的状态下，有学之士认为要强国，就要向西方学习，故而当时对西方的科学技术顶礼膜拜。在这样的时代背景下，西方技术至上的观点影响了中国的方方面面，其中也包括了国文教育。再加上当时先辈们要超越“书同文”的视野，要实现“言文一致”“语同声”，与五四新文化运动相呼应，意图突破区域性隔阂，在这样的时代背景下，强调语文工具论自有其现实合理性，不足为怪。

“语言专门化”训练的历史线索从独立设科开始，可说是延续至今。从《国文百八课》一直到20世纪60年代、80年代的语文教学大纲清晰可见，直到90年代的教学大纲，还很明确地提出要严格地进行语文训练。百年语文现代化，就是要求知识点清晰有序，要系统化、科学化、线性化地进行训练，认为这是一条学好语文的科学道路。除了“文革”十年对教育的摧残，这条工具训练的线索从未断过，因而标准化试题入境，不费吹灰之力就在极短时间内在包括语文学科在内的基础教育领域实现了全覆盖。

然而，母语教学是很难做到一切都那么清晰的，其实叶老也一直在不断地修正自己的想法和做法。因为“工具训练”几十年走下来，情况并不理想，这引起了大家的讨论。当时在全国影响最大的就是1978年3月16日吕叔湘先生在《人民日报》上发表的责难语文教学“少慢差费”现象的文章。这篇文章引发了语文改革的热潮，激发了不少一线教师的自觉改革行动。2000年颁布的高中语文教学大纲才第一次提出“语文是最重要的交际工具，是人类文化的重要组成部分”，而在此之前的语文教学大纲基本上都是这样表述：“语文是学习和工作的基础工具”“中学语文教学必须教学生学好课文和必要的语文基础知识，进行严格的语文基本训练”。所以说，“训练”

和“实用”这两个关键词一直贯串中国百年中小学语文发展史，其影响之深远不可估量。

2. 另一条线索是千年语文教育传统的继承与发展

“癸卯学制”颁行之前，中国语文虽未单独设科，但中国的语文教育有悠久历史，有优良传统，绝不是只有百年历史。追根溯源，还有千年传统，现代语文也是从千年传统脱胎而来。在千年的历史中，中华民族出了多少优秀的文人？出了多少世界级的顶尖作品？因此，我们要知晓千年语文传统，要重视优良传统，在新时代加以发展、创新。

新世纪语文课程改革的基本理念从何而来？依我看主要来自四个方面：千年的积淀，百年的探索，世纪末的大讨论，跨世纪的思考。千年的积淀里有“四个注重”符合语文学习的规律，需要我们关注：其一是读书感悟，其二是整体把握，其三是熏陶感染，其四是积累沉淀。当然值得继承发展的远远不止这些，而这四个关注点，恰恰是碎片化教学所忽略的，这十六个字说来容易，要真正落到实处却很难。语文课程开宗明义提出的基本理念，就是尊重传统，继承发展。

中国百年语文教育的探索很艰辛，很不容易。比如半个多世纪前叶圣陶先生就作出“语文是工具”的论断，语文是生活的工具，是思维和交际的工具，是其他学科的工具。这一“工具论”的论断对我国语文教育有积极的影响。叶老始终把反对封建科举、反对“八股”精神、反对古典主义和利禄主义作为个人的目标。他的“工具论”正是在反对“八股”教育的基础上提出的，强调尊重学生个性，培养学生面向实际、贴近生活的能力，强调要学以致用，在具体操作方面也做了许多有益的尝试，而且每一次都有强烈的针对性，都增加新的内涵，对语文教育的发展作出了很大的、积极的贡献。

历史总是不断向前发展，现实也总是处在不断的变化过程中，个人的认识总是有一定的局限性，再加上我们执教者的误解和偏差，因此，随着时代的发展，把语文教育仅仅看作维持物质生活的一种技能，丢失了人的发展，丢失了对人的精神世界的拓展，这种实用主义立场，就不可避免地显现出局限性来，因而出现了 20 世纪末的语文大讨论，许多学者专家针对这一局限提出了非常尖锐的意见。这场大讨论不仅是纵向思考，更有横向视野，讨论者既回顾历史，又把西方的母语教育和语言理论作为比较参照。这次跨世纪的思考是把我们的语文教育放在中国发展的时代大背景之下和世界大环境之中来展开的，其讨论的广泛度和思考的深刻度，超越了之前任何一次关于语文教育的讨论。

正是在这次大讨论的基础上才诞生了新的课程标准。在新的课程标准中，语文课程的核心概念是语文素养，是人的整体素质在语文方面的体现，而不只是局限于过去所说的知识和能力。它既包含阅读理解能力和表达交流能力方面的要求，也包括对人的心理素质和人文修养方面的要求。而今，高中语文课程标准修订稿把语文素养具体化为四个方面：语言建构与运用，思维发展与提升，审美鉴赏与创造，文化理解与传承。

3. 对两条线索的认识

理清语文发展的两条线索后，我们会发现，林林总总的语文现象都可以找到背后的根源。其实，两条线索并非完全对立，水火不相容，二者之间相同相融之处很多，而后一条线索本就是百年现代语文教育的继承与发展。

既然如此，那为什么语文教育又会有那么大的分歧，甚至于乱象丛生呢？分析原因，主要有三点：

从思想方法看，是二元对立思想作怪。当下有不少人思考问题很容易二元对立，非此即彼，非彼即此，不照我做，即非我属类。其实我们应该多元思考。

从思想意识看，是唯我独大、唯我独尊的意识作祟。一旦有所主张，则俨然学术权威，再伴随着利益驱动，形成所谓的“圈子”，遂使学术影响力蜕变而成为话语威慑力，容不得“异端”存身了。

从专业素养看，是对教育中“人”和“术”的关系缺乏深层次的思考和准确的把握。技能当然要教，但是在什么背景下运用，怎么来掌握，这就需要教师的专业素养和专业眼光来作出准确的判断。

当我们把各种现象分类、溯源后，就可以很清楚地看到前因后果。理清这些线索，辨析这些现象，是为了我们自己更好地成长，让成长不受干扰。在社会和教育转型过程中，学科的每一步发展都是非常艰难的。我们现在真的是需要大师级的人出现，这样的人，是通才基础上的专才。因为是通才，所以他视野开阔；因为是专才，所以他研究深入。这样的大师能够在纷纭众说中提出正见，在一片迷茫中探寻到正途，引领学科健康发展。而教学第一线的教师所做的这样那样的改革，同样十分可贵，应该受到欢迎，得到支持，即使不周全，仅这种为提高语文教学质量而探索的精神也是十分可贵的。

三、立业：独立思考，自主创新，走好自己的路

文天祥有诗云：“臣心一片磁针石，不指南方不肯休。”对语文，对语文教育，我们教师确实要一片忠贞、一片痴情。为了学生能有良好的语文素养，能学会学好用中国话讲好中国故事，我们教师在教育教学中就要做“高人”——思想深刻，要做“情人”——痴情于教育。语文教师的权威是人格魅力和学术魅力构建的，我们要用我们的人格魅力和学术魅力，让孩子受到中华优秀文化和人类进步文化的熏陶滋养，做有中国心的现代文明人，在世界文化潮流当中站稳脚跟，从小学会挺起民族的脊梁。

如何做好一名语文教师？我有两点建议。

1. 心中要有准绳

语文是什么？语文教育是什么？对于这些根本性的问题，教师要反反复复思考，努力想清楚。这里面我觉得有三点应考虑。

第一，语言文字是民族文化的根。

德国语言学家洪堡特曾经说：“民族的语言即民族的精神，民族的精神即民族的语言，二者的同一程度超过了人们的任何想象。”语言的背后是文化的深层编码，是一个民族的集体意识。每一个汉字的故事当中无不蕴含着中华文化的基因。每一个文字都是一个故事，是民族的故事，比如说“孕”字，形象生动。语言文字里有哲学智慧，有伦理道德，有风俗习惯，有审美意识，稍加触摸，就会感受到它的博大精深，感受到它的无穷魅力。民族精神是民族文化中最优良内容的结晶，实施语文教学，我们实际上是在传递民族精神，是在孩子心中栽种中华民族文化的根。

第二，语文教育是母语教育。

中国古人将语言和人性、天道、事理联系在一起。汉语言文字不是单纯的符号系统，而是有着深厚的文化历史积淀和独特的文化心理特征，是一个文化系统。G20 杭州峰会文艺晚会上突出西湖元素、杭州特色、江南韵味、中国气派、世界大同，体现的就是中国文化的特色和中国独有的思维方式。通过母语教育可以培养学生对民族文化、民族精神的认同感和归属感。在人文精神的熏陶下，学生的道德情操、审美观念、人格塑造均能获得提升，这是为做“中国人”打精神底子，对学生的成长影响深广，以至终身，这是其他学科难以替代的，如果只注重物质层面的工具性就很难达成。事实上，当下许多国家的母语教育也不仅仅满足于知识和能力的传授，不只是关注其实用性，而是大多比较重视课程的人文性和课程的现代化。

第三，语文教育的基本特征是工具性和人文性的统一。

语文教育有多种属性，比如工具性、实践性、综合性、科学性、思想性、人文性等等，可以讲很多。但是，因为我们基础教育的语文教学，从事的是语言文字的学习和训练，所以其基本特征应该是工具性和人文性的统一。

那么如何来把握这个观点？我想起码应该从三个方面来认识。

第一，语言是什么？语言是表达思想、进行交际的工具，是思维的物质外壳，是信息的载体。这种工具、外壳、载体非常特殊，是跟人紧密联系的，是只有人类才拥有的符号。因而，在符号的意义上把握其工具属性和工具的特殊性才比较恰当。

第二，语言本身是一种创造性的精神活动。西方学者不仅视语言为一种文化现象，而且称它是文化和社会的产品，是文化建设的一种力量。比如高铁，它是社会的产品，我们马上就有“高铁”这个名词了。语言在创造文化，文化也在创造语言，二者相互塑造，相互渗透，相互从属，语言是文化创造的力量。世界各民族的语言都有人文属性，不是一个简单的工具属性所能概括的。

第三，语言和思想、情感同时发生。语言不仅仅是对思想的翻译，不仅仅是思想的载体，它本身就是意识、思维、情感、人格的组成部分。洞悉语言的本质，其基本特征就一目了然。

综上所述，可知工具性与人文性是语文教育这一统一体不可分割的两个方面。没有人文，就没有语言这个工具；舍弃人文，就无法掌握语言这个工具。黑格尔的“洋葱说”对我们深刻理解这一问题很有启发意义：语文的工具性和人文性，犹如洋葱的皮和肉，对于洋葱来说，皮与肉本来就是合二为一、难以剥离的，如果执着一念硬要剥下去，到最后只能一无所有。

因而，语文学习不仅是外在的“形式学习”，更重要的还有其内在的“心灵成长”，包括思维、情感、性格、能力等的成长。

心中有准绳，施教、改革就有方向，而不会“暖风熏得游人醉”，乃至乱了方寸，迷失方向。

2. 要有历史眼光和批判精神

跨入 21 世纪的新时代，计算机已经成为我们这个时代的标志性工具，而互联网是我们这个时代的平台。面对信息化、全球化、个性化的时代，教育体制、教育内容、教育方式一定要适应这个社会的未来需要而谋求生存和发展，我们要进行基础教育全局性的课程改革，就是出于这一考虑。因此，中小学语文教育改革责无旁贷，为了适应时代的发展，满足未来的需要，语文教育必须作出自己的思考和应对。

首先，课程理念、课程实施要适应时代要求而发展。

课程改革，实际上本身就是语文教育百年探索的完善与发展。朱自清先生曾经谈到他与叶圣陶先生改革语文教学的初衷，就是为了改变当时语文和经史不分的传统，这一出发点无疑是正确的。在东西方文明激烈碰撞与融合的大背景下，在民族文化与外来文化、传统文化与现代文化、科学主义与人文主义之间，中国语文教育面临着艰难甚至是痛苦的选择与变革，坚定不移地选择了语文教育现代化道路，其中有诸多学界泰斗探索追求，作出了开创性、历史性的贡献。

然而，时至今日，社会的发展、教育的发展、语文课程的发展、语文教育的现状，都需要对语文教育有新的认识，包括性质、目的、功能、承传、教材、教法、质量、测评等观念与做法。在跨世纪大讨论中，不少学者都对语文教学表达过自己的看法。有学者说：“用一句话来说，把这么一个富有诗性的、情感的、想象的学科变得工具化、机械化，这对孩子们的灵魂塑造所带来的负面影响不言而喻。”（夏中义）有学者说：“中学语文教学的种种问题，一言以蔽之，是人文价值、人文底蕴的流失，将充满人性之美、最具有趣味的语文变成枯燥无味的技艺之学、知识之学，乃至变为一种应试训练。”（杨东平）因此，语文教育一定要改。

种种弊端告诉我们，语言文字是“体”，人文内涵是“魂”，二者要融为一体，“魂”要附“体”，“体”中要有“魂”。硬要剥离开来，语言文字就变成僵死的符号，“魂”就无处安身。只是“训练”与“实用”，远不能适应培养语文素养的要求。

至于脱离语言文字，空讲内容，无限拓展、延伸，不是对人文的误解，就是故作高深，哪还是什么语文课！

“发展是硬道理”，刻舟求剑的思维总是不行的，有些乱象因此而生。强调要回到过去，难以自圆其说。

其次，教师要有批判精神。

批判性思维是思维中最高级也是最核心的能力。批判并不是否定，而是进行科学的分析，在原有基础上把好的发扬光大，而把不足的加以弥补，把缺点加以克服，把错误的加以扬弃。当教师最怕的就是人云亦云，照单全收。今天吹东风便说东风好，明天吹西风又说西风好，这是不行的。教师一定要勤于思考，独立思考。要有批判精神，就是有正确的传承观。传承不是照单全收，而是首先要弄清楚继承什么、扬弃什么。

语文教学现在面对着三个传统：一个是千年“大传统”，从李斯的小篆改革开始；一个是百年语文的“中传统”，从“癸卯学制”语文独立设科开始；一个是改革开放以来的“小传统”。三个传统中都有优质的资源，也有不少糟粕。比如，“大传统”中有许多符合语文学科专业规律和学生认知规律的优质教育资源，但“三百千”“弟子规”“二十四孝”能照单全收吗？

又如，“中传统”在坚守语言文字学习上功不可没，其弊病在于重“术”轻“人”，价值取向和质量观难说毫无瑕疵。又如，“小传统”中百花齐放，流派纷呈，符合教学规律的好的经验自然不少，但表演、作秀者也不乏其人。有些课无视文本的核心价值，无视学生理解接受的可能性，只是为了显示教师的功底和能耐，等而下之者，就是为了制造爆炸新闻，获得“博眼球”的效果，这不仅让学生学无所得，而且还歪曲、践踏了经典作品。在语文教学中，教师对学生、对经典一定要有敬畏之心，上课不能任性，不可随意。

“权威”并非全都是无可非议的，关键在尊重事实、尊重真理。教师一定要有批判性思维，要勇于说“不”，同时一定要有正确的价值取向。批判是为了深入思考、深入学习。不盲从，就会有自我的独特认识，故而我们要独立思考，择善而从，见贤思齐，而不是照单全收。

最后，要注意选点突破，自主创新。

在语文课程改革的大框架下，我们需要清楚自己教学中的瓶颈，选准课改的突破点来切切实实地提高学生的语文素养，提升教学质量。教学改革中必须注意以下几点：

（1）学生是第一立场。

改革的第一立场是学生，要清楚学生的需求、认知水平、兴趣爱好。我们都知道，婴儿是要吸吮奶水的，一上来就喂糖醋排骨肯定不行，因为他还未长牙。我们现在有一个毛病——几乎是通病，就是无限制地加深、无限制地拔高，似乎一堂课想把全世界都教进去，这是违背常识的。我们必须清楚，上课最重要的是把学生教会。上课绝对不是教师做演员自我卖弄，适合学生当前的状态是最重要的。

教学有三忌：一忌让学生做听众和旁观者，二忌空讲大道理，三忌让学生没有满足感和成就感。教学中要清楚地认识到这“三忌”，在此基础上用心设计教学环节，通过有效的教学行为去破解它。

比如精心设计课堂导入语。导入语要新奇、有趣才能抓住学生的心，有知识含量才能激发学生的求知欲。要根据课文的特点，让学生的感觉器官、思维器官处于兴奋状态，可以调用一切积极手段，比如把其他学科的东西结合进来。我教《花儿为什么这样红》首先用化学实验导入，教《核舟记》时让学生根据课文画核舟，学生被调动起来，文章也就落实了。

比如问题设计须有坡度，让各层面的学生均有展示机会，有满足感。除了要设计好针对大多数学生的主要问题外，教师还要设计一两个非常简单的问题，让语文水平比较薄弱的学生也能回答；而对于优秀的学生，也要设计一些有深度的问题，让他们的学习充满挑战性和成就感。

教学过程中及时恰当的评价，也能让学生学有兴趣、学有干劲。

（2）解放思想，大胆取舍。

每一个文本都有其核心价值，我们可以通过教学将其变成学生的文化积淀。从教学的角度来说，每一个文本也必然有其教学核心价值，要牢牢把握文本的教学核心价值，根据不同文本的不同特点，设定不同的教学目标，采用不同的教学方法和教学程序，打破“千课一面”的模式。文本的教学处理，既要尊重文本本身，又不能被文本牵着鼻子跑，千篇一律的教学设计，“千课一面”的模式化教学，只能让学生学而生厌。要驾驭文本，为教学目标服务。课文可以按顺序教，也可以倒过来教，只要教学目标明确，教学重点突出，怎么教都是好的。为此，我建议教师们要解放思想，大胆取舍，在驾驭文本的基础上，一定要“有所为，有所不为”。一旦决定“有所为”之处，就必须要“为”得扎扎实实，一定要让学生记忆深刻，学有所得。千万不能把课上得糊成一锅粥，什么都教但什么都不突出。

（3）引进时代的活水。

我们生活在时代的潮流中，语文课堂就应该要有新东西。比如报刊上的诗歌短文，花三两分钟进行课堂交流，既能激发学生的表达能力，又能让学生感受语言的魅力。像这样一首小诗：

前天，我放学回家
锅里有一碗油盐饭

昨天，我放学回家
锅里没有一碗油盐饭

今天，我放学回家
炒了一碗油盐饭

放在妈妈的坟前

在贫贱忧戚的生活中，一碗油盐饭所寄托的浓浓母爱和痛失母爱后的泣血哀伤，令人动容。长此以往地不断引进时代的活水，既可拓展学生的视野广度和思维深度，又能帮助学生形成语言和思想情感的双重积淀，还可缩短师生之间的心理距离。

（4）反思修正，坚持不懈，形成特色。

课堂教学是教师的安身立命之本，改革永远在路上，需要不断地调整，积累正反经验，把它条理化，上升到理论的高度加以认识，这样就容易形成特色，走好自己的语文教学之路。

“三寸粉笔，三尺讲台系国运；一颗丹心，一生秉烛铸民魂。”教师的工作是铸造国民素质之魂，所以，今日的教育质量，就是明天的国民素质。语文教师从事母语教育，应该是冲锋在前，做排头兵，能够做出榜样。教师生涯是双重奏，第一重是过好自己的人生，第二重是引领学生过好他们的人生。我老了，朽了，老朽了，教育的希望在年轻同志身上。祝愿广大中青年语文教师意气风发，走好语文教育的路，在系国运、铸民魂的语文教育伟业中做出成绩，做出榜样！

○ 解放思想，释放语文教学的活力①

课程改革以来，从理论到实践，语文专家和语文教师做了大量的探索，积累了许多经验，对培养学生语文素养作出了贡献。但毋庸讳言，我们投入的时间、精力与语文教学收获的实效不成正比。教师教得很累，学生学得很苦。对语文无兴趣、厌学，比比皆是，语文之美的熏陶几乎荡然无存，更不用说课堂的诗意栖居。

语文教学对成长中的青少年而言，本该有巨大的吸引力，语文课堂应该美不胜收，因为语文学科与其他学科最重要的区别在于，它始终是指向人的，与人的思维、情感、品质和能力密切相关。语文就是人生，伴随人的一辈子。语言文字来自人生，而不是来自书斋，学生与它有天然的联系，有心灵感应。他们的成长、发展，内心思想情感的表达都离不开语言文字。因为三尺讲台演绎的都是古今中外经典中的历史风云、社会更替、世事人情、人生感悟，其中思想的精辟深邃、情怀的宽广厚重、语言的精辟斑斓，对心灵正在发育的学生而言，无疑是琼浆和醍醐。学生可享受到吮吸精神养料的快

① 本文发表于《语文学习》2017 年第 3 期。

乐。汉字具有特别的魅力。清华大学教授、诗人郑敏说，每个汉字都是一张充满了感情的向人们倾诉生活的脸。确实如此，你打开学生的语文课本，就好像进入画廊，无论是象形字、会意字，还是指事字、形声字，都会争先恐后地向你诉说自己的神韵，让你悦目、娱情。而今，人们崇拜物质，物欲膨胀。英国哲学家早就说过，物质是以它感性的诗性光辉向着人们微笑。物质当然也就有巨大的吸引力。我国的语言文字“天生丽质”，风情万种，它应该以诗意的光辉向着学生微笑，来感染与影响学生。当然，还可以说出其他的理由。

要回归语文教学的本原，改变教得累、学得苦的状况，须解放思想，突破某些思想障碍和教学行为的栅栏，充分释放蕴藏在师生中教语文、学语文的活力。

现在的语文教学既存在“过度”，又存在“短缺”，“过度”与“短缺”二者并存，在一定程度上构成了“怪圈”，影响师生教与学的活力。择其要而言，有如下几点：

一、教育理念及实践操作上的过度强势和语文教学本体专业研究与实践的弱势、短缺

课程改革中教育理论、教育理念当然重要，对教学能起总揽作用。但是语文课程的改革更应注重本专业的性质、功能与规律的探讨研究。实际情况是教育口号、教学概念、教学方法以及教学评价无处不在，一个阶段有一个阶段的教育主题的落实，来推进学科教学。如这个阶段专门落实教学过程的安排，那个阶段专门落实重视学习经历等，以此来衡量是不是改革，在“怎么教”上做足了文章，不少教师也讲得一套又一套，而对语文本专业的源流、框架、精要、关键所在，常缺少深入钻研，讲不出个一二三四。“教什么”“怎么教”都很重要，但“教什么”是保证与提高教育教学质量的基础与前提，对此若明若暗，就丢失了根本。高大上的教育理念、教育术语与碎片化的学科专业知识、技能，不可能创造语文教学的精彩。语文教师的看家本领是语文专业。本体知识、本体素养短缺，用什么教育理论包装，学生都难以受到良好的语文素养教育。

二、单打一训练功能的强势与语文综合素养培养的短缺

目前，为考而教，为考而练，为应试而训练得过度的现象相当普遍。通过铺天盖地的习题、试卷操练学生应试的技能技巧，独立思考、自主阅读已十分罕见。训练本没有错，但“过度”就忽略了语言文字背后的文化深层编码，使每个教学行为只为获得分数，只为了功利，只为了应试的实用价值。马克斯·韦伯曾把理性分为两种：价值理性与工具理性。理想主义就是一种价值理性。他指出，现代人采取了一种新的理性标准，用工具理性代替价值理性，终极目的、价值不重要，重要的是设定一个具体的、功利的目标，采用最合理有效的方式。其实，“工具”浸透“功利”，还有什么理性可言？民族的语言文字是本民族的文化地质层，它无声地记载着这个民族物质和精神的历史。母语，是民族文化的根。母语的盛衰，意味着一个民族生命力的盛衰；母语被不妥对待，实质上是对民族心灵的挫伤。语文教育本丰富多彩，其中蕴含的中华优秀文化的基因：哲学智慧、伦理道德、风俗习惯、审美意识、语言神采等，对学生而言，能悦目、悦耳、悦心。学生进入文学宝藏，努力追求，其乐无穷。可如今，为了“应试”这个所谓的“伟大的事业”，我们“没心没肝地把孩子撞倒了”。

人干活不是只用一种功能，因为人是一个完整的有机体，要发挥多种功能。语文教学也是如此。语文是综合性、实践性很强的课程，语文教学应追

求综合效应，发挥多功能作用，全面培养学生的语文素养。语文教学有实用功能、认识功能、思维功能、教育功能、审美功能，它的主旋律是语言的建构与运用，也就是落实实用功能。与此同时，根据不同的学段要求和课文特点，挖掘文本中固有的育人资源，进行思想交流、精神沟通、情操陶冶。教学时适时适度阐发、熏陶，力求学生的能力、智力、素质都获得培育，实现“学力形成”与“人格形成”的统一。即既有形成语文能力的一面，又有形成人的思想情操、道德品质、价值追求的一面。二者有机、和谐地统一，学生能获得多方面培养。机械训练，剥离后者，教学失魂落魄，吸引力、感染力丢失，语文素养也就成了空中楼阁。

什么叫教育？教天地人事，育生命自觉。既要教育有用之用，掌握语言文字理解运用的技能技巧；又要注重无用之用，引领学生沉浸在优美、精湛的语言文字中，鉴赏、品味其中奥妙，享受吮吸成长养料的快乐。

三、统一规格的过度与自主创新的短缺

教学当然要有规格，“没有规矩不成方圆”。但执教者如不能充分发挥主观能动性，拘泥于标准、规格，教学活力就大受损伤。放眼当下教育，教学目标要有规格；教学过程、课堂结构、作业安排等均要求规格统一，整齐划一，并以检查为手段；考试规格更不待说。一边要求进行个性化教育，要改革创新；另一边是严格执行标准化措施。语文教学不是大工业生产，不是制作标准件。教师与学生都是人，人是有差异的，语文能力、语文素养，包括对语言文字的敏感程度也是大相径庭的。过度的统一规格，过度的标准化，把原本具有的兴趣、爱好、才气、特长等在无形之中逐渐消解。要相信绝大多数语文教师能把课上好，把学生教好，都是有追求的。只要目标明确，从学情出发，从自己的业务优势出发，有目的、有计划地做点改革试验，发挥自主创新能量，对切实提高语文教学质量是有益的。教师虽不是先知先觉，但毕竟不是不知不觉。课堂本应充满师生生命的活力，若只做别人思想和行为的传声筒、复制品，哪还有思想的闪光、语言的魅力与生命的光彩？尊重教师教学的自主性、积极性，鼓励教师自主创新，教学才会涌现出多种多样的风格。百花齐放，才会万紫千红春满园。语文教师自身也要树立自信，有语文专业理想；不仅心向往之，而且身体力行，不懈追求，更是重中之重；不为他信力所左右，失掉自我。

教育不是把不同的人培养成相同的人，而是把不同的人变得更加不同，使其特点、长处更加发展，变得更具良好的个性，更具鲜明的特色，成为有用之才。教学中教师成就了学生，也成就了自身。

要创造语文之美，担当教学之责，归根结底，教师要读书，要打厚实的业务底子，增强文化底蕴。读书短缺，给教学带来的损失难以用数字计量。西汉目录学家刘向说："书犹药也，善读之可以医愚。"此乃旷世箴言，可作座右铭。承载着中华优秀传统文化和人类精神文明的书能治愚昧、愚蠢、愚笨，是脱愚的良药。

感人的教学境界背后是扎实的学识支撑。研究古诗词的大家叶嘉莹回忆她的老师顾随先生上课时的情景，满怀敬意地说："先生之讲课，真可说是飞扬变化，一片神行。"那真是左右逢源，出神入化，美不胜收。顾随先生曾把自己的教诗比作谈禅，"禅机说到无言处，空里游丝百尺长"，缭绕不断，启人心扉，这是何等的美妙。教学上的气象万千，靠的是教师倾心投入，敬畏专业，以心相许，努力攀登。当今，尤其须减"过度"，补"短缺"，练就语文教学真本领，树立为师者的风范。